四书译注

下

孟子译注

杨逢彬 —— 译注

华东师范大学出版社

图书在版编目（CIP）数据

孟子译注／（战国）孟子著；杨逢彬译.—上海：
华东师范大学出版社，2018
（中国国学经典注译丛书）

ISBN 978 - 7 - 5675 - 7829 - 6

Ⅰ.①孟…　Ⅱ.①孟…②杨…　Ⅲ.①儒家②《孟子》
-译文③《孟子》-注释　Ⅳ.①B222.5

中国版本图书馆 CIP 数据核字（2018）第 113704 号

孟子译注

著　者　孟　子
译　者　杨逢彬
项目编辑　乔　健　程军川
审读编辑　余雅汝
封面设计　吕彦秋

出版发行　华东师范大学出版社
社　　址　上海市中山北路 3663 号　邮编 200062
网　　址　www. ecnupress. com. cn
电　　话　021 - 60821666　行政传真　021 - 62572105
客服电话　021 - 62865537
门市（邮购）电话　021 - 62869887
地　　址　上海市中山北路 3663 号华东师范大学校内先锋路口
网　　店　http://hdsdcbs. tmall. com

印　刷　者　北京京都六环印刷厂
开　　本　710×1000　16 开
印　　张　16
字　　数　250 千字
版　　次　2018 年 7 月第 1 版
印　　次　2018 年 7 月第 1 次
书　　号　ISBN 978 - 7 - 5675 - 7829 - 6/B. 1134
定　　价　35. 80 元

出　版　人　王　焰

（如发现本版图书有印订质量问题，请寄回本社市场部调换或电话 021 - 62865537 联系）

目 录

导　读

杨逢彬

读者朋友，您手中这部《孟子译注》，如果光就文字注释的准确性而言，如同和它一道出版的《论语·大学·中庸译注》一样，是一个好注本。至少在字词句注释的准确度上，它较之杨伯峻先生的名著《孟子译注》又跨进了一大步。

此前，我曾花了十几年精力写出一部《论语新注新译》，郭锡良先生评价这部书"这的确是在语法系统规律指导下的'竭虑殚精'之作，在杨伯峻《论语译注》的基础上，无疑又跨进了一大步"（为边滢雨《〈论语〉语法分析词典》所作的《序言》）。《孟子新注新译》也将在不久之后出版。这次出版的《孟子译注》《论语·大学·中庸译注》，都是以上面两部《新注新译》为基础注释的。

在此之前，就文字注释的准确性而言，中华书局出版的杨伯峻先生的《孟子译注》，如同他的《论语译注》一样，应该是最好的。因为杨伯峻先生既是语言学家，又是文献学家；以语言学为利器治文献学，故所得独多。

杨伯峻先生的叔父，笔者的祖父杨树达（遇夫）先生之治《汉书》，有《汉书窥管》，该书之所以精湛绝伦，同样得力于文献学和语言学的结合。

再上溯到清代高邮二王，其《读书杂志》《经义述闻》所体现出的功力是那样炉火纯青，前人未能解决的那样多的疑难问题，他们都解决了；乃正如杨树达先生多次指出的那样，虽然那时尚无成系统的语法学，但王氏父子已有相当强的语法观念了。这实际上就是文献学和语言学的结合，遇夫先生称之为"虚实交会"。他在《词诠·序例》中写道：

> 凡读书者有二事焉，一曰明训诂，二曰通文法。训诂治其实，文法求其虚。清儒善说经者，首推高邮王氏。其所著书，如《广雅疏证》，征实之事也；《经传释词》，搞虚之事也。其《读书杂志》《经义述闻》，则交会虚实而成者也。呜呼！虚实交会，此王氏之所以卓绝一时，而独开百年来治学之风气也。

所以，文献学和语言学（尤其是其中的语法学）的结合，是解决古书疑难问题的康庄大道。中华书局版《论语译注》《孟子译注》之成功，实得力于此。

中国古典文献学已经有 2000 年历史了，而理论语言学之在中国，才100 年左右的历史。从《论语译注》《孟子译注》的问世至于今天，又过去近一个甲子了，其间，语言学的进展真是不可以道里计。

相较于语法学的不断进步，技术手段的进步更是突飞猛进，一日千里。比如，一种语言的语法是不断发展变化的，汉代汉语的语法有些不同于先秦汉语的语法，其间细小的差异，特别是词义的变化，在以前的技术条件下是难以捉摸的，现在借助于计算机检索却能够做到了。

所以，利用大大进步了的语言学，利用大大进步了的技术手段，解决《论语译注》《孟子译注》的千虑之失，是后来者必须承担的任务。如果我能在保留以上二书固有优点的基础之上，较好地完成这一任务，那就能够百尺竿头更进一步。做到了这一点，以好的注本自居，也就有了把握，有了自信。

杨树达先生利用语法规律解读《汉书》，因而被陈寅恪先生誉为"汉圣"。据周秉钧先生在《〈汉书窥管〉文法为训释例》（《杨树达诞辰百年纪念集》，湖南教育出版社 1985 年版）一文中统计，《汉书窥管》用语法规律来解决《汉书》词句问题达 200 处以上。可见，语法规律确实能解决古书中的实际问题；而这，毋庸讳言，恰恰是当今古籍整理方面比较欠缺、从而大有潜力可挖的。

本书利用语法规律解决了若干问题，其中包括一些杨伯峻《孟子译注》未能解决的问题。例如：

其一：

《公孙丑上》："心勿忘，勿助长也。"焦循《孟子正义》说："'忘'通'妄'，即《易》'无妄'之'妄'。"焦说不确。先秦典籍中未见"勿妄"；因为"妄"是性质形容词，不能受"勿"修饰。"勿"修饰"忘"则没有问题。"忘"是及物动词，可带宾语。如："志士不忘在沟壑，勇士不忘丧其元。"（《滕文公下》）而当"勿"修饰及物动词时，其宾语不能出现。如："齐桓公问管子曰：'吾念有而勿失，得而勿忘，为之有道乎?'"（《管子·桓公问》）"心勿忘"正是这样。

其二：

《滕文公上》："夷子不来。"许多注本包括《孟子译注》将此四字放在引号内，译为孟子对夷子的使者说让夷子别来，这是不对的。因为如果这样，按语法规律来讲，否定副词应当用禁止性的"勿""毋"（《孟子》"毋"都写作"无"）而不能用"不"。

通过对《孟子》全书的考察，也确实如此：除"夷子不来"一例外，《孟子》中"不"出现 1083 次，没有表禁止、劝阻的。而全书的"勿"或"毋"（无）均表禁止："王请勿疑!"（《梁惠王下》）"王勿异也。"（《万章下》）

因此，"夷子不来"意为"夷子没有来"，应该放在引号之外。

其三：

《离娄上》："商之孙子，其丽不亿。"丽，数；亿，十万。《孟子译注》翻译这句话为"数目何止十万"，未达一间。"不 + 数词（或数量结构）"格式一般都指达不到这一数字。例如："天子之地方千里；不千里，不足以待诸侯。诸侯之地方百里；不百里，不足以守宗庙之典籍。"（《告子下》）大家耳熟能详的"战不三合，挥刀将××斩于马下"，也属于这种表达。

利用语法规律来解决古书疑难词句问题，还必须掌握一定的普通语言学知识。下面，我结合普通语言学常识，来讲解一下我是如何解决《孟子》中的疑难词句问题的。

首先，语言，包括语言的各要素，都是在历史长河中速度不一地发展着的，这就是语言的历史性。今日某个词的所有意义（我们称之为义位），《论语》《孟子》的时代不一定全有；现代汉语具有的某种句式，《论语》《孟子》时代不一定有。因此，不能以今律古。例如：

《梁惠王上》："狗彘食人食而不知检。"这一句中"检"当读为"敛"。这句话的意思是：丰年时，谷贱伤农，狗彘都能吃上人的食物，当政者却不平价收买，储藏之以备荒年。这样的解释，是颜师古对《汉书·食货志·赞》"孟子亦非'狗彘食人之食而不知敛'"所作的解释。《汉书·食货志》"检"也作"敛"。但《孟子》赵岐注却解释为"不知以法度检敛也"，也就是不知以法度约束的意思。我们赞同颜师古的说法，是因为"检"之有法度义最早见于《荀子》，至于在此基础上产生的约束、限制义更是晚见于东汉的《论衡》。赵岐注显然是用汉代才有的意义解读这段话了。相反，"敛"的收藏、收捡义，在《孟子》成书的年代则较为常见。

又如同一篇的"凶年不免于死亡"，《孟子》时代，"死亡"是一个短语，意为死去和逃亡，不是意为"死掉"的一个词。

《公孙丑上》的"配义与道"，我们注意到，当时"配"这个词，其宾语所指往往为主要的，而主语（或未出现的主语）所指则为次要的，用来配合宾语的某些事物。所以，该"配"字应译为"配合""辅助"。配义与道，即配合辅助义和道。

《滕文公上》："且许子何不为陶冶，舍皆取诸其宫中而用之？何为纷纷然与百工交易？何许子之不惮烦？"句中的"舍"，有人说即现代汉语的"啥"。姑不论"啥"出现较晚，难以和先秦的"舍"挂上钩，即以"啥皆取"这种"代词＋副词＋动词"的形式表示周遍意义来说，诸如"什么都吃""谁都认识"之类，无论是意义还是形式，都是很晚才产生的。故此句中的"舍"决不能以"啥"释之。

其次，语言是具有社会性的，语言的表达要符合那一时代那一社会的表达习惯，即，你这样说，别人也这样说。因此任何词、任何句式都不可能是在那时的语言中"绝无仅有"的，而必须是"无独有偶"的。任何人要解释某部古书中的一段话或一个词，他必须找到和这部书同一时代的其他类似的话或词作为证据，否则便不能成立。有人解《论语·阳货》中的

"唯女子与小人为难养也"一句中"女子"为"你的儿子""你这位先生",可是先秦古籍中除此之外再也找不到第二例了,也就说明这种"新颖可喜"的"妙解"是不能成立的。

《孟子·告子上》:"孔子曰:'操则存,舍则亡;出入无时,莫知其乡。'惟心之谓与?"我们同意赵岐注"乡,犹里,以喻居也",而未采纳《孟子译注》(杨伯峻)所引焦循《正义》说的"近读'乡'为'向'",就是因为在《孟子》前后时代典籍中的"其乡"都是表示某一处所,而不是表示某一方向。如《荀子·乐论》:"百姓莫不安其处,乐其乡。"

类似"其乡"的还有《告子下》的"乐善",我们不从赵岐注的"乐闻善言",就是因为先秦典籍中的诸多"乐善"都大致是"爱好美好事物"的意思。

第三,语言是具有系统性的,其中的要素,如词,其意义的引申,如词组,其间词的组合,都是有脉络可循的,不是一团乱麻。

如上文所说的"舍",它在先秦典籍中最为常见的意义是舍弃,动词;而且这一动词可带复杂的谓词性宾语,如《论语·季氏》的"君子疾夫舍曰欲之而必为之辞",《战国策·齐策六》的"夫舍南面之称制,乃西面而事秦,为大王不取也"。所以我们认为"舍"后的"皆取诸其宫中而用之"都是"舍"的宾语。

又以《告子上》的"无他,利与善之间也",《告子下》的"山径之蹊间,介然用之而成路"为例。先秦词法的规律是,双音节后接"之间",单音节后接"间"。前者如"天地之间""陈蔡之间""两陛之间""两楹之间""君臣之间""父子之间"等,后者如"人间""民间""草间""苇间""鼻间""乳间"等。这两种形式都表示两者之间的距离,进而表示抽象的人与人之间的关系。因此我们既不能同意"山径之蹊,间介然用之而成路"的读法,也无法苟同朱熹解"利与善之间"的"间"为"异",因为后者只是一种随文释义的训释。

古书的训释方法千头万绪,这里不能全面展开,只能重点介绍一种最为行之有效,而且是以往可望不可即而当今的技术手段使之变得可以实现的方法。这就是杨树达先生所说的"审句例",也即我们所说的"考察分布"。

王引之的下面这篇作品一直被视为考证疑难词句的典范，它所采用的方法正是"审句例"：

> 《终风篇》："终风且暴。"《毛诗》曰："终日风为终风。"《韩诗》曰："终风，西风也。"此皆缘词生训，非经文本义。"终"犹"既"也，言既风且暴也……《燕燕》曰："终温且惠，淑慎其身。"《北门》曰："终窭且贫，莫知我艰。"《小雅·伐木》曰："神之听之，终和且平。"（《商颂·那》曰："既和且平。"）《甫田》曰："禾易长亩，终善且有。"《正月》曰："终其永怀，又窘阴雨。""终"字皆当训为"既"。

以往的学者对此虽心向往之，却鞭长莫及。而今，我们利用计算机检索，也能够予以模仿：

其一：

《梁惠王上》的"吾不忍其觳觫若无罪而就死地"，传统的断句为"吾不忍其觳觫，若无罪而就死地"。俞樾《孟子平议》在"若"字后断句，"觳觫若"为"害怕发抖的样子"。杨树达先生《古书句读释例》与俞书同。但表示"……的样子"，《孟子》用"然"而不用"若"。先秦文献中只有《诗经》偶用"若"表示"……的样子"。

郑子瑜从吴昌莹、王引之说，认为"若"训"其"，指代"牛"，也讲不通。因为与代词"其"类似的"若"，与"其"一样，也处于定语位置，不处于主语位置。"若"在此句中，当然是"好比""好像"的意思。

为什么要否定传统读法呢？因为许多人认为牛本无罪，何须用一"若"字？又有人认为杨伯峻先生译"无罪"为"无罪之人"，乃是"增字解经"。其实，在《孟子》成书年代的语言中，"有罪""无罪"一定是指人或指人的社会单位如"国"，因此应当译为"无罪之人"，即今译时必须补出"之人"；这并非什么"增字解经"，而是将隐含的语义揭示出来。正因为"无罪"指人不指牛，所以用一"若"字。

其二：

同篇之"为长者折枝"，杨伯峻先生注释说："古来有三种解释：甲、折取树枝；乙、弯腰行礼；丙、按摩搔痒。译文取第一义。"我们取丙说。

这主要因为甲、乙二说除晚起外，均与当时语言实际不符。

先看甲说。a. 宾语或受事主语为人、兽或人兽身体一部分时，该"折"的"折断"义带有伤害性。b. 宾语或受事主语为树木或物体时，该"折"的"折断"不是人类的自主行为，例如为风所摧折。"折取树枝"说显然与此不符。

再看乙说。其说为"磬折腰枝，盖犹今拜揖也"。"腰肢"若为定中结构，指腰，其意义甚晚起，《孟子》时代无此义。若为并列结构，则原文为"折枝"，并无"腰"或其古字"要"；且当时"枝"也无"腰肢"义。

丙说甚早，且古人多理解"折枝"为按摩，故采纳之。

其三：

《梁惠王下》的"如水益深，如火益热"，这两句的"如"，是"好像……那样"的意思，不是"如果"的意思。

表示"好像……那样"的"如"，其后通常接名词或名词词组，如："如金如锡，如圭如璧。"（《诗经·卫风·淇奥》）

当表示这个意义的"如"后面所接的是一主谓结构时，主谓之间通常有一"之"字："如川之流，绵绵翼翼。"（《诗经·大雅·常武》）但也不尽然："诛其君，吊其民，如时雨降"（《滕文公下》）、"如水益深，如火益热"就属于后面这一类。

若"如"表示"如果"，则为"如＋（非主谓结构的）谓词性成分"；而且，这种意义的"如"还位于条件复句的第一个分句，也可归纳为"（S）如……，（则）……。"（S，指主语）例如："富而可求也，虽执鞭之士，吾亦为之。如不可求，从吾所好。"（《论语·述而》）"王如知此，则无望民之多于邻国也。"（《孟子·梁惠王上》）

其四：

《滕文公下》的"井上有李，螬食实者过半矣"，"李"有两解：李树、李子。杨伯峻先生《孟子译注》倾向于后一解释，我们却认为是指李树。

首先，先秦典籍中出现的"桃""李""梅"等等，特别是当下文出现"实"（果实）时，都是指桃树、李树、梅树等。如："摽有梅，其实七兮。"（《诗经·召南·摽有梅》）

其次，若此"李"指李实，则此句当为"井上有李，蟠食之过半矣。""有"的宾语，在下句再度出现时，一般以代词"之"指代。如："一心以为有鸿鹄将至，思援弓缴而射之。"（《告子上》）

近几十年来，借助于新的方法和新的工具，古籍整理工作有了长足的进步，相信《论语·大学·中庸译注》《孟子译注》及本人相关著作的出版，将把《论语》《孟子》的研究推向一个新的高度。

梁惠王章句上（凡七章）①

1.1 孟子见梁惠王。王曰："叟不远千里而来②，亦将有以利吾国乎？"

孟子对曰："王何必曰利？亦有仁义而已矣③。王曰'何以利吾国'，大夫曰'何以利吾家'，士庶人曰'何以利吾身④'，上下交征利而国危矣⑤。万乘之国，弑其君者⑥，必千乘之家；千乘之国⑦，弑其君者，必百乘之家⑧。万取千焉，千取百焉，不为不多矣。苟为后义而先利⑨，不夺不餍⑩。未有仁而遗其亲者也，未有义而后其君者也。王亦曰仁义而已矣，何必曰利？"

注释：

①梁惠王：即魏惠王，名罃（yīng），"惠"是他的谥号。前362年，魏国都城由安邑迁往大梁（今河南开封市），所以又叫梁惠王。他在即位最初二十几年内，使魏国在战国诸雄中最为强大。本篇名为"梁惠王章句上"，是因为《孟子》的篇名和《论语》一样，不过是择取每篇开头的一个重要的词或词组而已。"章句"是汉代经学家常用的术语，即分析古书章节句读的意思，在这里用作训解古书的题名。这里"梁惠王章句上"是东汉赵岐所著《孟子章句》的旧题，他把《孟子》7篇各分为上下两卷，所以这里题为"章句上"。

②叟（sǒu）：老先生。

③亦：不过，只是。

④庶（shù）人：平民。

⑤征：取。

⑥弑：以下杀上，以卑杀尊。

⑦万乘（shèng）之国，千乘之国：兵车一辆叫一乘；春秋战国时以兵车的多少来衡量国家的大小强弱；战国七雄为万乘，宋、卫、中山、东周、西周为千乘。

⑧千乘之家，百乘之家：古代的执政大夫有一定的封邑，拥有这种封邑的大夫叫家。

⑨苟：假如，假设，如果。

⑩餍（yàn）：饱，满足。

译文：

孟子晋见梁惠王。惠王说："老先生不辞千里长途的辛劳而来，是不是将给我国带来利益呢？"

孟子答道："王何必非要说利呢？只要讲仁义就行了。如果王只是说'怎样才有利于我的国家呢'，大夫也说'怎样才有利于我的封地呢'，那一般士子和老百姓也都会说'怎样才有利于我自己呢'，这样，上上下下都竞相追逐私利，国家便危险了！在拥有10000辆兵车的国家里，杀掉它的国君的，一定是拥有1000辆兵车的大夫；在拥有1000辆兵车的国家里，杀掉它的国君的，一定是拥有100辆兵车的大夫。在10000辆兵车里头他就拥有1000辆，在1000辆兵车里头他就拥有100辆，这些大夫的产业不能不说是够多的了；假若他把'义'弃诸脑后而事事'利'字当先，那他不把国君的一切都剥夺，是不会满足的。从没有以'仁'存心的人会遗弃父母的，也没有以'义'存心的人会怠慢君上的。王只要讲仁义就可以了，为什么一定要讲'利'呢？"

1.2 孟子见梁惠王。王立于沼上，顾鸿雁麋鹿①，曰："贤者亦乐此乎？"

孟子对曰："贤者而后乐此，不贤者虽有此，不乐也。《诗》云：'经始灵台，经之营之。庶民攻之②，不日成之③。经始勿亟④，庶民子来⑤。王在灵囿，麀鹿攸伏⑥。麀鹿濯濯⑦，白鸟鹤鹤⑧。王在灵沼，於牣鱼跃⑨。'文王以民力为台为沼，而民欢乐之，谓其台曰灵台，谓其沼曰灵沼，乐其有麋鹿鱼鳖。古之人与民偕乐，故能乐也。《汤誓》

曰⑩：'时日害丧⑪，予及女偕亡。'民欲与之偕亡，虽有台池鸟兽，岂能独乐哉？"

注释：

①顾：转动脖子看。

②攻：治，工作。

③不日：不设期限。

④经始勿亟：这是文王所说；亟，急。

⑤子：像儿子那样。

⑥麀（yōu）鹿攸伏：麀，母鹿。攸，所。

⑦濯濯：肥而光泽貌。

⑧鹤鹤：羽毛洁白貌。

⑨於牣（wū rèn）：於，词的前缀，无实义；牣，满。

⑩《汤誓》：《尚书》中的一篇，为商汤伐桀誓师词。

⑪时日害丧：时，此，这；害，同"曷"，何，何时。

译文：

孟子晋见梁惠王。王站在池塘边，一边欣赏着鸟兽，一边说："有德行的人也享受这种快乐吗？"

孟子答道："只有有德行的人才能体会到这种快乐，没有德行的人纵然有这一切，也没法享受。（怎么这样说呢？我拿周文王和夏桀的史实作例子来说明吧。）《诗经·大雅·灵台》中写道：'开始筑灵台，经营又经营。百姓都来做，慢慢就完成。王说才开始，不要太着急。百姓如儿子，都来出把力。王到鹿苑中，母鹿正栖息。母鹿肥又亮，白鸟毛如雪。王到灵沼上，满池鱼跳跃。'周文王虽然用了百姓的力量筑高台挖深池，可是百姓高兴这样做，他们管这台叫做'灵台'，管这池叫做'灵沼'，还高兴那里有许多麋鹿和鱼鳖。古时候的圣君贤王因为能与老百姓同乐，才能得到真正的快乐。（夏桀却恰恰相反，百姓诅咒他死，他却自比太阳：'太阳什么时候消灭，我才什么时候死亡。'）《汤誓》中便记载着百姓的哀歌：'太阳呀，你什么时候灭亡呢？我宁肯和你一道去死！'老百姓恨不得与他同归于尽，纵然有高台深池、珍禽异兽，他又怎么能够独自享受呢？"

1.3－1 梁惠王曰："寡人之于国也①，尽心焉耳矣。河内凶，则移其民于河东②，移其粟于河内③。河东凶亦然。察邻国之政，无如寡人之用心者。邻国之民不加少④，寡人之民不加多，何也？"

孟子对曰："王好战，请以战喻⑤。填然鼓之⑥，兵刃既接⑦，弃甲曳兵而走⑧。或百步而后止⑨，或五十步而后止。以五十步笑百步，则何如？"

曰："不可；直不百步耳⑩，是亦走也⑪。"

注释：

①寡人：寡德之人，古代王侯的自谦之辞；寡，少。

②河内、河东：魏国的河东地，在今山西省夏县西北一带；河内地，在今河南省济源市一带。

③粟：禾、黍的子粒。

④加少：减少。

⑤请：请您允许我……

⑥填然鼓之：填然，即"填填地（响）"；鼓，击鼓；之，这里指击鼓的事由。

⑦兵：兵器，武器。

⑧走：上古跑叫"走"，这里指逃跑。

⑨或：有的人。

⑩直：只是，不过。

⑪是：此，这。

译文：

梁惠王（对孟子）说："我对于国家，可算是操心到家了。河内地方遭了灾，我便把那里的百姓迁到河东，还把河东的粮食运到河内。河东遭了灾也这么办。细察邻国的政治，没有一个君主能像我这样费尽心思的。尽管这样，邻国的百姓并不减少，我的百姓并不增多，这是为什么呢？"

孟子答道："王喜欢战争，就请让我用战争来打个比喻吧。战鼓咚咚一响，双方刀枪一碰，就有人扔掉盔甲拖着兵器逃跑。有的一口气跑了100步停下，有的一口气跑了50步停下。假设跑了50步的耻笑跑了100

步的战士（胆小），那怎么样？"

王说："这不行，他只不过没跑到100步罢了，但这也是逃跑了呀。"

1.3-2 曰："王如知此，则无望民之多于邻国也①。不违农时，谷不可胜食也②；数罟不入洿池③，鱼鳖不可胜食也；斧斤以时入山林④，材木不可胜用也。谷与鱼鳖不可胜食，材木不可胜用，是使民养生丧死无憾也。养生丧死无憾，王道之始也。"

注释：

①无：毋，不要。

②胜（shēng）：尽。

③数（shuò）罟（gǔ）不入洿（wū）池：数，密；罟，鱼网；洿，不流动的水，池塘。

④以时：按一定的时间，按时。

译文：

孟子说："王如果懂得这个道理，就不要指望你的老百姓比邻国多了。如果在农忙时，不去（征农当兵）占用耕作的时间，那粮食便会吃不完了；如果不用太过细密的网到池塘去捕鱼，那鱼鳖也就吃不完了；如果砍伐树木有固定的时间，木材也就用不尽了。粮食和鱼鳖吃不完，木材用不尽，这样就使老百姓对生养死葬没有遗憾了。老百姓对生养死葬没有遗憾，这就是王道的开端！"

1.3-3 "五亩之宅，树之以桑，五十者可以衣帛矣①。鸡豚狗彘之畜②，无失其时，七十者可以食肉矣。百亩之田，勿夺其时，数口之家可以无饥矣。谨庠序之教③，申之以孝悌之义④，颁白者不负戴于道路矣⑤。七十者衣帛食肉，黎民不饥不寒，然而不王者⑥，未之有也。

"狗彘食人食而不知检⑦，途有饿莩而不知发⑧；人死则曰'非我也，岁也'，是何异于刺人而杀之，曰'非我也，兵也'。王无罪岁，斯天下之民至焉⑨。"

注释：

①衣（yì）：这里是穿的意思。

②鸡豚狗彘之畜（xù）：鸡和猪、狗的畜养；畜，畜养，饲养。

③庠（xiáng）序：古代的地方学校。

④申：一再，重复。

⑤颁白者不负戴于道路：颁白，须发半白，也写作"斑白"；负，背负；戴，顶在头上。

⑥王（wàng）：以仁义统一天下。

⑦狗彘食人食而不知检：这句中"检"当读为"敛"；这句话的意思是，丰年时，谷贱伤农，狗彘都能食人之食，当政者却不平价收买，储藏起来以备荒年。

⑧莩（piǎo）：饿死的人。

⑨斯：这就。

译文：

　　"每家都有五亩地的宅院，院里种满桑树，50岁以上的人就可以穿上丝棉袄了。鸡、狗和猪的畜养，不要耽误繁殖的时机，70岁以上的人就可以有肉吃了。一家人百亩的耕地，不要挤占他们耕种收割的时机，一家几口人就可以吃得饱饱的了。好好地办些学校，反复地用孝顺父母敬爱兄长的道理教育他们，那么，须发斑白的老人也就用不着背负或头顶着重物奔波于道路上了。70岁以上的人有丝棉衣穿，有肉吃，平民百姓不受冻饿，这样还不能使天下归服的，是从未有过的事。

　　"（丰收年份）猪狗能吃上人吃的粮食，却不晓得及时收购以备荒年；道路上有饿死的人，也没想到要打开仓库赈济灾民。老百姓死了，就说'不怪我呀，怪年成不好'。这种说法和拿刀子杀了人却说'不怪我呀，怪兵器'有什么不同呢？王假如不去怪罪年成（而切切实实地去改革政治），这样，天下的百姓都会来投奔你了。"

　　1.4　梁惠王曰："寡人愿安承教①。"

　　孟子对曰："杀人以梃与刃②，有以异乎？"

　　曰："无以异也。"

　　"以刃与政，有以异乎？"

　　曰："无以异也。"

曰：“庖有肥肉③，厩有肥马④，民有饥色，野有饿莩，此率兽而食人也！兽相食，且人恶之；为民父母，行政，不免于率兽而食人，恶在其为民父母也⑤？仲尼曰⑥：‘始作俑者，其无后乎！’为其象人而用之也。如之何其使斯民饥而死也⑦？”

注释：

①安：安心，安然。

②梃（tǐng）：直的木棒。

③肥肉：厚肉。肉，肌肉；肥，肉质丰满；那时的“肥肉”和现在的“肥肉”意义有所不同。

④厩（jiù）：马栏，马厩。

⑤恶（wū）：何。

⑥仲尼：孔子的字。

⑦斯民：这些老百姓；斯，此。

译文：

梁惠王（对孟子）说：“我愿意耐心地接受您的教诲。”

孟子答道：“用棍子和用刀子杀人，有什么不同吗？”

王说：“没有什么不同。”

“用刀子和用政治（杀人），有什么不同吗？”

王说：“没有什么不同。”

孟子又说：“厨房里有厚实的肉，马厩里有健壮的马，老百姓却面色菜黄，郊野也饿莩横陈，这就是率领着禽兽来吃人！野兽间弱肉强食，人尚且厌恶；作为老百姓的父母官执政，还不免率领着禽兽来吃人，这又怎么算是老百姓的父母官呢？孔子曾说：‘最开始制作人俑来陪葬的人，该会断子绝孙吧！’这是因为人俑如同大活人，却用来陪葬。（用人俑陪葬，尚且不可）又怎能让老百姓活活饿死呢？”

1.5　梁惠王曰：“晋国①，天下莫强焉②，叟之所知也。及寡人之身，东败于齐，长子死焉③；西丧地于秦七百里④；南辱于楚⑤。寡人耻之，愿比死者壹洒之⑥。如之何则可？”

孟子对曰："地方百里而可以王⑦。王如施仁政于民，省刑罚，薄税敛，深耕易耨⑧；壮者以暇日修其孝悌忠信⑨，入以事其父兄，出以事其长上，可使制梃以挞秦楚之坚甲利兵矣⑩。

"彼夺其民时，使不得耕耨以养其父母。父母冻饿，兄弟妻子离散⑪。彼陷溺其民，王往而征之，夫谁与王敌？故曰：'仁者无敌。'王请勿疑！"

注释：

①晋国：这里指魏国；韩、赵、魏三国瓜分晋国，魏国最为强大，所以用"晋国"指代魏国。

②天下莫强焉：莫，没有……；焉，于是，于斯，于此；此句意为"天下没有哪个国家强于它（魏）"。

③东败于齐，长子死焉：指马陵（今河南范县西南）之役；魏伐韩，韩求救于齐，齐军袭魏，魏军败于马陵，主将庞涓自杀，魏太子申被俘；焉，于此。

④西丧地于秦七百里：马陵之役后，魏又屡败于秦，割河西之地及上郡之十五城。

⑤南辱于楚：梁惠王后元十一年（前324年），楚遣柱国（武官名）昭阳统兵攻魏，破之于襄陵（河南睢县西），得八邑。

⑥愿比（bì）死者壹洒之：比，替；壹，全；洒，音义均同"洗"，洗雪，雪耻。

⑦地方百里：当理解为"地，方百里"；"方百里"，意谓长宽各为百里。

⑧易耨（nòu）：易，速；耨，锄草。

⑨悌：弟弟尊敬兄长。

⑩制：通"揭"，举起。

⑪妻子：妻子和儿女；妻，妻子；子，子女。

译文：

梁惠王（对孟子）说："魏国的强大，当时天下没有比得上的，老先生是知道的。但到了我这时候，先是东边败于齐国，长子都死在那儿；西边割让了700里土地给秦国；南边又被楚国所羞辱（被夺去了八个城池）。我为此深感屈辱，希望为死难者报仇雪恨，要怎样办才好呢？"

孟子答道："即使方圆百里的小国也可以行仁政使天下归服，（何况像魏国呢？）您如果向百姓施行仁政，减免刑罚，减轻赋税，使百姓能够深翻土，勤除草；青壮年在闲暇时能讲求孝顺父母、敬爱兄长、为人忠心、诚实守信的德行，并用来在家里侍奉父兄，在朝廷服事上级，这样，就是举着木棒也足以抗击披坚执锐的秦楚大军了。

"那秦国、楚国（却相反），侵夺了老百姓的生产时间，使他们不能耕种来养活父母，父母因此受冻挨饿，兄弟妻儿东逃西散。那秦王、楚王使他们的百姓陷在痛苦的深渊里，您去讨伐他们，那还有谁来与您为敌呢？所以说：'仁人无敌于天下。'请您不要疑虑了吧！"

1.6　孟子见梁襄王①，出，语人曰②："望之不似人君，就之而不见所畏焉。卒然问曰③：'天下恶乎定④？'吾对曰：'定于一。''孰能一之⑤？'对曰：'不嗜杀人者能一之。''孰能与之⑥？'对曰：'天下莫不与也⑦。王知夫苗乎？七八月之间旱⑧，则苗槁矣。天油然作云，沛然下雨，则苗浡然兴之矣⑨。其如是，孰能御之？今夫天下之人牧⑩，未有不嗜杀人者也。如有不嗜杀人者，则天下之民皆引领而望之矣⑪。诚如是也，民归之，由水之就下⑫，沛然谁能御之？'"

注释：

①梁襄王：梁惠王之子，名嗣。

②语（yù）：告诉。

③卒然：同"猝然"。

④恶乎：怎样。

⑤孰：谁。

⑥与：跟随。

⑦莫：没有谁。

⑧七八月：这是用的周代历法，相当于夏历的五六月，正是禾苗需要雨水的时候。

⑨浡（bó）：浡然，兴起貌。

⑩人牧：治理人民的人，指国君。

⑪引领：伸长脖子。

⑫由：同"犹"。

译文：

孟子谒见了梁襄王，出来后告诉别人说："远远望去，不像个国君的样子；挨近他，也看不出哪一点值得敬畏。猛一开口就问：'天下如何才安定？'我答道：'天下一统，才会安定。'他又问：'谁能一统天下？'我又答：'不好杀人的国君，就能一统天下。'他又问：'那有谁会跟随他呢？'我又答：'普天之下没有不跟随他的。您熟悉那禾苗吗？七八月间天旱，禾苗就枯槁了。这时，一团浓黑的乌云出现，哗啦哗啦下起了大雨，禾苗又茁壮茂盛地生长起来。这种趋势，谁能阻挡得住呢？当今那各国的君主，没有不好杀人的。如有一位不好杀人的，那么，天下的老百姓都会伸长着脖子来盼望他了。真这样的话，百姓归附他、跟随他，就好像水向下奔流一般，汹涌澎湃，谁能阻挡？'"

1.7-1　齐宣王问曰①："齐桓、晋文之事可得闻乎②？"

孟子对曰："仲尼之徒无道桓文之事者，是以后世无传焉，臣未之闻也③。无以④，则王乎？"

曰："德何如则可以王矣？"

曰："保民而王⑤，莫之能御也。"

曰："若寡人者，可以保民乎哉？"

曰："可。"

曰："何由知吾可也？"

曰："臣闻之胡龁曰⑥，王坐于堂上，有牵牛而过堂下者，王见之，曰：'牛何之⑦？'对曰：'将以衅钟⑧。'王曰：'舍之！吾不忍其觳觫⑨，若无罪而就死地⑩。'对曰：'然则废衅钟与？'曰：'何可废也，以羊易之！'——不识有诸⑪？"

曰："有之。"

注释：

①齐宣王：威王之子，名辟疆。

②齐桓、晋文：齐桓公名小白，晋文公名重耳，在春秋时代先后称霸，为"五霸"之列。

③臣未之闻：我没有听说过这个；当时语言，如果是否定句，代词作宾语一般要放在谓语动词之前；其他篇章的"未之有""未之见""未之学""未之尽""未之知"等也是如此。

④无以：不得已；以，同"已"。

⑤保：安。

⑥龁：音 hé。

⑦之：往。

⑧衅：祭礼名，宰杀一只活物来祭某种新器物或宗庙。

⑨觳觫（hú sù）：惊恐战栗貌。

⑩若无罪而就死地：好像无罪之人却被处死；有人说，加"之人"是"增字解经"，并非如此；因为当时语言中，"有罪""无罪"本来就是专指人的，而译为现代汉语，若不加"之人"则不通。

⑪诸："之乎"的合音。

译文：

齐宣王问孟子："齐桓公、晋文公的事迹，我能请您讲给我听吗？"

孟子答道："孔子的门徒们没有谈到齐桓公、晋文公的事迹的，所以后世没有流传，我也没听说过。非要讲的话，就说说'王道'吧！"

宣王问道："要多高的道德才能够实行王道呢？"

孟子说："通过爱护百姓去实现王道，便没有人能够阻挡。"

宣王说："像我这样的人，可以爱护百姓吗？"

孟子说："能够。"

宣王说："根据什么晓得我能够做到呢？"

孟子说："我听胡龁说，王坐在殿堂上，有人牵着牛从殿下走过，王看见了，便问：'牵牛到哪里去？'那人答道：'准备杀它来衅钟。'王便说：'放了它吧！我实在不忍心看到它那哆哆嗦嗦的样子，好像没罪的人却被押送刑场！'那人说：'那么，就不衅钟了吗？'王又说：'这怎么可以废弃呢？用只羊来代替吧！'——有这回事吗？"

宣王说："有的。"

1.7-2　曰："是心足以王矣。百姓皆以王为爱也①，臣固知王之不忍也。"

王曰："然，诚有百姓者。齐国虽褊小②，吾何爱一牛？即不忍其觳觫，若无罪而就死地，故以羊易之也。"

曰："王无异于百姓之以王为爱也③。以小易大，彼恶知之？王若隐其无罪而就死地④，则牛羊何择焉？"

王笑曰："是诚何心哉？我非爱其财而易之以羊也。宜乎百姓之谓我爱也。"

注释：

①爱：吝啬，舍不得。

②褊（biǎn）：小。

③异：惊异，奇怪。

④隐：怜悯。

译文：

孟子说："有这样的想法足以实行王道了。老百姓都以为王是舍不得，我早就知道王是不忍心哪。"

宣王说："对呀，确实有这样想的百姓。齐国虽狭小，我又何至于舍不得一头牛？我只是不忍心看到它不停地哆嗦，就像没犯罪的人却被押去斩决，所以才用羊来替换它。"

孟子说："百姓以为王舍不得，王也不必奇怪。您用小的来换取大的，那些人怎么会清楚王的想法呢？如果说可怜它'像没犯罪的人却被押去斩决'，那么牛和羊又有什么好选择的呢？"

宣王笑着说："这到底是一种什么心理呀？我确实不是吝惜钱财才用羊来代替牛。（您这么一说）百姓说我舍不得真是理所当然的了。"

1.7-3　曰："无伤也，是乃仁术也，见牛未见羊也。君子之于禽兽也，见其生，不忍见其死；闻其声，不忍食其肉。是以君子远庖厨也①。"

王说曰②："《诗》云③：'他人有心，予忖度之④。'夫子之谓也。

夫我乃行之，反而求之，不得吾心。夫子言之，于我心有戚戚焉⑤。此心之所以合于王者，何也？"

曰："有复于王者曰：'吾力足以举百钧⑥，而不足以举一羽；明足以察秋毫之末⑦，而不见舆薪，则王许之乎⑧？'"

曰："否。"

注释：

①远：使……远离。

②说："悦"的古字。

③《诗》云：见《诗经·小雅·巧言》。

④忖度（cǔn duó）：揣测。

⑤戚戚：心动的样子。

⑥钧：三十斤。

⑦秋毫之末：鸟尾上的细毛，是极细小的东西；舆薪：一车薪柴。

⑧许：同意。

译文：

孟子说："这也没什么关系。这种怜悯心正是仁爱呀！因为王只看见了牛可怜，却没有看见羊可怜。君子对于飞禽走兽，看见它们活着的可爱，便不再忍心看到它们死去；听到它们的啼叫，便不再忍心吃它们的肉。君子总是远离厨房，就是这个道理。"

宣王高兴地说："有两句诗说：'别人想的啥，我能猜到它。'就是说的您这样的人。我只是这样做了，再反躬自问，却想不出个所以然来。经您老这么一说，我的心便豁然开朗了。但我的这种想法合于王道，又是为什么呢？"

孟子说："假如有个人向王报告说：'我的臂力能够举起3000斤，却拿不起一根羽毛；我的眼力能把鸟儿秋天生的毫毛看得一清二楚，却看不见眼前的一车柴火。'您会同意这话吗？"

宣王说："不会。"

1.7-4 "今恩足以及禽兽，而功不至于百姓者，独何与？然则一羽之不举，为不用力焉；舆薪之不见，为不用明焉；百姓之不见保，为不用恩焉。故王之不王，不为也，非不能也。"

曰："不为者与不能者之形何以异？"

曰："挟太山以超北海①，语人曰'我不能'，是诚不能也。为长者折枝②，语人曰'我不能'，是不为也，非不能也。故王之不王，非挟太山以超北海之类也；王之不王，是折枝之类也。"

注释：

①挟太山以超北海：太山即泰山，北海即渤海。

②折枝：按摩肢体；枝，通"肢"。历来还有"折取树枝"与"弯腰行礼"两种解释。

译文：

孟子马上接着说："如今王的好心好意足以及于禽兽，却不能及于百姓，这是为什么呢？这样看来，一根羽毛都拿不起，只是不肯下力气的缘故；一车子柴火都看不见，只是不肯用眼睛的缘故；老百姓不被保养，只是不肯施恩的缘故。所以，王未曾实行王道，只是不肯干，不是不能干。"

宣王说："不肯干和不能干有什么不同呢？"

孟子说："把泰山夹在胳膊下跳过北海，告诉别人说'这个我办不到'，这是真的不能。替老年人按摩肢体，告诉别人说'这个我办不到'，这是不肯干，不是不能干。王的不行仁政不是属于把泰山夹在胳膊下跳过北海一类，而是属于替老年人按摩肢体一类的。"

1.7-5 "老吾老，以及人之老①；幼吾幼，以及人之幼。天下可运于掌。《诗》云：'刑于寡妻②，至于兄弟，以御于家邦③。'言举斯心加诸彼而已。故推恩足以保四海，不推恩无以保妻子。古之人所以大过人者，无他焉，善推其所为而已矣。今恩足以及禽兽，而功不至于百姓者，独何与？

"权，然后知轻重；度，然后知长短。物皆然，心为甚。王请度之！

"抑王兴甲兵④，危士臣，构怨于诸侯，然后快于心与？"

注释：

①老吾老，以及人之老：尊敬自己的长辈，并把这尊敬延及他人的长辈；第一个"老"活用为动词，尊敬的意思；及，推及，延及；人，别人，他人。下句第一个"幼"也是动词活用，慈爱、爱护之意。

②"《诗》云"以下三句：见《诗经·大雅·思齐》；刑，同"型"，示范；寡妻，嫡妻。

③家：指卿大夫之有采邑者。

④抑：还是。表示选择。

译文：

"孝敬我家里的长辈，并把这孝敬推广到别人家的长辈；呵护我家里的儿女，并把这呵护推广到别人家的儿女。（如果一切施政措施都基于这一点）治理天下就如同在手心转动小球一样了。《诗经》上说：'先给妻子做榜样，扩展到兄弟，进而推广到封邑和国家。'就是说把这样的好心好意扩展到其他方面就行了。所以由近及远地把恩惠推展开，便足以保有天下；不这样，甚至连自己的妻子儿女都保护不了。古代的圣贤之所以远远地超过一般人，没有别的诀窍，只是他们善于扩展他们的好行为罢了。如今您的恩情足以扩展到动物，百姓却得不到好处，这是为什么呢？

"称一称，才晓得轻重；量一量，才知道长短。什么东西都如此，人的心更是这样。王考虑一下吧！

"难道说，动员全国军队，让将士冒着危险，去和别国结仇构怨，这样做您心里才痛快吗？"

1.7－6　王曰："否，吾何快于是？将以求吾所大欲也。"

曰："王之所大欲可得闻与？"王笑而不言。

曰："为肥甘不足于口与？轻暖不足于体与？抑为采色不足视于目与①？声音不足听于耳与？便嬖不足使令于前与②？王之诸臣皆足以供之，而王岂为是哉？"

曰："否，吾不为是也。"

曰："然则王之所大欲可知已，欲辟土地③，朝秦楚④，莅中国而抚四夷也⑤。以若所为求若所欲⑥，犹缘木而求鱼也。"

王曰："若是其甚与？"

曰："殆有甚焉⑦。缘木求鱼，虽不得鱼，无后灾。以若所为求若所欲，尽心力而为之，后必有灾。"

注释：

①采色：即"彩色"。

②便嬖（pián bì）：得到王的宠幸且朝夕相伴者。

③辟：开辟。

④朝：使其朝觐。

⑤莅（lì）：临。

⑥若：如此，后来写作"偌"。

⑦殆：可能。

译文：

宣王说："不，我为什么非要这样做才痛快呢？这样做，不过是追求实现我的最大愿望啊。"

孟子说："我可以听听王的最大愿望吗？"宣王只是笑，不做声。

孟子接着说："是为了肥美的食物不够吃吗？是为了轻暖的衣服不够穿吗？或者是为了鲜艳的色彩不够看吗？是为了曼妙的音乐不够听吗？是为了贴身的小臣不够您使唤吗？这些，您的臣下都能尽量供给，但是王真的是为了这些吗？"

宣王说："不，我不是为了这些。"

孟子说："那么，您的最大愿望可以知道了。您是想要广辟疆土，您是要秦楚来朝，您是要治理华夏而抚有四夷；不过，以您这样的作为来满足您这样的愿望，就好比爬到树上去抓鱼一样。"

宣王说："有这样严重吗？"

孟子说："恐怕比这更严重呢！爬上树去抓鱼，虽然抓不到，却没有灾祸。以您这样的作为去满足您这样的欲望，殚精竭虑去干了，（不但达不到目的）还有灾祸在后头。"

1.7-7　曰：“可得闻与?”

曰：“邹人与楚人战①，则王以为孰胜?”

曰：“楚人胜。”

曰：“然则小固不可以敌大，寡固不可以敌众，弱固不可以敌强。海内之地，方千里者九，齐集有其一。以一服八，何以异于邹敌楚哉? 盖亦反其本矣②。今王发政施仁，使天下仕者皆欲立于王之朝，耕者皆欲耕于王之野，商贾皆欲藏于王之市，行旅皆欲出于王之途，天下之欲疾其君者皆欲赴愬于王③。其若是，孰能御之?”

王曰：“吾惛④，不能进于是矣。愿夫子辅吾志，明以教我。我虽不敏，请尝试之。”

注释：

①邹：国名，就是邾国，国土极小。

②盖：同“盍”，“何不”的合音。

③愬：同“诉”。

④惛：同“昏”。

译文：

宣王说：“（这是什么道理呢?）可以让我听听吗?”

孟子说：“假设邹国和楚国打仗，王以为谁会胜利呢?”

宣王说：“楚国会胜。”

孟子说：“这样看来，小国本来就不可以抗拒大国，人少的国家也不可以抗拒人多的国家，弱国不可以抗拒强国。现在华夏的土地，有9个纵横各1000里那么大，齐国不过占有它的1/9。凭1/9之力想叫8/9归服，这跟邹国抗拒楚国有什么不同呢?（既然这条路根本行不通，那么）为什么不从根基着手呢? 现在王如果能改良政治，广施仁德，使天下的士大夫都想站立在齐国的朝廷，庄稼汉都想耕种在齐国的田野，行商坐贾都想把货物囤积在齐国的市场，来往旅客都想奔走在齐国的路途，各国痛恨本国君主的人也都想到王这儿来一吐苦水。若能做到这样，又有谁能抵挡得住呢?”

宣王说：“我头脑昏乱，不能达到这样的高度了。希望您老人家辅导我达到目的，明明白白地教导我。我虽不聪明，也不妨试它一试。"

1.7-8　曰："无恒产而有恒心者，惟士为能。若民①，则无恒产，因无恒心。苟无恒心，放辟邪侈，无不为已。及陷于罪，然后从而刑之，是罔民也②。焉有仁人在位罔民而可为也？是故明君制民之产③，必使仰足以事父母，俯足以畜妻子，乐岁终身饱，凶年免于死亡；然后驱而之善，故民之从之也轻④。今也制民之产，仰不足以事父母，俯不足以畜妻子；乐岁终身苦，凶年不免于死亡⑤。此惟救死而恐不赡⑥，奚暇治礼义哉⑦？"

注释：

①若：至于。

②罔：同"网"，网罗，陷害。

③制：制订法度。

④轻：轻易，容易。

⑤死亡：死去和逃亡。

⑥赡（shàn）：足够。

⑦奚：何，哪里。

译文：

孟子说："没有固定的产业而有恒定的信念，只有士人才能够做到。如果是老百姓，没有固定的产业，因而也就没有恒定的信念。若没有恒定的信念，就会胡作非为，违法乱纪，什么事都干得出来。等到他犯了法，然后再处以刑罚，这等于陷害。哪有仁爱的人当政却做出陷害老百姓的事呢？所以英明的君主规定老百姓的产业，一定要使他们上足以赡养父母，下足以抚养妻儿；好年成，一年到头吃得饱；坏年成，也不至于饿死或逃亡；然后驱使他们往善良的路上走，这样老百姓要听从教导也容易。现在呢，规定老百姓的产业，上不足以赡养父母，下不足以抚养妻儿；好年成，一年到头困苦；坏年成，要么死要么逃。这样，每个人要救活自己都怕做不到，哪有闲工夫学习礼义呢？"

1.7-9 "王欲行之，则盍反其本矣①：五亩之宅，树之以桑，五十者可以衣帛矣。鸡豚狗彘之畜，无失其时，七十者可以食肉矣。百亩之田，勿夺其时，八口之家可以无饥矣。谨庠序之教，申之以孝悌之义，颁白者不负戴于道路矣。老者衣帛食肉，黎民不饥不寒，然而不王者，未之有也。"

注释：

①盍："何不"的合音。

译文：

"王如果要施行仁政，为什么不从根基着手呢？每家都有五亩地的宅院，院里种满桑树，50岁以上的人就可以穿上丝棉袄了。鸡、狗和猪的畜养，不要耽误繁殖的时机，70岁以上的人就可以有肉吃了。每家都有百亩田地，不耽误农时，8口之家就可以吃饱肚子了。好好地办些学校，反复地用孝顺父母敬爱兄长的道理教育他们，那么，须发斑白的老人也就用不着背负或头顶着重物奔波于道路上了。70岁以上的人有丝棉衣穿，有肉吃，平民百姓不受冻饿，这样还不能使天下归服的，是从未有过的事。"

梁惠王章句下（凡十六章）

2.1-1　庄暴见孟子，曰："暴见于王^①，王语暴以好乐^②，暴未有以对也。"曰^③："好乐何如？"

孟子曰："王之好乐甚，则齐国其庶几乎^④！"

他日，见于王曰："王尝语庄子以好乐，有诸？"

王变乎色，曰："寡人未能好先王之乐也，直好世俗之乐耳。"

曰："王之好乐甚，则齐其庶几乎！今之乐由古之乐也。"

曰："可得闻与？"

曰："独乐乐，与人乐乐，孰乐？"

曰："不若与人。"

曰："与少乐乐，与众乐乐，孰乐？"

曰："不若与众。"

注释：

①暴见于王：庄暴被王接见。

②乐（yuè）：音乐。

③曰：一个人的话中间又加一"曰"字，表示讲话人有所停顿。

④庶几：差不多。

译文：

（齐国的大臣）庄暴来见孟子，说："我去朝见王，王告诉我，他爱好音乐，我不知道该怎样回答。"又说："爱好音乐好不好？"

孟子说："王如果非常爱好音乐，那齐国便会不错了。"

过了些时日，孟子谒见齐王，问道："您曾经告诉庄暴，说您爱好音乐，有这回事吗?"

齐王脸红了，不好意思地说:"我没能爱好先王的雅乐，只是爱好流行音乐罢了。"

孟子说:"只要您爱好音乐，那齐国便会不错了。现代音乐和古代音乐都是一样的。"

齐王说:"这道理我可以听听吗?"

孟子说:"一个人欣赏音乐很快乐，和别人一道欣赏音乐也很快乐，哪一种更快乐呢?"

齐王说:"跟别人一道欣赏更快乐。"

孟子说:"跟少数人欣赏音乐很快乐，跟多数人欣赏音乐也很快乐，哪一种更快乐呢?"

齐王说:"跟多数人一起欣赏更快乐。"

2.1-2 "臣请为王言乐①。今王鼓乐于此，百姓闻王钟鼓之声，管籥之音②，举疾首蹙頞而相告曰③:'吾王之好鼓乐，夫何使我至于此极也? 父子不相见，兄弟妻子离散。'今王田猎于此④，百姓闻王车马之音，见羽旄之美⑤，举疾首蹙頞而相告曰:'吾王之好田猎，夫何使我至于此极也? 父子不相见，兄弟妻子离散。'此无他，不与民同乐也。

"今王鼓乐于此，百姓闻王钟鼓之声，管籥之音，举欣欣然有喜色而相告曰:'吾王庶几无疾病与，何以能鼓乐也?'今王田猎于此，百姓闻王车马之音，见羽旄之美，举欣欣然有喜色而相告曰:'吾王庶几无疾病与，何以能田猎也?'此无他，与民同乐也。今王与百姓同乐，则王矣。"

注释:

①乐:此处双关，既指"音乐"，又指"娱乐"。

②管籥(yuè):古代吹奏乐器，类似今之箫笙。

③举疾首蹙頞(cù è):举，全都;蹙，皱着;頞，鼻梁。

④田猎:打猎。

⑤羽旄:旗帜。

译文:

孟子马上说:"请让我为王谈谈音乐。如果王在这里奏乐，老百姓听到敲钟打鼓的声音，听到吹奏箫管的声音，大家全都皱着眉头奔走相告：'我们的王这样爱好音乐，那为什么使我困苦到这样的境地呢？父子不能相见，兄弟妻儿东逃西散？'如果王在这里打猎，老百姓听到车马的声音，看到仪仗的华丽，大家全都皱着眉头奔走相告：'我们的王这样爱好打猎，为什么使我困苦到这样的境地呢？父子不能相见，兄弟妻儿东逃西散？'这没有别的原因，就因为王（只图自己快活而）不和大家一道娱乐的缘故。

"如果王在这里奏乐，老百姓听到敲钟打鼓的声音，听到吹奏箫管的声音，全都眉开眼笑地奔走相告：'我们的王大概很健康吧，要不怎么能够奏乐呢？'如果王在这里打猎，老百姓听到车马的声音，看到仪仗的华丽，全都眉开眼笑地奔走相告：'我们的王大概很健康吧，要不怎么能够打猎呢？'这没有别的原因，只是因为王同百姓一道娱乐罢了。如果王同百姓一道娱乐，就可以使天下归服了。"

2.2 齐宣王问曰："文王之囿方七十里①，有诸？"

孟子对曰："于传有之。"

曰："若是其大乎？"

"民犹以为小也。"

曰："寡人之囿方四十里，民犹以为大，何也？"

曰："文王之囿方七十里，刍荛者往焉②，雉兔者往焉③，与民同之。民以为小，不亦宜乎？臣始至于境，问国之大禁，然后敢入。臣闻郊关之内有囿方四十里④，杀其麋鹿者如杀人之罪，则是方四十里为阱于国中。民以为大，不亦宜乎？"

注释：

①囿：没围墙的猎场叫"囿"。

②刍荛（chú ráo）：刍，草；荛，柴。这里指打草砍柴。

③雉（zhì）兔：狩猎。

④郊关：四郊之门——古代城邑四郊起拱卫防御作用的关门。

译文：

齐宣王（问孟子）说："听说周文王有一处猎场，纵横各70里，有这回事吗?"

孟子答道:"史书上记载着呢。"

宣王说:"竟然有这么大吗?"

孟子说:"老百姓还嫌小呢。"

宣王说:"我的猎场纵横只有40里,老百姓还嫌大了,为什么呢?"

孟子说:"文王的猎场纵横各70里,割草打柴的能去,打鸟捕兽的也能去,是和老百姓一道用的。老百姓以为太小,不是很自然吗?(而您恰恰相反。)我刚到边界,就打听齐国的重要的禁令,然后才敢入境。我听说首都郊外有一处猎场,纵横各40里,谁要宰了里头的麋鹿,就如同犯了杀人之罪。那么,这就等于在国内挖了一个纵横40里的大陷阱。百姓认为太大了,不是很自然吗?"

2.3　齐宣王问曰:"交邻国有道乎?"

孟子对曰:"有。惟仁者为能以大事小,是故汤事葛[①],文王事昆夷[②]。惟智者为能以小事大,故太王事獯鬻[③],勾践事吴[④]。以大事小者,乐天者也;以小事大者,畏天者也。乐天者保天下,畏天者保其国。《诗》云:'畏天之威,于时保之[⑤]。'"

王曰:"大哉言矣!寡人有疾,寡人好勇。"

对曰:"王请无好小勇。夫抚剑疾视曰:'彼恶敢当我哉!'此匹夫之勇,敌一人者也。王请大之!

"《诗》云:'王赫斯怒[⑥],爰整其旅[⑦],以遏徂莒[⑧],以笃周祜[⑨],以对于天下。'此文王之勇也。文王一怒而安天下之民。

"《书》曰[⑩]:'天降下民,作之君,作之师[⑪],惟曰其助上帝宠之。四方有罪无罪惟我在,天下曷敢有越厥志[⑫]?'一人衡行于天下[⑬],武王耻之。此武王之勇也。而武王亦一怒而安天下之民。今王亦一怒而安天下之民,民惟恐王之不好勇也。"

注释:

①汤事葛:《滕文公下》第五章论之较详,可参。

②昆夷:亦作"混夷",周朝初年的西戎国名。

③太王事獯鬻（xūn yù）："太王"即古公亶父；獯鬻，即猃狁（xiǎn yǔn），当时北方的少数民族。

④勾践事吴：越王勾践惨败于吴，卑辞厚礼求和，替吴王当马前卒；后返国，十年生聚，十年教训，终于兴国灭吴。

⑤"畏天"句：见《诗经·周颂·我将》；保，安定。

⑥赫斯：勃然大怒的样子。此诗见《诗经·大雅·皇矣》。

⑦爰：句首语气词，无实义。

⑧以遏徂莒：遏，止；徂，往；莒，国名。

⑨以笃周祜（hù）：笃，厚；祜，福。

⑩《书》曰：以下为《尚书》逸文，《伪古文尚书》采入《泰誓》上篇。

⑪作之君，作之师：为他们造作君主，为他们造作师长。

⑫厥：略同"其"。

⑬衡：同"横"。一人，指商纣王。

译文：

齐宣王问道："和邻国打交道有什么方法途径吗？"

孟子答道："有的。只有仁爱的人才能够以大国的身份服事小国，所以商汤服事葛伯，文王服事昆夷。只有聪明的人才能够以小国的身份服事大国，所以太王服事獯鬻，勾践服事夫差。以大国身份服事小国的，是乐行天命的人；以小国身份服事大国的，是敬畏天命的人。乐行天命者能保有天下，敬畏天命者能保有本国。《诗经》说得好：'敬畏上天的威灵，（因此谨慎又小心）于是保住他。'

宣王说："这话真伟大！不过，我有个小毛病，就是太喜爱勇武。"

孟子答道："那么，请王不要喜好这小勇。有种人，只会手按着剑柄、圆睁双眼说：'那人怎么敢抵挡我呢？'这只是凡夫俗子的勇武，只能镇得住一个人。希望王能把它扩大。

"《诗经》说：'我王赫然一发怒，整肃军阵如猛虎，阻止侵莒的敌人，增添周室的福禄，报答天下的拥护。'这便是文王的勇武。文王一发怒便使天下的百姓生活安定。

"《书经》说：'天降生了芸芸众生，也为他们造作了君主，也为他们造作了师长，这些君主和师长的唯一职责，就是帮助上帝来爱护人民。因此，四面八方的有罪者和无罪者，都由我负责。普天之下，谁敢超越他的本分（胡作非为）？'当时有个人在世上横行霸道，武王便认为是奇耻大辱。这便是武王的勇武。武王也一发怒而使天下的百姓生活安定。如今王若是也一怒而安定天下的百姓，那么，百姓还生怕王不喜爱勇武呢！"

2.4－1 齐宣王见孟子于雪宫①。王曰："贤者亦有此乐乎？"

孟子对曰："有。人不得，则非其上矣。不得而非其上者，非也；为民上而不与民同乐者，亦非也。乐民之乐者，民亦乐其乐；忧民之忧者，民亦忧其忧。乐以天下，忧以天下②，然而不王者，未之有也。"

注释：

①雪宫：齐宣王的离宫（别墅）。

②乐以天下，忧以天下：乐，以天下（民之乐），忧，以天下（民之忧）；即，以天下民之乐为乐，以天下民之忧为忧。

译文：

齐宣王在他的别墅雪宫里接见孟子。宣王问道："贤人也有这种快乐吗？"

孟子答道："有的。人们要是得不到这种快乐，就会非议他们的统治者。得不到快乐就讲统治者的坏话，固然不对；作为老百姓的统治者有快乐而不与老百姓一同享受，也是不对的。把老百姓的快乐当成他自己的快乐的，老百姓也会把他的快乐当成自己的快乐；把老百姓的忧愁当成他自己的忧愁的，老百姓也会把他的忧愁当成自己的忧愁。以天下万民之乐为乐，以天下万民之忧为忧，这样还不能使天下归服于他的，是从来不曾有的事。"

2.4－2 "昔者齐景公问于晏子曰①：'吾欲观于转附、朝儛②，遵海而南③，放于琅邪④，吾何修而可以比于先王观也？'晏子对曰：'善哉问也！天子适诸侯曰巡狩。巡狩者，巡所守也。诸侯朝于天子曰述职。述职者，述所职也。无非事者。春省耕而补不足，秋省敛而助不给。夏谚曰："吾王不游，吾何以休？吾王不豫⑤，吾何以助？一游一豫，为诸侯度。"今也不然：师行而粮食⑥，饥者弗食⑦，劳者弗息。睊睊胥谗⑧，民乃作慝⑨。方命虐民⑩，饮食若流。流连荒亡，为诸侯忧。

从流下而忘反谓之流，从流上而忘反谓之连，从兽无厌谓之荒，乐酒无厌谓之亡。先王无流连之乐，荒亡之行。惟君所行也。'"

注释：

①昔者齐景公问于晏子曰：齐景公，春秋时齐国之君，姓姜名杵臼；晏子，齐国贤臣，名婴。

②观于转附、朝儛：转附疑即今之芝罘（fú）山（即芝罘岛）；朝儛疑即今山东荣城东之召石山。

③遵海而南：沿着海岸往南行。遵，循，沿着。

④放（fǎng）于琅邪：放于，至于；琅邪，山名，在今山东诸城市东南。

⑤豫：同"游"。

⑥粮食：这里是筹措粮食的意思。

⑦饥者弗食：受饿者吃不上饭；弗，不，"弗"修饰的动词一般不带宾语。

⑧睊（juàn）睊胥谗：睊睊，因怨恨侧目而视的样子；胥，都；谗，毁谤。

⑨慝（tè）：恶。

⑩方命：抗命；命，指上帝意旨。

译文：

"当年齐景公问晏子：'我想到转附山和朝儛山去视察，然后沿着海岸南行，一直到琅邪，我该如何做才能够比得上过往圣王贤君的巡游呢？'晏子答道：'问得好呀！天子到诸侯国去叫做巡狩。巡狩，就是巡视诸侯职守的意思。诸侯去朝见天子叫做述职。述职就是报告分内工作的意思。这一切都是工作。春天巡视耕种，补助贫穷农户；秋天考察收获，补助缺粮农户。夏朝的谚语说："我王不出来游，我便劳作不休；我王不出来走，我的补助哪有？我王四处巡游，给诸侯树立榜样。"如今就不同了：君王仪仗还没动，官吏四处筹粮米。饿汉越发没饭吃，苦力累死难休息。大家切齿又骂娘，铤而走险揭竿起。既违天命又害民，成天大摆流水席。流连荒亡无节制，诸侯如何不着急！（流连荒亡是什么意思呢？）顺流而下地游玩、乐而忘返叫做流，溯流而上地游玩、乐而忘返叫做连，打猎从不厌倦叫做荒，喝酒不知节制叫做亡。过去的圣王贤君没有这种流连的乐趣、荒亡的行为。（视察工作的出巡和只知自己快乐的流连荒亡）您施行哪一种，您自己选择吧！'"

2.4-3 "景公悦，大戒于国①，出舍于郊。于是始兴发补不足②。召大师曰③：'为我作君臣相说之乐！'盖《徵招》《角招》是也④。其诗曰：'畜君何尤⑤？'畜君者，好君也。"

注释：

①戒：告诫，发布命令。

②兴发：兴，实行仁政；发，开仓济贫。

③大师：即"太师"，古代乐官之长。

④《徵招》《角招》：徵（zhǐ）和角是古代五音（宫、商、角、徵、羽）中的两个。招同"韶"。

⑤尤：错误，过失。

译文：

"景公听了，大为高兴。先在都城发布命令，然后驻扎郊外。这时便大行仁政，拿出钱粮救济穷人。景公又把太师叫来，对他说：'给我创作君臣同乐的乐曲！'这乐曲就是《徵招》《角招》。歌词说：'畜君有什么不对呢？'畜君，就是喜爱国君的意思。"

2.5-1 齐宣王问曰："人皆谓我毁明堂①，毁诸？已乎②？"

孟子对曰："夫明堂者，王者之堂也。王欲行王政，则勿毁之矣。"

王曰："王政何得闻与？"

对曰："昔者文王之治岐也③，耕者九一④，仕者世禄，关市讥而不征⑤，泽梁无禁⑥，罪人不孥⑦。老而无妻曰鳏⑧，老而无夫曰寡，老而无子曰独，幼而无父曰孤。此四者，天下之穷民而无告者。文王发政施仁，必先斯四者。《诗》云：'哿矣富人，哀此茕独⑨。'"

王曰："善哉言乎！"

曰："王如善之，则何为不行？"

注释：

①明堂：明堂是天子召见诸侯的处所，此处之明堂在齐国境内，可能是准备天子东巡召见诸侯时用的。

②已：止。

③岐：在今陕西岐山县一带。

④耕者九一：这话可能是指孟子理想的土地制度井田制而言。每井900亩，8家各100亩，叫做私田；当中100亩，叫做公田，由8家共同耕种。

⑤讥：同"稽"，稽核，核查。

⑥泽梁：在流水中拦鱼的一种装置。

⑦孥：妻室儿女，这里指不株连妻室儿女。

⑧鳏（guān）：老而无妻者。

⑨哿（gě）矣富人，哀此茕（qióng）独：哿，可；茕，单独；这两句诗见《诗经·小雅·正月》。

译文：

齐宣王问道："别人都劝我拆掉明堂，到底是拆了呢，还是不拆？"

孟子答道："那明堂呢，是凭道德一统天下的王者的殿堂。您如果要实行王政，就不要把它给拆了。"

王说："实行王政的事，我可以听听吗？"

答道："从前周文王治理岐地，对农夫征税九分抽一；做官的人能世袭俸禄；关卡和市场只稽查，不征税；湖泊任意捕鱼，没有禁令；罪犯只惩罚本人，不株连家属。老了没妻子的叫鳏夫，老了没丈夫的叫寡妇，没有儿女的老人叫孤独者，死了父亲的儿童叫孤儿。这四种人是世上最穷苦无依的人。周文王实行仁政，一定最先照顾这四种人。《诗经》说：'那有钱人生活真美好，可怜这些人无依无靠！'"

宣王说："这话说得真好！"

孟子说："您如果认为这话好，那为什么不实行呢？"

2.5－2　"寡人有疾，寡人好货。"

对曰："昔者公刘好货①，《诗》云②：'乃积乃仓③，乃裹糇粮④，于橐于囊⑤，思戢用光⑥，弓矢斯张，干戈戚扬⑦，爰方启行⑧。'故居者有积仓，行者有裹囊也。然后可以'爰方启行'。王如好货，与百姓同之，于王何有？⑨"

王曰："寡人有疾，寡人好色。"

对曰："昔者太王好色，爱厥妃。《诗》云⑩：'古公亶父，来朝走马，率西水浒⑪，至于岐下。爰及姜女⑫，聿来胥宇⑬。'当是时也，内无怨女，外无旷夫⑭。王如好色，与百姓同之，于王何有？"

注释：

①公刘：后稷的后代，周朝创业的始祖。

②《诗》云：以下引诗见《诗经·大雅·公刘》。

③仓：装满仓。

④糇（hóu）粮：干粮。

⑤橐、囊：两种口袋。橐两端有底，旁边开口；囊则无底，两头都扎起。

⑥思戢（jí）用光：思，语助词，无实义；戢，和，安；光，发扬光大。

⑦干、戈、戚、扬：都是兵器。

⑧爰（yuán）：句首语气词，无实义。

⑨何有："何难之有"的意思。

⑩《诗》云：以下见《诗经·大雅·绵》。

⑪率西水浒：率，沿着；浒，水涯，指漆水沿岸。

⑫爰及姜女：姜女，即太姜，太王之妃。

⑬聿来胥宇：聿，语气助词；胥，省视，视察；宇，屋宇。

⑭内无怨女，外无旷夫：古代以女子居内，男子居外。

译文：

宣王说："我有个毛病，我喜爱财物（实行王政怕有困难）。"

孟子说："从前公刘也喜爱财物，《诗经》说：'粮食堆满仓，用来做干粮，还装满橐囊，百姓安居国威扬。箭上弦，弓开张，干、戈、戚、扬都上场，浩浩荡荡向前方。'留在家里的人都有存粮，行军的人都有干粮。这样才能'浩浩荡荡向前方'。王如果喜爱财物，能跟百姓一道，对您实行王政会有什么困难呢？"

王又说："我有个毛病，我喜爱女色（实行王政怕有困难）。"

孟子答道："从前太王也喜爱女色，十分娇宠他的那个妃子。《诗经》说：'古公亶父清早骑着马，沿着漆水西边，来到岐山下。视察民众的住宅，姜氏女始终伴随着他。'那时，家中没有嫁不掉的大龄女，野外也没有娶不上亲的单身汉。王如果喜爱女色，能跟老百姓一道，对您实行王政会带来什么困难呢?"

2.6 孟子谓齐宣王曰:"王之臣有托其妻子于其友而之楚游者^①,比其反也^②,则冻馁其妻子^③,则如之何?"

王曰:"弃之。"

曰:"士师不能治士^④,则如之何?"

王曰:"已之。"

曰:"四境之内不治,则如之何?"

王顾左右而言他^⑤。

注释:

①之:到……去。

②比(bì)其反也:比,及,至,等到;反,同"返"。

③馁(něi):饥饿。

④士师:古代的司法官。

⑤顾左右而言他:往左看看,往右看看,说些别的话;他,其他的,别的。

译文:

孟子对齐宣王说:"您有一个臣子把老婆孩子托付给朋友照顾,自己游楚国去了。等他回来的时候,他的老婆孩子却在挨饿受冻。这样的朋友,该拿他怎么办?"

齐王说:"和他一刀两断。"

孟子说:"司法长官不能约束他的下级,该拿他怎么办?"

齐王说:"撤他的职!"

孟子说:"国家治理得不好,那该怎么办?"

齐王一边扭头东张西望,一边转移话题东拉西扯。

2.7 孟子见齐宣王,曰:"所谓故国者,非谓有乔木之谓也^①,有世臣之谓也。王无亲臣矣,昔者所进,今日不知其亡也^②。"

王曰:"吾何以识其不才而舍之?"

曰："国君进贤，如不得已，将使卑逾尊，疏逾戚，可不慎与？左右皆曰贤，未可也；诸大夫皆曰贤，未可也；国人皆曰贤，然后察之；见贤焉，然后用之。左右皆曰不可，勿听；诸大夫皆曰不可，勿听；国人皆曰不可，然后察之；见不可焉，然后去之。左右皆曰可杀，勿听；诸大夫皆曰可杀，勿听；国人皆曰可杀，然后察之；见可杀焉，然后杀之。故曰，国人杀之也。如此，然后可以为民父母。"

注释：

①乔木：大树；乔，高。

②亡：去位、去国之意。

译文：

孟子谒见齐宣王，说："我们所说的'故国'，并不是说该国有高大树木的意思，而是有世代功勋的老臣的意思。您现在没有亲信的臣子了，过去所进用的今天都不知到哪儿去了。"

王问："我怎样去识别那些没才能的人从而放弃他呢？"

孟子答道："国君选拔贤人，如不得已要起用新人，就不得不把卑贱者提拔到尊贵者之上，把疏远的人提拔到亲近的人之上，这种事能不慎重吗？因此，周围亲近的人都说某人好，还不行；各位大夫都说某人好，还不行；全国的人都说某人好，再考察他，发现他真的不错，再起用他。周围亲近的人都说某人不好，不要听信；各位大夫都说某人不好，也不要听信；全国的人都说某人不好，然后考察他，发现他真的不行，再罢免他。周围亲近的人都说某人该杀，不要听信；各位大夫都说某人该杀，也不要听信；全国的人都说某人该杀，然后考察他，发现他真的该杀，再杀他。所以说，他是全国人杀的。这样，才能做百姓的父母。"

2.8　齐宣王问曰："汤放桀①，武王伐纣②，有诸③？"

孟子对曰："于传有之④。"

曰："臣弑其君⑤，可乎？"

曰："贼仁者谓之'贼'，贼义者谓之'残'。残贼之人谓之'一夫⑥'。闻诛一夫纣矣⑦，未闻弑君也。"

注释：

①汤放桀：汤，商代开国之君。夏桀暴虐，汤兴兵讨伐他，把桀流放到南巢（今安徽巢湖）。

②武王伐纣：商纣王无道，周武王伐之；纣王兵败，自焚而死。

③有诸：有之乎；诸，"之乎"的合音字。

④传（zhuàn）：传记。

⑤弑：臣下无理地杀死君主，儿女杀死父母，都叫做"弑"。

⑥一夫："独夫"的意思。

⑦诛：合乎正义地讨杀罪犯叫做"诛"。

译文：

齐宣王问道："商汤流放夏桀，周武王讨伐商纣王，有这回事吧？"

孟子答道："史书上有这样的记载。"

宣王说："做臣子的弑他的君主，可以吗？"

孟子说："破坏仁爱的人叫做'贼'，破坏道义的人叫做'残'。残贼俱全的人，叫做'一夫'。我只听说过武王诛杀了一夫殷纣，没有听说过他是以臣弑君的。"

2.9　孟子见齐宣王，曰："为巨室，则必使工师求大木①。工师得大木，则王喜，以为能胜其任也。匠人斫而小之②，则王怒，以为不胜其任矣。夫人幼而学之，壮而欲行之，王曰'姑舍女所学而从我'，则何如？今有璞玉于此③，虽万镒④，必使玉人雕琢之。至于治国家，则曰'姑舍女所学而从我'，则何以异于教玉人雕琢玉哉？"

注释：

①工师求大木：工师，古代官名，主管各种工匠；大木，大树。

②斫（zhuó）：砍削。

③璞（pú）玉：玉之在石中者。

④万镒：表示极为贵重，20两为一镒。

译文：

孟子谒见齐宣王，说："建筑一幢大屋，就一定要派工师去寻找大树。

工师找到了大树，王就高兴，认为他能够尽到他的责任。如果木匠把木料砍小了，王就会生气，认为他担负不了他的责任。（可见要学好一门手艺是很难的。）比如某人从小学习一门手艺，长大了便想靠它赚钱养家。可是王却对他说：'暂时放下你所学的，听从我的话吧！'那将如何呢？假如这里有一块没雕琢过的玉石，即使它非常值钱，也一定要请玉工来雕琢它。可是一到了治国理政，您却（对政治家）说：'暂时放下你所学的，听从我的话吧！'这跟您要教导玉工雕琢玉石，又有何不同呢？"

2.10　齐人伐燕，胜之①。宣王问曰："或谓寡人勿取，或谓寡人取之。以万乘之国伐万乘之国，五旬而举之，人力不至于此。不取，必有天殃②。取之，何如？"

孟子对曰："取之而燕民悦，则取之。古之人有行之者，武王是也。取之而燕民不悦，则勿取。古之人有行之者，文王是也③。以万乘之国伐万乘之国，箪食壶浆以迎王师④，岂有他哉？避水火也。如水益深，如火益热⑤，亦运而已矣⑥。"

注释：

①齐人伐燕，胜之：事在齐宣王五年（前315年），燕王哙把燕国让给他的相国子之，国人不服，将军市被、太子平攻子之，子之反攻，杀市被、太子平。齐宣王派匡章乘机攻打燕国。燕士卒不战，城门不闭，燕君哙死，齐因而速胜。

②不取，必有天殃：类似文字常见于先秦古籍，当是当时流行的观念。

③文王是也：《论语·泰伯》说周文王三分天下有其二，仍服事殷商。

④箪食（dān shí）壶浆：箪，古代盛饭的竹筐；食，饭；浆，用米熬成的酸汁，古人用以代酒。

⑤如水益深，如火益热：这两句的"如"都是"好像"的意思，不是"如果"的意思。

⑥运：徙，奔走逃避。

译文：

齐国攻打燕国，大获全胜。齐宣王问道："有些人劝我别兼并燕国，也有人劝我兼并它。（我想：）以一个万乘之国去讨伐另一个万乘之国，50天便打下来了，光靠人力达不到这一目的（一定是天意如此）。如果不去兼并，上天会（认为我们违反了他的旨意而）降下灾害来。兼并它，怎么样？"孟子答道："如果兼并它，燕国百姓高兴，便兼并它。古人有这样做的，周武王就是个例子。如果兼并它，燕国百姓不高兴，就不要兼并它。古人有这样做的，周文王就是个例子。以一个万乘之国去讨伐燕国这个万乘之国，燕国的百姓却用筐盛着饭，用壶盛着酒来欢迎王的军队，难道会有别的意思吗？只不过想躲开那水深火热之苦罢了。假设齐军来了，燕国形势反而更糟糕，像是加倍的水深火热，那燕国百姓也只会奔走逃避的。"

2.11　齐人伐燕，取之。诸侯将谋救燕。宣王曰："诸侯将谋伐寡人者，何以待之？"

孟子对曰："臣闻七十里为政于天下者，汤是也；未闻以千里畏人者也。《书》曰：'汤一征，自葛始①。'天下信之，东面而征，西夷怨；南面而征，北狄怨，曰：'奚为后我？'民望之，若大旱之望云霓也②。归市者不止，耕者不变，诛其君而吊其民③，若时雨降。民大悦。《书》曰：'徯我后④，后来其苏⑤。'今燕虐其民，王往而征之，民以为将拯己于水火之中也，箪食壶浆以迎王师。若杀其父兄，系累其子弟⑥，毁其宗庙，迁其重器⑦，如之何其可也？天下固畏齐之强也，今又倍地而不行仁政，是动天下之兵也。王速出令，反其旄倪⑧，止其重器，谋于燕众，置君然后去之，则犹可及止也。"

注释：

①汤一征，自葛始：《滕文公下》引作"汤始征，自葛载"；载，始。

②云霓：霓，虹；虹出是下雨的兆头。

③吊：抚恤，慰问。

④徯（xī）：等待。

⑤苏：苏醒，复活。

⑥系累：束缚，捆绑。

⑦重器：宝器，鼎鼐。

⑧旄倪：旄，同"耄"（mào），八九十岁的老人；倪，就是"儿"。

译文：

齐国讨伐燕国，兼并了它。别的国家在酝酿救助燕国。宣王问道："许多国家正在酝酿要讨伐我，要该怎样对待呢？"

孟子答道："我听说过，凭着方圆70里土地最终号令天下的，商汤就是；还没听说过拥有方圆1000里土地而害怕别国的。《书经》说过：'商汤第一次征伐，从葛国开始。'天下人都相信他，因此，出征东面，西方的夷人便不高兴；出征南面，北方的狄人便不高兴，都说：'为什么把我们放到后面呢？'人们盼望他，就好像久旱以后盼望乌云和虹霓一样。（汤征伐时）做买卖的依然熙来攘往，种庄稼的照样埋头耕耘，因为他们知道这军队是来诛杀那暴虐的国君，是来抚慰那被残害的百姓的。真像降了场及时雨呀，所以十分高兴。《书经》又说：'盼望我王，他来了，我们才活过来了！'如今燕国的君主虐待百姓，王去征伐他，那里的百姓认为您是要把他们从水深火热中拯救出来，因此都提着饭筐和酒壶来欢迎王的军队。您却杀掉他们的父兄，掳掠他们的子弟，毁坏他们的宗庙祠堂，搬走他们的传世宝器，这又怎么可以呢？天下各国本来就害怕齐国的强大，如今它的土地又扩大了一倍，而且还暴虐无道，这就等于引发各国兴兵动武。您赶快发出命令，遣送回俘虏中的老幼者，停止搬运燕国的宝器，再与燕国人士商量，择立一位君主，然后撤军。这样做，要让各国停止兴兵，还是来得及的。"

2.12 邹与鲁哄①。穆公问曰②："吾有司死者三十三人③，而民莫之死也④。诛之，则不可胜诛；不诛，则疾视其长上之死而不救⑤，如之何则可也？"

孟子对曰："凶年饥岁，君之民老弱转乎沟壑⑥，壮者散而之四方者，几千人矣⑦；而君之仓廪实，府库充，有司莫以告⑧，是上慢而残下也。曾子曰⑨：'戒之戒之！出乎尔者，反乎尔者也。'夫民今而后得反之也。君无尤焉⑩！君行仁政，斯民亲其上，死其长矣。"

注释：

①哄（hòng）：争斗。

②穆公：当是邹穆公；孟子是邹人，所以穆公问他。

③有司：有关部门。

④莫之死：可理解为"莫死之"，意为"没有人为他们牺牲"。

⑤疾视其长上之死而不救："疾"是主要动词，痛恨的意思；其他则为"疾"的宾语。

⑥转：弃尸。

⑦几：几乎。

⑧有司莫以告：有司莫以之告，有关部门没有谁把以上情况告诉(您)。介词"以"的宾语经常省略，这里省略的宾语"之"指"凶年饥岁，君之民老弱转乎沟壑，壮者散而之四方者，几千人矣；而君之仓廪实，府库充"等情形。

⑨曾子：孔子弟子曾参。

⑩尤：责备，怪罪。

译文：

邹国和鲁国发生了争斗。邹穆公问孟子："这一次冲突，我的官员死难了33人，老百姓却没有一人为这事儿而死的。杀了他们吧，又杀不了那么多；不杀吧，又憎恨他们瞪着两眼看着长官被杀却不去救。该怎么办才好呢？"

孟子答道："灾荒年岁，您的百姓，年老体弱的弃尸于沟壑之中，年轻力壮的便四处逃难，这样的几乎有1000人了。而您的谷仓里堆满了粮食，库房里装满了财宝。这种情形，您的官员们谁也不来报告，这就是在上位的人对百姓漠然处之，甚至还残害他们。曾子说过：'警惕呀，警惕呀！你怎么对待人家，人家就怎样回报你！'现在，那百姓今儿可逮着报复的机会了。您不要责备他们吧！您如果实行仁政，您的百姓自然就会爱护他们的上级，情愿为他们的长官牺牲了。"

2.13　滕文公问曰①："滕，小国也，间于齐、楚。事齐乎？事楚乎？"

孟子对曰："是谋非吾所能及也。无已，则有一焉：凿斯池也②，筑斯城也③，与民守之，效死而民弗去④，则是可为也。"

注释：

①滕文公：滕，周朝一小国，故城在今山东滕州市西南。

②池：护城河。

③城：城墙；"长城"的"城"就是"城墙"的意思。

④效：献。

译文：

滕文公问道："滕国是一个弱小的国家，夹在齐、楚两大国中间。是服事齐国呢，还是服事楚国呢？"

孟子答道："这个问题不是我的能力所能回答的。如您定要我说，就只有一个主意：把护城河挖深，把城墙筑牢，与百姓一道来保卫它，百姓宁愿死也不离去，这样还是有办法的。"

2.14　滕文公问曰："齐人将筑薛①，吾甚恐，如之何则可？"

孟子对曰："昔者大王居邠②，狄人侵之③，去之岐山之下居焉④。非择而取之，不得已也。苟为善，后世子孙必有王者矣。君子创业垂统，为可继也。若夫成功，则天也，君如彼何哉？强为善而已矣。"

注释：

①薛：周初一小国，姓任，故城在今山东滕州市东南；后为齐所灭，以之封田婴。

②邠：同"豳（bīn）"，在今陕西旬邑县西。

③狄：即獯鬻。

④岐山：即今陕西岐山县城凤鸣镇东北 60 里之箭括山。

译文：

滕文公问道："齐国人准备修筑薛邑的城池，我很害怕，怎么办才好呢？"孟子答道："从前太王住在邠地，狄人来侵犯，他便搬迁到岐山下定居。他并不是主动选取了这个地方，完全是出于不得已。要是一个君主能实行仁政，后代子孙定会有成为帝王的。有德君子创立功业，传于子孙，正是为了能代代相传。至于成不成功，自有天命。您奈何得了齐人吗？只有努力实行仁政罢了。"

2.15 滕文公问曰:"滕,小国也,竭力以事大国,则不得免焉①,如之何则可?"

孟子对曰:"昔者大王居邠,狄人侵之。事之以皮币②,不得免焉;事之以犬马,不得免焉;事之以珠玉,不得免焉。乃属其耆老而告之曰③:'狄人之所欲者,吾土地也。吾闻之也:君子不以其所以养人者害人。二三子何患乎无君?我将去之④。'去邠,逾梁山⑤,邑于岐山之下居焉⑥。邠人曰:'仁人也,不可失也。'从之者如归市⑦。或曰:'世守也,非身之所能为也⑦。效死勿去。'君将择于斯二者。"

注释:

①免:幸免。

②皮币:皮,裘皮衣;币,缯帛。

③属其耆(qí)老:属,召集,集合;耆老,一地之年长者。

④去之:离开我们的土地;去,离开。

⑤梁山:在今陕西乾县西北五里;由邠至岐,梁山为必经之地。

⑥邑:建筑城邑。

⑦归市:归,归向,趋向;市,集市。

⑦身:本身,本人。

译文:

滕文公问道:"滕是个小国,尽心竭力服事大国,仍然难免于祸害,怎么办才好呢?"

孟子答道:"从前太王住在邠地,狄人来侵犯他。用皮裘和布帛去笼络,不能幸免;用好狗名马去笼络,不能幸免;用珍珠宝玉去笼络,仍然不能幸免。太王便召集邠地德高望重的老年人,向他们宣布:'狄人所要的,乃是我们的土地。我听说过这个:有德行的人不让本来用以养人的东西成为祸害。你们何必害怕没有君主呢?我得离开了。'于是离开邠地,翻过梁山,在岐山之下重新建了个城邑住了下来。邠地的老百姓说:'这是有仁德的人哪,我们不能失去他。'追随而去的好像赶集的一样多。也有人说:'土地是祖宗传下、世世代代必须守住的基业,不是我本人能擅自把它丢弃的,宁愿死也不离开。'以上两条道路,您可以在其中选择。"

2.16　鲁平公将出①，嬖人臧仓请曰②："他日君出，则必命有司所之。今乘舆已驾矣③，有司未知所之，敢请④。"

公曰："将见孟子。"

曰："何哉，君所为轻身以先于匹夫者⑤？以为贤乎？礼义由贤者出；而孟子之后丧逾前丧⑥。君无见焉！"

公曰："诺。"

乐正子入见，曰："君奚为不见孟轲也？"

曰："或告寡人曰'孟子之后丧逾前丧'，是以不往见也。"

曰："何哉，君所谓逾者？前以士，后以大夫；前以三鼎，而后以五鼎与⑦？"

曰："否，谓棺椁衣衾之美也⑧。"

曰："非所谓逾也，贫富不同也。"

乐正子见孟子，曰："克告于君⑨，君为来见也⑩，嬖人有臧仓者沮君⑪，君是以不果来也⑫。"

曰："行，或使之；止，或尼之⑬。行止，非人所能也。吾之不遇鲁侯，天也。臧氏之子焉能使予不遇哉？"

注释：

①鲁平公：景公之子，名叔。

②嬖人：被宠幸的人；此处指亲信的小臣。

③乘（shèng）舆：车马。

④敢：谦敬副词，无实义。

⑤何哉，君所为轻身以先于匹夫者：倒装句，下文之"何哉，君所谓逾者"与此同。

⑥后丧逾前丧：后丧指其母丧，前丧指其父丧。

⑦三鼎、五鼎：鼎是古代的一种器皿，祭祀时用以盛祭品者；祭礼，天子九鼎，诸侯七，卿大夫五，元士三。三鼎五鼎体现了士礼和卿大夫礼的差别。

⑧棺椁衣衾：内棺曰棺，外棺曰椁（音 guǒ，古代士以上的人常用两层以上的棺木）；衣衾，死者装殓的衣被。

⑨克：乐正子之名，当是孟子学生。

⑩为（wèi）：王引之《经传释词》说这句的"为"是"将"的意思。

⑪沮：一本作"阻"，阻止。

⑫不果来：没有来成。

⑬尼（nì）：即今之所谓"拖后腿"。

译文：

鲁平公准备外出，他所宠幸的小臣臧仓来请示说："平日您外出，一定要告诉管事的人您到哪儿去。现在车马都预备好了，管事的人还不知道您要到哪儿去，因此我才冒昧来请示。"

平公说："我要去拜访孟子。"

臧仓说："您轻视自己的身份先去拜访一个普通人，是为了什么呢？您以为他是贤德之人吗？礼义应该是由贤者实践的，而孟子办他母亲的丧事超过他从前办父亲的丧事，（这是贤德的人所应有的行为吗？）您不要去看他了！"

平公说："好吧。"

乐正子入宫见平公，问道："您为什么不去看孟轲呀？"

平公说："有人告诉我，'孟子办他母亲的丧事超过他以前办父亲的丧事'，所以不去看他了。"

乐正子说："什么意思呢，您所说的'超过'？是指父丧用士礼，母丧用大夫礼吗？是指父丧用三只鼎摆放祭品，而母丧用五只鼎摆放祭品吗？"

平公说："不，我指的是棺椁衣衾的精美。"

乐正子说："那便不能叫'超过'，只是前后贫富不同罢了。"

乐正子去见孟子，说："我跟鲁君说了您，鲁君刚要来看您，可是有一个受宠的小臣名叫臧仓的阻止了他，所以他没有来成。"

孟子说："某人要干件事情，会有种力量在推动他；要想不干，也有种力量在阻止他。干与不干，不是单凭人力所能做到的。我不能和鲁侯见面，是由于天命。臧家那小子，怎能使我和鲁侯见不上面呢？"

公孙丑章句上（凡九章）

3.1-1 公孙丑问曰①：“夫子当路于齐②，管仲、晏子之功③，可复许乎④？”

孟子曰：“子诚齐人也，知管仲、晏子而已矣。或问乎曾西曰⑤：‘吾子与子路孰贤⑥？’曾西蹴然曰⑦：‘吾先子之所畏也⑧。’曰：‘然则吾子与管仲孰贤？’曾西艴然不悦⑨，曰：‘尔何曾比予于管仲⑩？管仲得君如彼其专也，行乎国政如彼其久也，功烈如彼其卑也；尔何曾比予于是？’”

曰⑪：“管仲，曾西之所不为也，而子为我愿之乎⑫？”

注释：

①公孙丑：孟子弟子。

②当路：当权，当政。

③管仲、晏子：管仲，齐桓公之相；晏子即晏婴，齐景公之相。

④许：兴。

⑤曾西：曾申，字子西，鲁人，曾参之子。

⑥吾子与子路孰贤：吾子，对对方表亲密的称谓词；子路，孔子弟子，即仲由。

⑦蹴然：不安貌。

⑧先子：古人用以称其已逝世的长辈，此处指曾参（孔子弟子，与子路为同学，年辈晚于子路）。

⑨艴（bó）然：愤怒貌；艴然，就是“勃然”。

⑩曾：竟然。

⑪曰：仍是孟子所说，重一"曰"字者，表示孟子说话有停顿。

⑫为：以为。

译文：

公孙丑问道："您如果在齐国当权，管仲、晏子的功业可以复兴吗？"

孟子说："你真是个齐国人，仅仅知道管仲、晏子而已。曾经有人问曾西：'您和子路相比，谁强些？'曾西不安地说：'他是先父所敬畏的人。'那人又问：'那么，您和管仲相比，谁强些？'曾西马上变了脸色，不高兴地说：'你为什么竟把我和管仲相比？管仲得到君上的信赖是那样的专一，操持国家的大政是那样的长久，而功绩却那样的卑小。你为什么竟把我和他相比？'"

停了一会儿，孟子又说："管仲是曾西不愿相比的人，而你以为我会愿意吗？"

3.1－2 曰："管仲以其君霸，晏子以其君显①。管仲、晏子犹不足为与？"

曰："以齐王，由反手也②。"

曰："若是，则弟子之惑滋甚③。且以文王之德④，百年而后崩，犹未洽于天下⑤；武王、周公继之⑥，然后大行。今言王若易然，则文王不足法与？"

曰："文王何可当也？由汤至于武丁，贤圣之君六七作⑦，天下归殷久矣，久则难变也。武丁朝诸侯，有天下，犹运之掌也。纣之去武丁未久也⑧，其故家遗俗，流风善政，犹有存者；又有微子、微仲、王子比干、箕子、胶鬲——皆贤人也——相与辅相之⑨，故久而后失之也。"

注释：

①以：使，把。

②由：同"犹"。

③滋甚：更厉害；滋，愈加，更加。

④且：况且。

⑤洽：霑润，周遍。

⑥周公：姓姬，名旦，武王之弟；助武王伐纣，一统天下；后又辅助成王安定天下；他是鲁国的始祖。

⑦作：兴起。

⑧纣之去武丁未久也：由武丁至纣，虽然经历七帝，但时间并不长。

⑨又有……相与辅相（xiàng）之：微子名启，纣的庶兄；微仲，微子之弟，名衍。王子比干，纣的叔父，屡次向纣进谏，纣说"吾闻圣人心有七窍"，于是剖之以观其心。箕子也是纣的叔父，比干被杀，箕子装疯为奴，又被囚；武王灭商后，他被释放。胶鬲（gé）：纣王之臣。相与，共同；辅相，辅佐。

译文：

公孙丑说："管仲使桓公称霸天下，晏子使景公名扬诸侯，管仲、晏子难道还不值得学习吗？"

孟子说："以齐国来统一天下，易如反掌。"

公孙丑说："像您这样说，我的疑惑便更深了。像文王那样的德行，活了百年才崩殂，他推行的德政，还没有周遍于天下；武王、周公继承了他的事业，然后才大大地推行了王道（统一了天下）。现在你把统一天下说得那么容易，那么，文王也不值得效法了吗？"

孟子说："文王谁又能比得上呢？从汤到武丁，出现了六七个贤明之君，天下的人归服殷朝已经很久了，时间一久便很难转变。武丁使诸侯来朝，治理天下就好像在手掌中运转小球一样。纣王的年代距武丁时并不太久，当时的世家耆老、善良习俗、先民遗风、仁惠政教还有留存的，又有微子、微仲、王子比干、箕子、胶鬲——都是贤德的人——共同辅佐他，所以维持很久才亡国。"

3.1-3 "尺地，莫非其有也；一民，莫非其臣也；然而文王犹方百里起，是以难也。齐人有言曰：'虽有智慧，不如乘势；虽有镃基，不如待时①。'今时则易然也：夏后、殷、周之盛②，地未有过千里者也，而齐有其地矣；鸡鸣狗吠相闻，而达乎四境，而齐有其民矣。地不改辟矣，民不改聚矣③，行仁政而王，莫之能御也。"

注释：

①虽有镃基，不如待时：镃基，锄头；时，农时。

②夏后：夏代的君主。后，君主；这一"后"的繁体字不能写成"後"。

③改辟、改聚：改，更；辟，开辟；聚，人会合，人众多。

译文：

"当时，没有哪一尺土地不是纣王所有，没有哪一个百姓不是纣王臣属，即便这样，文王还是凭着方圆一百里的土地而兴旺发达，所以是非常困难的。齐国有句俗话：'即使很聪明，还须趁势而起；即使有锄头，还得等待农时。'当今之世要推行王政，就容易了：即便在夏、商、周最兴旺发达的时候，也没有哪个国家的土地超过方圆一千里的，现在齐国却有这么辽阔的国土了；鸡鸣狗叫的声音，此起彼伏，处处相闻，一直传到四方边境，齐国有这样稠密的人口了。国土不必再开拓了，百姓也不必再增加了，只要实行仁政来统一天下，就没有谁能够阻止得了。"

3.1-4 "且王者之不作，未有疏于此时者也；民之憔悴于虐政，未有甚于此时者也。饥者易为食，渴者易为饮①。孔子曰：'德之流行，速于置邮而传命②。'当今之时，万乘之国行仁政，民之悦之，犹解倒悬也。故事半古之人，功必倍之，惟此时为然。"

注释：

①饥者易为食，渴者易为饮：为食，为其置办食物；为饮，为其置办饮料。

②置邮而传命：设置驿站传达政令；置，设置，邮，驿站；命，国家的政令。

译文：

"而且（能够统一天下的）贤明君主的未曾出现，从来没有如今这样长久过；老百姓被暴虐的政治所摧残折磨，也从来没有如今这样厉害过。肚子饥饿的人容易为他置办食物，口干舌燥的人容易为他置办饮料。孔子说过：'德政的流行，比驿站传达政令还迅速。'如今这个时代，拥有万辆兵车的大国实行仁政，老百姓欢迎它，就如同倒挂着的人被解救了一般。

所以，用古人一半的事功，必将完成两倍于他们的伟业，也只有当今这个时代才行。"

3.2-1　公孙丑问曰："夫子加齐之卿相①，得行道焉，虽由此霸王，不异矣②。如此，则动心否乎？"

孟子曰："否，我四十不动心。"

曰："若是，则夫子过孟贲远矣③。"

曰："是不难，告子先我不动心④。"

注释：

①加：加官。

②异：以为奇异。

③孟贲：古代勇士，卫国人，一说齐国人。

④告子：墨子的弟子，较孟子年长三四十岁。

译文：

公孙丑问道："老师若晋升为齐国的卿相，能够实现自己的主张，即使从此而成就霸业、王业，也是不足为奇的。果然能这样，您是不是（有所惶恐）而动心呢？"

孟子说："不，我40岁以后就不再动心了。"

公孙丑说："像这样看来，老师比孟贲强多了。"

孟子说："这个不难，告子能不动心比我还早呢。"

3.2-2　曰："不动心有道乎？"

曰："有。北宫黝之养勇也①：不肤挠②，不目逃；思以一豪挫于人③，若挞之于市朝④；不受于褐宽博⑤，亦不受于万乘之君；视刺万乘之君若刺褐夫；无严诸侯⑥，恶声至，必反之。孟施舍之所以养勇也⑦，曰：'视不胜犹胜也；量敌而后进，虑胜而后会⑧，是畏三军者也。舍岂能为必胜哉？能无惧而已矣。'孟施舍似曾子，北宫黝似子夏⑨。夫二子之勇，未知其孰贤，然而孟施舍守约也。昔者曾子谓子襄曰⑩：'子好勇乎？吾尝闻大勇于夫子矣⑪：自反而不缩⑫，虽褐宽博，吾不惴焉^⑬；自反而缩，虽千万人，吾往矣。'孟施舍之守气，又不如曾子之守约也。"

注释：

①北宫黝（yǒu）：其人已不可考。

②桡（náo）：退。

③豪：毫毛。

④市朝：市，买卖之所；朝，朝廷；市朝，此处只有"市"义。

⑤褐（hè）宽博：地位低下者所穿的粗衣；"褐宽博"也就是下文的"褐夫"，地位低下的人。

⑥严：尊敬；此处译为"敬畏"。

⑦孟施舍：已无可考。

⑧会：会战，交战。

⑨子夏：孔子弟子卜商。

⑩子襄：曾子弟子。

⑪夫子：指孔子。

⑫缩：直。

⑬惴（zhuì）：使……惊惧。

译文：

公孙丑说："不动心有方法吗？"

孟子说："有。北宫黝培养勇气的表现：肌肤被刺不后退，眼睛被刺也不眨，想着输给对手一毫毛就如同大庭广众中遭鞭挞。既不能忍受卑贱之人的侮辱，也不能忍受大国君主的侮辱；他看待刺杀大国君主如同刺杀卑贱之人一样；对各国的君主毫不畏惧，挨了骂，一定回敬。孟施舍培养勇气的方法（又有所不同），他说：'我看待不能战胜的敌人，跟看待足以战胜的敌人一样（无所畏惧）。如果先估量敌人的力量才进攻，先考虑胜败才交锋，是害怕强敌大军的人。我岂能做到遇敌必胜呢？能做到无所畏惧罢了。'——孟施舍像曾子，北宫黝像子夏。这两个人的勇气，我不知道谁更胜一筹，即便这样，（我还是认为）孟施舍的比较简单易行。从前曾子对子襄说：'你喜欢勇敢吗？我曾经从我的先生那里听到过什么叫

"大勇"：反躬自问，自己不占理，对方即便是最下贱的人，我不去恐吓他；反躬自问，自己占了理，对方即便有千军万马，我也勇往直前。'孟施舍保养一股无所畏惧的气概，但比不上曾子保养一种更简单易行的价值判断。

3.2 – 3　曰："敢问夫子之不动心与告子之不动心，可得闻与?"

"告子曰：'不得于言，勿求于心；不得于心，勿求于气①。'不得于心，勿求于气，可；不得于言，勿求于心，不可。夫志，气之帅也；气，体之充也。夫志至焉，气次焉②；故曰：'持其志③，无暴其气④。'"

"既曰：'志至焉，气次焉。'又曰：'持其志，无暴其气。'何也?"

曰："志壹则动气⑤，气壹则动志也，今夫蹶者趋者⑥，是气也，而反动其心。"

注释:

①不得于言，勿求于心；不得于心，勿求于气：译文根据的是赵岐的解释。

②至、次：至，到；次，止，停留。

③持：保持。

④暴：乱。

⑤壹：读为"噎"，闭塞。

⑥蹶（jué）：跌倒。

译文:

公孙丑说："我冒昧地问问，老师您的不动心和告子的不动心，可以让我听听吗?"

孟子说："告子曾说：'言语上看不出有善意，就不管他心里头如何有善意；心里头看不出有善意，就不管他意气感情上如何有善意。'（我认为）心里头看不出有善意，就不管他意气感情上如何有善意，是对的；言语上看不出有善意，就不管他心里头如何有善意，这不对。因为心中的意志统率着意气感情，意气感情充斥体内（并表现在外）。心中意志到了哪里，表情动作举止也跟着洋溢在哪里。所以我说：'要坚定心中意志，也不要滥用表情动作举止。'"

公孙丑说:"您既然说'心中意志到了哪里,表情动作举止也跟着洋溢在哪里',可是您又说'要坚定心中意志,也不要滥用表情动作举止',这是为什么呢?"

孟子说:"心志闭塞,表情动作举止也将随之逝去;表情动作举止闭塞,心中意志也必然受到影响。比如跌倒与奔跑,这主要是身体的动作,但必然影响到思想,引起心志的波动。"

3.2-4 "敢问夫子恶乎长?"

曰:"我知言①,我善养吾浩然之气。"

"敢问何谓浩然之气?"

曰:"难言也。其为气也,至大至刚,以直养而无害,则塞于天地之间。其为气也,配义与道;无是,馁也。是集义所生者,非义袭而取之也。行有不慊于心②,则馁矣。我故曰,告子未尝知义,以其外之也③。必有事焉④,而勿正⑤;心勿忘,勿助长也,无若宋人然。宋人有闵其苗之不长而揠之者⑥,芒芒然归⑦,谓其人曰⑧:'今日病矣⑨!予助苗长矣!'其子趋而往视之,苗则槁矣。天下之不助苗长者寡矣。以为无益而舍之者,不耘苗者也⑩;助之长者,揠苗者也——非徒无益,而又害之。"

注释:

①知言:说话得体。

②慊(qiè):同"惬",满足,畅快。

③外之:把它看做外在的。

④事:服事,帮助。

⑤正:使正,扶正它。

⑥闵其苗之不长而揠(yà)之:闵,今作"悯",忧虑;揠,拔。

⑦芒芒然:疲惫貌。

⑧其人:其家人。

⑨病:疲倦。

⑩耘：又作"芸"，除草。

译文：

公孙丑问道："请问，老师擅长哪一方面？"

孟子说："我说话得体，还善于培养我的浩然之气。"

"请问，什么叫做'浩然之气'呢？"

孟子说："很难讲清楚。它作为一种气呀，最浩大，最坚强。用正直去培养它，使它不受伤害，它就会充溢于天地之间。这种气呀，必须配合辅助道和义；要是缺乏它，道和义就没有力量了。这种气是由正义在内心汇聚而产生的，不是由义从外入内取代它而产生的。只要做一次于心有愧的事，它就疲软了。所以我说，告子是不懂义的，因为他把它看做心外之物（其实义是心内固有的）。一定要培养它，却不刻意扶持它；时刻惦记它，却不刻意助它成长。不要学那个宋国人的样儿。宋国有一个担心禾苗生长不快而去把它拔高的人，疲倦无神地回到家，对家人说：'今天累坏了！我帮助禾苗生长了！'他儿子赶快跑去一看，禾苗都枯槁了。其实天下不帮助禾苗生长的人是很少的。认为干预禾苗生长没好处而放弃不干的，就是种庄稼不锄草的懒汉；违背自然规律'帮助'它生长的，就是拔苗的人——非但没有好处，反而伤害了它。"

3.2－5　"何谓知言？"

曰："诐辞知其所蔽①，淫辞知其所陷②，邪辞知其所离③，遁辞知其所穷④。——生于其心，害于其政；发于其政，害于其事。圣人复起，必从吾言矣⑤。"

"宰我、子贡善为说辞⑥，冉牛、闵子、颜渊善言德行⑦。孔子兼之，曰：'我于辞命，则不能也。'然则夫子既圣矣乎？"

曰："恶⑧！是何言也？昔者子贡问于孔子曰：'夫子圣矣乎？'孔子曰：'圣则吾不能，我学不厌而教不倦也。'子贡曰：'学不厌，智也；教不倦，仁也。仁且智，夫子既圣矣。'夫圣，孔子不居——是何言也？"

注释：

①诐（bì）辞知其所蔽：诐，偏颇；蔽，蒙蔽，局限。

②淫辞知其所陷：淫，过度，过分；陷，失陷，犯错误。

③邪辞知其所离：邪，离于正则为邪。

④遁辞知其所穷：遁，躲避；穷，乏。

⑤从：听从。

⑥宰我、子贡：孔子弟子宰予、端木赐。

⑦冉牛、闵子、颜渊：孔子弟子冉耕（字伯牛）、闵损（字子骞）、颜回（字子渊）。

⑧恶：叹词，表惊讶不安。

译文：

公孙丑问："什么叫做'说话得体'？"

孟子答道："说得不全面的话我知道它哪里片面，说得过头的话我知道它哪里有缺陷，不合正道的话我知道它哪里有偏差，躲躲闪闪的话我知道它哪里没道理。这四种话，从思想中产生，必然会危害政事；如果由执政者说出，一定会危害具体工作。如果圣人再出现，也一定听从我这话的。"

公孙丑说："宰我、子贡善于讲话，冉牛、闵子、颜渊善于阐述德行，孔子兼有两长，但他依然说：'我对于辞令，太不擅长。'（而您既说话得体，又善于养浩然之气，言语、道德兼而有之，）那么，您已经是圣人了吧？"

孟子说："哎呀！这叫什么话！从前子贡问孔子说：'老师已经是圣人了吗？'孔子说：'圣人，我算不上；我不过学习不知厌倦，教人不知疲倦罢了。'子贡便说：'学习不知厌倦，这是智；教人不知疲倦，这是仁。仁而且智，老师已经是圣人了。'圣人，孔子都不自居，（你却说我是）这叫什么话呢！"

3.2-6　"昔者窃闻之①：子夏、子游、子张皆有圣人之一体②，冉牛、闵子、颜渊则具体而微③，敢问所安④？"

曰："姑舍是⑤。"

曰："伯夷、伊尹何如⑥？"

曰："不同道。非其君不事，非其民不使；治则进，乱则退，伯夷也。何事非君，何使非民；治亦进，乱亦进，伊尹也。可以仕则仕，可以止则止⑦，可以久则久，可以速则速，孔子也。皆古圣人也，吾未能有行焉；乃所愿⑧，则学孔子也。"

注释：

①窃：私下，用以表谦虚。

②子夏、子游、子张皆有圣人之一体：子游、子张，孔子弟子言偃、颛孙师；一体，四肢叫做"四体"，一体就是一条胳膊或一条腿。"皆有圣人之一体"是比喻的说法。

③具体而微：具备四体，但小一些；这也是比喻的说法。

④所安：以之安身立命的，这里译为"自命"。

⑤姑舍是：姑，暂且；是，此。孟子自负，于子夏等有不屑之意，故避而不谈；下文云"乃所愿，则学孔子也"，则似乎以当代孔子自居。

⑥伯夷、伊尹：伯夷，与其弟叔齐为孤竹国君之二子，互相让位，终于逃去；周武王伐纣，两人叩马而谏；周既一统，不食其粟，饿死于首阳山。伊尹，商汤之相。

⑦止："仕"的反面。

⑧乃："至于"的意思。

译文：

公孙丑说："从前我曾听说过，子夏、子游、子张都各有孔子的一些长处；冉牛、闵子、颜渊大体近于孔子，却不如他那样博大精深。请问老师，您以其中哪一位自命？"

孟子说："暂且不谈他们。"

公孙丑又问："伯夷和伊尹怎么样？"

孟子答道："他俩人生态度不同。不是他理想的君主，他不去服事；不是他理想的百姓，他不去使唤；天下太平就出仕，天下昏乱就隐居，伯夷就是如此。哪个君主不可以服事，哪个百姓不可以使唤，天下太平出仕，天下昏乱也出仕，伊尹就是如此。应该出仕就出仕，应该辞职就辞职，应该持续做就持续做，应该马上走就马上走，孔子就是如此。他们都是古代的圣人，可惜我都没有做到；至于我所希望的，是学习孔子。"

3.2-7 "伯夷、伊尹于孔子,若是班乎①?"

曰:"否;自有生民以来,未有孔子也。"

曰:"然则有同与?"

曰:"有。得百里之地而君之②,皆能以朝诸侯,有天下;行一不义,杀一不辜,而得天下,皆不为也。是则同。"

注释:

①班:班配,一样。

②君:成为君主的意思。

译文:

公孙丑问:"伯夷、伊尹与孔子,能将他们等量齐观吗?"

孟子答道:"不;自有人类以来,没有比得上孔子的。"

公孙丑又问:"那么,他们三人有相同的地方吗?"

孟子答道:"有。如果得到方圆100里的土地而君临它,他们都能够使诸侯来朝并一统天下;即使叫他们做一件不义之事,杀一个无辜之人,便能得到天下,他们也都不会干的。这就是他们相同的地方。"

3.2-8 曰:"敢问其所以异。"

曰:"宰我、子贡、有若①,智足以知圣人,污不至阿其所好②。宰我曰:'以予观于夫子③,贤于尧、舜远矣④。'子贡曰:'见其礼而知其政,闻其乐而知其德,由百世之后,等百世之王⑤,莫之能违也。自生民以来,未有夫子也。'有若曰:'岂惟民哉?麒麟之于走兽,凤凰之于飞鸟,太山之于丘垤⑥,河海之于行潦⑦,类也。圣人之于民,亦类也。出于其类,拔乎其萃⑧——自生民以来,未有盛于孔子也。'"

注释:

①有若:孔子弟子,鲁人。

②污:卑劣,不好。

③予:宰我之名,古人常自称其名以示谦。

④尧、舜:古代传说中上古的两位圣君。

⑤等:衡量。

⑥垤（dié）：小土堆，小山头。

⑦行潦（lǎo）：小水流。

⑧萃：聚，群。

译文：

公孙丑说："请问，他们不同的地方又在哪里呢？"

孟子说："宰我、子贡、有若三人，他们的聪明才智足以了解圣人，（即使）他们再不好，也不致偏袒他们所爱好的人。（但他们都不约而同地称颂孔子。）宰我说：'以我来看老师，比尧、舜都强多了。'子贡说：'看见一国的礼制，就了解它的政治；听到一国的音乐，就知道它的德教。从现在到百代以后，来衡量这百代之中君王的高下，其标准都不能违离孔子之道。自有人类以来，没有人能够比得上他老人家的。'有若说：'难道只有百姓如此吗？麒麟相比于走兽，凤凰相比于飞鸟，泰山相比于土堆，河海相比于溪涧，何尝不是同类？圣人相比于百姓，也是同类；虽然他来自民间，却远远超出大众——自有人类以来，还没有比孔子更伟大的。'"

3.3 孟子曰："以力假仁者霸，霸必有大国；以德行仁者王，王不待大——汤以七十里，文王以百里①。以力服人者，非心服也，力不赡也②；以德服人者，中心悦而诚服也，如七十子之服孔子也③。《诗》云④：'自西自东，自南自北，无思不服⑤。'此之谓也。"

注释：

①汤以七十里，文王以百里：两句都承上省略了主要动词"王"字。

②赡：足。

③七十子：《史记·孔子世家》："孔子以诗书礼乐教弟子，盖三千焉；身通六艺七十有二人。"通称为"七十子"。

④《诗》云：所引诗在今《诗经·大雅·文王有声》。

⑤无思不服：和"无往不复"类似，"思"是动词，表示想；《毛诗》郑玄的笺说："心无不归服者。"

译文：

孟子说："仗着实力假借仁义征伐天下，可以称霸诸侯，称霸一定要凭借国力的强大；依靠道德来实行仁义的，可以使天下归心，这样做却不必凭借强大国力——汤就仅仅用他方圆70里的土地，文王也就仅仅用他方圆100里的土地（实行了仁政，而使人心归服）。仗着实力来使人服从的，人家不会心悦诚服，只是因为他本身的实力不够的缘故；依靠道德来使人服从的，人家才会心悦诚服，就好像70多位弟子归服孔子一样。《诗经》说过：'从西从东，从南从北，无不心悦诚服。'正是这个意思。"

3.4-1　孟子曰："仁则荣，不仁则辱；今恶辱而居不仁，是犹恶湿而居下也。如恶之，莫如贵德而尊士，贤者在位，能者在职；国家闲暇，及是时，明其政刑①。虽大国，必畏之矣。《诗》云②：'迨天之未阴雨，彻彼桑土③，绸缪牖户④。今此下民⑤，或敢侮予？'孔子曰：'为此诗者，其知道乎！能治其国家，谁敢侮之？'"

注释：

①刑：法。
②《诗》云：以下诗句见《诗经·豳风·鸱鸮》。
③彻彼桑土：彻，取；桑土，桑根；这里指桑根之皮，可作绳索用。
④绸缪（móu）：缠结。
⑤下民：百姓，人民；站在天的角度，故称下民。

译文：

孟子说："如果实行仁政，就会得到无上荣光；如果不行仁政，就会招致屈辱。如今这些人，害怕受屈辱，却依然处于不仁的境地；这正好比害怕潮湿，却依然处于低洼之地一样。若真害怕受屈辱，最好是崇尚道德而尊敬士人，让贤人居于高位，让能人担任要职。国家无内忧外患，趁着这时修明政治法典，这样即便是大国也害怕它了。《诗经》说：'趁雨没下来云没起，桑树根上剥些皮，门儿窗儿都修理。下面的人们，谁敢把我欺！'孔子说：'这诗的作者真懂道理呀！能治理好他的国家，谁敢侮辱他？'"

3.4-2　"今国家闲暇，及是时，般乐怠敖①，是自求祸也。祸福无不自己求之者②。《诗》云③：'永言配命④，自求多福。'《太甲》

曰⑤：'天作孽，犹可违⑥；自作孽，不可活⑦。'此之谓也。"

注释：

①般乐怠敖：般乐，快活；怠，怠惰；敖，同"遨"，出游。

②自己求之者：从自己那儿获得的；自，从；己，自己。

③《诗》云：以下诗句见《诗经·大雅·文王》。

④永言配命：永，长；配命，说我周朝之命与天命相配；言，词缀，无实义。

⑤《太甲》：《尚书》篇名，今已亡佚。

⑥违：避。

⑦活：《礼记·缁衣》引作"逭（huàn）"；逭，逃。

译文：

"如今国家没有内忧外患，追求享乐，懒惰游玩，这等于自己找祸上身。祸害和幸福没有不是自己找来的。《诗经》说：'永远要和天命相配合，自己去追求更多的幸福。'《太甲》也说：'天造作的罪孽，还可以逃掉；自己造作的罪孽，却无处可逃。'正是这个意思。"

3.5　孟子曰："尊贤使能，俊杰在位①，则天下之士皆悦，而愿立于其朝矣；市，廛而不征②，法而不廛③，则天下之商皆悦，而愿藏于其市矣；关，讥而不征④，则天下之旅皆悦⑤，而愿出于其路矣；耕者，助而不税⑥，则天下之农皆悦，而愿耕于其野矣；廛⑦，无夫里之布⑧，则天下之民皆悦，而愿为之氓矣⑨。信能行此五者，则邻国之民仰之若父母矣⑩。率其子弟，攻其父母，自生民以来未有能济者也。如此，则无敌于天下。无敌于天下者，天吏也。然而不王者，未之有也。"

注释：

①俊杰：才能、德行出众者。

②廛（chán）而不征：廛，指市中储藏、堆积货物的栈房，这里指用栈房储藏；征，征税。

③法而不廛：依法收购，使不积压于栈房。

④讥：通"稽"，稽查，稽核。

⑤旅：行旅，旅客。

⑥助：上古900亩为一井，状如囲，8家各有100亩，中为公田，公事毕然后敢治私事，这种制度叫"助"。

⑦廛：此处指民居。

⑧夫里之布：即夫布、里布。布，币，钱；不能助耕公田，以钱相抵，就是"夫布"；里布，即土地税。

⑨氓（máng）：外来之民。

⑩仰：仰望；引申为爱戴，依赖。

译文：

孟子说："尊重有道德的人，使用有能力的人，杰出的人物都有官位，那么天下的士子都会高兴，都愿意到这个朝廷来效力了；在市场，拨出房屋储藏货物，却不征税，如果滞销，依法收购，不让它长久积压，那么天下的商人都会高兴，愿意把货物存放在这个市场了；关卡，只稽查而不收税，那么天下的旅客都会高兴，愿意从这里的道路经过了；对种田人实行井田制，只助耕公田，不再收税，那么天下的农夫都会高兴，愿意到这里的田野来耕种了；人们居住之地，空宅不征空置税，无业者也不派发劳役，那么天下的百姓都会高兴，愿意到这里定居了。真正能够做到这五项，那么邻近国家的百姓都会举头仰望他就像仰望父母一样了。（如果邻国之君要率领人民来攻打他，便好比）率领儿女去攻打他们的父母，从人类诞生以来，这种事没有能够成功的。真能这样，便会天下无敌。天下无敌的人叫做'天吏'。这样还不能统一天下的，是从来不曾有过的。"

3.6 孟子曰："人皆有不忍人之心。先王有不忍人之心，斯有不忍人之政矣。以不忍人之心，行不忍人之政，治天下可运之掌上。所以谓人皆有不忍人之心者，今人乍见孺子将入于井①，皆有怵惕恻隐之心②——非所以内交于孺子之父母也③，非所以要誉于乡党朋友也④，非恶其声而然也。由是观之，无恻隐之心，非人也；无羞恶之心，非人也；无辞让之心，非人也；无是非之心，非人也。恻隐之心，仁之端也⑤；羞恶之心，义之端也；辞让之心，礼之端也；是非之心，智之端也。人之有是四端也，犹其有四体也。有是四端而自谓不能者，自贼者也；谓其君不能者，贼其君者也。凡有四端于我者，知皆扩而充之矣，若火之始然⑥，泉之始达。苟能充之，足以保四海⑦；苟不充之，不足以事父母。"

注释：

①乍：忽然。

②怵惕（chù tì）恻隐：怵惕，惊惧；恻隐，哀痛。

③内交：内，同"纳"，内交，即结交。

④要（yāo）：求。

⑤端：发端，开始。

⑥然："燃"的本字。

⑦保：定。

译文：

孟子说："人人都有同情心。先王因为有同情心，于是就有同情别人的政治了。凭着同情心来实行同情别人的政治，治理好天下就像手掌里转动个小玩意一样简单。我之所以说人人都有同情心，道理就在于：现在忽然看见一个小孩子将要掉到井里去了，每个人都会产生惊骇同情的心情——这不是为了要和这小孩的爹妈攀上交情，不是为了要在乡里朋友间博得声誉，也不是讨厌那小孩的哭声才这样的。从这一点来看，人没有同情之心，便不算是人；没有羞耻之心，便不算是人；没有推让之心，便不算是人；没有是非之心，便不算是人。同情之心是仁的萌芽，羞耻之心是义的萌芽，推让之心是礼的萌芽，是非之心是智的萌芽。人具备这四种首要的善心，就好比他有手足四肢一般自然。有这四种首要善心却认为自己不行的人，是自暴自弃的人；有这四种首要善心却认为他的君主不行的人，是离弃那君主的人。凡是具有这四种首要善心的人，若明白把它们都扩充起来，那就会像刚点燃的火苗（终成燎原之势），刚涌出的泉水（终汇为江河）。真的能够扩充，便足以安定天下；如果不肯扩充（让它自生自灭），最终连赡养父母都办不到。"

3.7　孟子曰："矢人岂不仁于函人哉①？矢人唯恐不伤人，函人唯恐伤人。巫匠亦然②。故术不可不慎也。孔子曰：'里仁为美。择不处仁，焉得智③？'夫仁，天之尊爵也，人之安宅也。莫之御而不仁④，是不智也。不仁、不智、无礼、无义，人役也。人役而耻为役，由弓人而耻为弓⑤，矢人而耻为矢也。如耻之，莫如为仁。仁者如射：射者正己而后发；发而不中，不怨胜己者，反求诸己而已矣。"

注释：

①函人：制造铠甲的工匠；函，铠甲。

②巫匠：巫，巫师，有时也以巫术治病；匠，木匠，这里特指造棺材的木匠。

③焉得智：引语见《论语·里仁》。

④莫之御：可理解为"莫御之"；莫，没有人；御，抵御，抗拒。上古汉语的否定句，当宾语为代词时，一般要置于谓语动词之前。

⑤由：同"犹"。

译文：

孟子说："制箭师难道比造甲师要残忍吗？——制箭师只怕他的箭伤害不了人，而造甲师只怕他造的甲被戳穿而伤到人。巫师和做棺材的木匠也是这样。可见一个人选择谋生技术不能不慎重。孔子说：'与仁共居最美好。不选择与仁共处，怎么能算聪明呢？'仁，是天最尊贵的爵位，是人最安逸的住宅。没有人来阻拦你，你却不仁，这是不明智的。不仁、不智、无礼、无义，这种人只能做仆役。作为仆役而自以为耻，就好比造弓师以造弓为耻，制箭师以制箭为耻。如果真的以它为耻，不如好好去践行仁义。行仁者如同弓箭手：弓箭手必先端正姿式然后开弓；开弓没有射中，不埋怨那些胜过自己的人，只能反躬自问罢了。"

3.8　孟子曰："子路，人告之以有过，则喜。禹闻善言①，则拜。大舜有大焉②，善与人同，舍己从人，乐取于人以为善。自耕稼、陶、渔以至为帝③，无非取于人者。取诸人以为善④，是与人为善者也。故君子莫大乎与人为善⑤。"

注释：

①禹：古代历史传说中开创夏朝的天子，也是中国第一位成功治理洪

水的伟大人物。

②有：杨伯峻释为同"又"，误。

③耕稼、陶、渔：《史记·五帝本纪》云："舜耕历山，历山之人皆让畔；渔雷泽，雷泽之人皆让居；陶河滨，河滨器皆不苦窳。一年所居成聚，二年成邑，三年成都。"

④取诸人：取之于人。诸，"之于"二字的合音字。

⑤故君子莫大乎与人为善：故，这一"故"不表示"因此""所以""于是"，而与"夫"类似，可以不译；与，偕同，一道。

译文：

孟子说："子路，别人指出他的错误，他便高兴。禹听到了有价值的话，就给人下拜。大舜有个了不起之处，他善与人通——放弃自己的观点，而听从别人的有益的话，乐于从别人那儿吸取优点来行善。他从干农活、制陶器、打渔直到做天子，没有哪一优点不是取自于人。优点取自于人而用来行善，就是和别人一道行善。君子最高的德行就是和别人一道行善。"

3.9　孟子曰："伯夷，非其君，不事；非其友，不友。不立于恶人之朝①，不与恶人言；立于恶人之朝，与恶人言，如以朝衣朝冠坐于涂炭。推恶恶之心，思与乡人立，其冠不正，望望然去之②，若将浼焉③。是故诸侯虽有善其辞命而至者，不受也。不受也者，是亦不屑就已。柳下惠不羞污君④，不卑小官；进不隐贤⑤，必以其道；遗佚而不怨⑥，厄穷而不悯⑦。故曰，'尔为尔，我为我，虽袒裼裸裎于我侧⑧，尔焉能浼我哉？'故由由然与之偕而不自失焉⑨，援而止之而止⑩。援而止之而止者，是亦不屑去已。"孟子曰："伯夷隘，柳下惠不恭。隘与不恭，君子不由也⑪。"

注释：

①不立于恶人之朝：不在恶人之朝做官。

②望望然：惭愧的样子。

③浼（měi）：弄脏。

④柳下惠：鲁大夫展获，其采邑曰柳下，谥曰惠，后世因称柳下惠。

⑤进不隐贤：进，在朝为官；不隐贤，见贤人不隐蔽而荐举之。

⑥遗佚：即遗逸，不被用。

⑦悯：忧。

⑧袒裼裸裎（tǎn xī luǒ chéng）：裸体。

⑨由由然：高兴的样子。

⑩援而止之：扯住他不让走。援，牵引，扯；止，使动用法，使……停止不动。

⑪由：行，走。

译文：

孟子说："伯夷，不是他理想的君主，不去服事；不是他理想的朋友，不去结交。不站在坏人的朝堂上，不和坏人交谈；站在坏人的朝堂上，和坏人交谈，就好比穿戴着礼服礼帽坐在淤泥和炭灰里。把这种厌恶坏人坏事的心情推广开来，他便觉得即便同家乡人站在一块，若那人的帽子没有戴正，他也会惭愧地走开，好像自己会被弄脏似的。所以即便当时诸侯有好言好语来招致他的，他也不接受。他之所以不接受，就是因为他不屑于去就职。柳下惠却不以侍奉坏君主为耻，不以自己官职小为卑下；在朝做官，不隐蔽贤人，但荐举他一定要按自己的原则来办；不被起用，也不怨恨；艰难困苦，也不愤懑。他说：'你是你，我是我，你就是赤身裸体站在我旁边，你又怎能玷污我呢？'所以什么人他都高兴地与之相处，而且从不失态。牵住他，叫他留住，他就留住。叫他留住就留住，也是因为他不屑于离开的缘故。"孟子又说："伯夷太狭隘，柳下惠不大严肃，狭隘和不严肃，都是君子所不取的。"

公孙丑章句下（凡十四章）

4.1　孟子曰："天时不如地利①，地利不如人和。三里之城，七里之郭②，环而攻之而不胜③。夫环而攻之，必有得天时者矣；然而不胜者，是天时不如地利也④。城非不高也，池非不深也，兵革非不坚利也⑤，米粟非不多也；委而去之⑥，是地利不如人和也。故曰：域民不以封疆之界⑦，固国不以山溪之险，威天下不以兵革之利。得道者多助，失道者寡助。寡助之至，亲戚畔之⑧；多助之至，天下顺之。以天下之所顺，攻亲戚之所畔；故君子有不战，战必胜矣。"

注释：

①天时、地利、人和：当时常用词组。

②郭：外城。

③环：围。

④是天时不如地利：略同"此天时不如地利"；是，代词，意义近于"此"。

⑤革：皮革，指甲胄。

⑥委：丢弃。

⑦域：界限，限定。

⑧畔：同"叛"。

译文：

孟子说："天时不如地利，地利不如人和。比如有一座小城，它的每一边有 3 里长，外郭每一边有 7 里长。敌人围攻它，却不能取胜。能够围而攻之，必有得天时的时候，然而不能取胜，这就说明得天时不如占地利。（有时）城墙不是不高，护城河不是不深，兵器甲胄不是不锐利坚固，粮食不是不多；最终却放弃这些而逃走，这就说明占地利不如得人和。所以说，限制人民不必用国家的疆界，巩固国家不必靠山川的险阻，威慑天下不必凭兵器的锐利。行仁政的人大家都来帮助他，不行仁政的人就很少有人帮助他。帮助的人少到了极点，就连亲戚都背叛他；帮助的人多到了极点，普天之下都顺从他。用普天之下都顺从的力量去攻打连亲戚都背叛的人，那么，君子要么不战，若要一战，就必然胜利。"

4.2-1　孟子将朝王，王使人来曰："寡人如就见者也①，有寒疾，不可以风。朝，将视朝，不识可使寡人得见乎？"

对曰："不幸而有疾，不能造朝。"

明日，出吊于东郭氏②。公孙丑曰："昔者辞以病③，今日吊，或者不可乎④？"

曰："昔者疾，今日愈，如之何不吊？"

王使人问疾，医来。孟仲子对曰⑤："昔者有王命，有采薪之忧⑥，不能造朝。今病小愈，趋造于朝，我不识能至否乎？"

使数人要于路⑦，曰："请必无归，而造于朝！"不得已而之景丑氏宿焉⑧。

注释：

①如：宜，应当。

②东郭氏：齐国大夫。

③昔者：以前，此处指昨日。

④或者：大概。

⑤孟仲子：大约是孟子的堂兄弟。

⑥采薪之忧：疾病的委婉说法，为当时交际上的习惯用语。

⑦要（yāo）：遮拦。

⑧景丑氏：其人已不可考。

译文：

孟子正要去朝见齐王，这时王派了个人来传话："我本来应该去你那儿看你，但是感冒了，不能吹风。如果你肯来朝，我也将临朝办公，不知道能让我见见您吗？"

孟子答道："很不幸，我也有病，不能上朝。"

第二天，孟子要到东郭大夫家去吊丧。公孙丑说："昨天假托有病辞掉了王的召见，今天又去吊丧，大概不好吧？"

孟子说："昨天有病，今天好了，为什么不能去吊丧呢？"

齐王打发人来探病，医生也一同来了。孟仲子对来人说："昨天王有命令来，他得了小病，不能奉命上朝。今天刚好一点，就急忙上朝去了，但我不晓得他能否走到？"

然后孟仲子派了好几个人分别在路上拦截孟子，说："您一定不要回家，要赶快上朝廷去。"孟子没有办法，就去景丑家住一宿。

4.2-2 景子曰："内则父子，外则君臣，人之大伦也。父子主恩，君臣主敬。丑见王之敬子也，未见所以敬王也。"

曰："恶①！是何言也！齐人无以仁义与王言者，岂以仁义为不美也？其心曰，'是何足与言仁义也'云尔，则不敬莫大乎是。我非尧舜之道，不敢以陈于王前，故齐人莫如我敬王也。"

景子曰："否，非此之谓也。《礼》曰：'父召，无诺②；君命召，不俟驾③。'固将朝也，闻王命而遂不果④，宜与夫礼若不相似然⑤。"

注释：

①恶（wū）：叹词。

②父召，无诺：应答时一般用"诺"，十分恭敬则用"唯"。

③君命召，不俟驾：这是当时大家都遵守的礼节。

④不果：事情不合于预期的叫做"不果"。

⑤宜：应该是。

译文：

景丑说："在家父子，出门君臣，这是人际间最重大的伦常。父子之间以德惠为主，君臣之间以恭敬为主。我只看见王对您很尊敬，却没见到您怎样尊敬王。"

孟子说:"哎,这算什么话呀!齐国人中,没有一个跟王讲仁义的,他们难道以为仁义不好吗?(不是的。)他们心里不过是想着'这人哪值得和他谈仁义呢'罢了。那么,对王不敬,没有比这更厉害的。我呢,若非尧舜之道,不敢拿来在王面前陈述,所以说,齐国人中间没有谁比我更崇敬王的。"

景丑说:"不,我说的不是这个。《礼经》上说,父亲召唤,'唯'一声就起身,不说'诺';君主召唤,不等车马驾好就先走。你本来准备朝见王,一听到王召见你,反而不去了。这应该是和那《礼经》所说有点不相合吧?"

4.2-3 曰:"岂谓是与?曾子曰:'晋楚之富,不可及也;彼以其富,我以吾仁;彼以其爵,我以吾义,吾何慊乎哉①?'夫岂不义而曾子言之?是或一道也。天下有达尊三:爵一,齿一,德一。朝廷莫如爵,乡党莫如齿,辅世长民莫如德。恶得有其一以慢其二哉?故将大有为之君,必有所不召之臣;欲有谋焉,则就之。其尊德乐道,不如是,不足与有为也。故汤之于伊尹,学焉,然后臣之,故不劳而王;桓公之于管仲,学焉,然后臣之,故不劳而霸。今天下地醜德齐②,莫能相尚,无他,好臣其所教③,而不好臣其所受教。汤之于伊尹,桓公之于管仲,则不敢召。管仲且犹不可召,而况不为管仲者乎?"

注释:

①慊(qiǎn):遗憾,不满足;这里是以为少的意思。

②醜:相同。

③好(hào)臣其所教:好,喜好;臣,以……为臣。

译文:

孟子说:"难道是说的这个吗?曾子说过:'晋国和楚国的财富,我们是赶不上的。但他凭他的财富,我凭我的仁;他凭他的爵位,我凭我的义,我有什么遗憾呢?'难道不义的话曾子能说吗?这或许是个真理。天下公认尊贵的有三样:爵位是一样,年龄是一样,道德是一样。在朝堂上,没什么比得上爵位;在乡党中,没什么比得上年龄;至于辅助君主统治百姓自然是没什么比得上道德。他凭什么拿他拥有的一种来侮慢我所拥有的两种呢？所以大有作为的君主必定有他不能召见的臣子；如有什么要商量，就到臣子那儿去。这君主要崇尚道德，追求真理，如果他不这样做，〔臣子〕便不足以和他一道有所作为。因此，商汤对于伊尹，先向他学习，然后以他为臣，所以不费大力气便一统天下；桓公对于管仲，也是先向他学习，然后以他为臣，所以不费大力气而称霸诸侯。当今天下各大国土地大小相当，行为作风也差不多，没有谁能够超过许多，这没有其他原因，就因为这些国家的君主喜欢以听他说教的人为臣，不喜欢以能教导他的人为臣。商汤对于伊尹，桓公对于管仲，就不敢召见。管仲尚且不可以召见，何况不屑于做管仲的我呢？"

4.3 陈臻问曰①："前日于齐，王馈兼金一百而不受②；于宋，馈七十镒而受；于薛③，馈五十镒而受。前日之不受是④，则今日之受非也；今日之受是，则前日之不受非也；夫子必居一于此矣。"

孟子曰："皆是也。当在宋也，予将有远行，行者必以赆⑤；辞曰：'馈赆。'予何为不受？当在薛也，予有戒心，辞曰：'闻戒，故为兵馈之。'予何不受？若于齐，则未有处也⑥。无处而馈之，是货之也⑦。焉有君子而可以货取乎？"

注释：

①陈臻：孟子弟子。

②兼金一百：兼金，好金，其价兼倍于一般者；古之所谓金，实际上是铜；一百，100 镒；一镒重 20 两。

③薛：齐靖郭君田婴封邑，本来是春秋时代的薛国，后亡于齐。

④是：对，正确。

⑤赆（jìn）：送行时赠给别离者的礼物。

⑥处：引申为"理由"。

⑦货：贿赂。

译文：

陈臻问道："之前在齐国，齐王馈赠上等金100镒，您不接受；后来在宋国，宋君馈赠 70 镒，您接受了；在薛，田家馈赠 50 镒，您也接受了。如果之前不接受是对的，那今天接受就错了；如果今天接受是对的，那之前不接受就错了。在此，老师必居其一。"

孟子说："都是对的。当在宋国的时候，我正要远行，对远行之人一定要送些盘缠，宋君说：'奉上些盘缠。'我为什么不受？在薛的时候，我听说路上有危险要戒备，薛君说：'听说您要戒备，奉上些钱买兵器吧。'我为什么不受？至于在齐国，却没什么理由。没什么理由却奉送钱财，这是贿赂我。哪里有正人君子会被贿赂收买的呢？"

4.4　孟子之平陆[1]，谓其大夫曰[2]："子之持戟之士[3]，一日而三失伍[4]，则去之否乎[5]？"

曰："不待三。"

"然则子之失伍也亦多矣。凶年饥岁，子之民，老羸转于沟壑，壮者散而之四方者，几千人矣[6]。"

曰："此非距心之所得为也。"

曰："今有受人之牛羊而为之牧之者，则必为之求牧与刍矣[7]。求牧与刍而不得，则反诸其人乎？抑亦立而视其死与？"

曰："此则距心之罪也。"

他日，见于王曰："王之为都者[8]，臣知五人焉。知其罪者，惟孔距心。"为王诵之[9]。

王曰："此则寡人之罪也。"

注释：

①平陆：齐边境城邑名，在今山东汶上县北。

②大夫：战国时的地方首长亦称大夫，相当现在的县长；当时平陆大夫为孔距心。

③持戟（jǐ）之士：战士；戟，古代兵器的一种。

④失伍：落伍，掉队。

⑤去之：使之离去，开除。

⑥几千人：几乎有 1000 人；几，几乎。

⑦牧：牧地。

⑧都：凡邑，有宗庙先君牌位者为都，无则曰邑；但都、邑多通称。

⑨诵：背诵复述。

译文：

孟子到了平陆，对当地长官（孔距心）说："如果你的战士一天几次擅离职守，你开除他吗？"

答道："用不着几次（我就开除他了）。"

孟子说："那么，你自己的失职也很多了。灾荒之年，你的百姓，年老体弱到沟壑中去等死的，青壮年到四面八方去逃难的，将近1000人了。"

答道："这不是距心我个人之力能挽回的。"

孟子说："比如有人接受别人的牛羊而替人放牧，那一定要替牛羊寻找牧场和草料了。牧场和草料没找到，是把牛羊退还原主呢，还是站在那儿看着它们一个个饿死呢？"

答道："这就是距心我的罪过了。"

后来，孟子朝见齐王，说："王的地方长官，我认识了五位。明白自己罪过的，只有孔距心。"并将和孔距心的谈话对王又复述一遍。

王说："这个也是我的罪过呢！"

4.5　孟子谓蚔蛙曰①："子之辞灵丘而请士师②，似也，为其可以言也。今既数月矣，未可以言与？"蚔蛙谏于王而不用，致为臣而去③。齐人曰："所以为蚔蛙则善矣；所以自为，则吾不知也。"

公都子以告④。曰："吾闻之也：有官守者，不得其职则去；有言责者，不得其言则去。我无官守，我无言责也，则吾进退岂不绰绰然有余裕哉⑤？"

注释：

①蚔（chí）蛙：齐大夫。

②灵丘：齐国边境邑名。

③致：放弃。

④公都子：孟子弟子。

⑤绰绰：宽松的样子。

译文:

孟子对蚳蛙说："你辞去灵丘县长，要去做治狱官，好像是对的，因为可以向王进言。现在，已经好几个月了，你还不能向王进言吗？"蚳蛙向王进谏不被采纳，因此辞职而去。齐国有人说："孟子替蚳蛙打主意打得不错，但是他如何替自己打主意，那我还不知道。"

公都子把这话转告孟子。孟子说："我听说过这样的话：有官职的，不能尽其职责，便应该离去；有进言责任的，进谏不被采纳，也应该离去。我既无官职，又无言责，那么我是留下还是离去，不是有很大的回旋余地吗？"

4.6 孟子为卿于齐，出吊于滕①，王使盖大夫王驩为辅行②。王驩朝暮见，反齐滕之路，未尝与之言行事也。

公孙丑曰："齐卿之位，不为小矣；齐滕之路，不为近矣，反之而未尝与言行事，何也？"

曰："夫既或治之，予何言哉？"

注释:

①出吊于滕：吊滕文公之丧。

②盖大夫王驩为辅行：盖（gě），齐国邑名，故城在今山东沂水县西北80里；辅行，副使。

译文:

孟子在齐国作卿，奉命到滕国去吊丧，齐王还派盖邑长官王驩当副使同行。王驩同孟子朝夕相处，而在齐、滕两国来回的旅途中，孟子没和他谈过公事。

公孙丑说："齐国卿的官位，也不算小了；齐、滕间的路途，也不算近了；但来回一趟，却没和他谈过公事，为什么呢？"

孟子答道："他既然独断专行，我还说什么呢？"

4.7 孟子自齐葬于鲁，反于齐，止于嬴①。充虞请曰②："前日不知虞之不肖③，使虞敦匠④。事严⑤，虞不敢请。今愿窃有请也：木若以美然⑥。"

曰："古者棺椁无度，中古棺七寸⑦，椁称之。自天子达于庶人，非直为观美也，然后尽于人心。不得⑧，不可以为悦；无财，不可以为悦。得之为有财，古之人皆用之，吾何为独不然？且比化者无使土亲肤⑨，于人心独无恔乎⑩？吾闻之也：君子不以天下俭其亲。"

注释：

①嬴：在今山东莱芜市西北。

②充虞：孟子弟子。

③不知虞之不肖：这是客气话。

④敦匠：敦，治；匠，指木工。

⑤事严：事情急迫。

⑥木若以美然：棺木似乎感觉太豪华了；若，似乎；以，以为。此处"以"不能释为"太"。

⑦中古：谓周公制礼以来。

⑧不得：得不到上文所说的7寸之棺并与之相称的椁。

⑨且比（bì）化者无使土亲肤：比，为了；化，死。

⑩恔（xiào）：快意。

译文：

孟子从齐国到鲁国营葬，然后返回齐国，停留在了嬴县。充虞请问道："承您看得起我，让我总管棺椁的制造工作。事情很急迫，我便不敢请教。今天私下想请教：棺木似乎太豪华了。"

孟子答道："上古棺椁的尺寸，并没有什么规范；到了中古，才规定棺厚7寸，椁的厚度与棺相称。从天子一直到老百姓，讲究棺椁，不单单为了美观，而是必须这样，才算尽了孝子之心。好材料不能得到，当然不称心；没有财力买那好材料，还是不称心。好材料最终到手了，当然就是有财力；古人又都这样做了，我为什么单单不这样做呢？而且，仅仅做到不让死者的遗体挨着泥土，对孝子来说，难道就称心如意了吗？我听说过：无论如何，都不应当在父母身上去省钱。"

4.8　沈同以其私问曰①："燕可伐与?"

孟子曰："可。子哙不得与人燕，子之不得受燕于子哙。有仕于此②，而子悦之，不告于王而私与之吾子之禄爵;夫士也，亦无王命而私受之于子，则可乎? ——何以异于是?"

齐人伐燕。或问曰："劝齐伐燕，有诸③?"

曰："未也。沈同问：'燕可伐与?'吾应之曰：'可。'彼然而伐之也。彼如曰：'孰可以伐之?'则将应之曰：'为天吏，则可以伐之。'今有杀人者，或问之曰：'人可杀与?'则将应之曰：'可。'彼如曰：'孰可以杀之?'则将应之曰：'为士师，则可以杀之。'今以燕伐燕，何为劝之哉?"

注释:

①沈同：齐大臣。

②仕：通"士"。

③诸："之乎"的合音字。

译文:

沈同凭着他与孟子的私交问道："燕国可以讨伐吗?"

孟子答道："可以。子哙不可以把燕国让给别人，子之也不可以从子哙那儿接受燕国。比如有个士人，你很喜欢他，不跟王说一声就把你的俸禄官位都送给他;那士人呢，也没得到王的任命就从你那儿接受了俸禄官位，这样可以吗? ——子哙、子之私相授受的事和这件事有什么不同呢?"

齐国讨伐了燕国。有人问孟子："你曾劝齐国伐燕国，有这回事吗?"

孟子答道："没有。沈同曾问我：'燕国可以讨伐吗?'我回答说：'可以。'他们就这样讨伐燕国去了。他如果问：'谁可以去讨伐它?'那我会回答说：'是天吏，才可以讨伐它。'比如现在有个杀人犯，有人问道：'这犯人该杀吗?'那我会说：'该杀。'如果他再问：'谁可以杀他?'那我会回答：'治狱官才可以杀他。'如今却是另一个像燕国一样暴虐的齐国去讨伐燕国，我为什么去劝它呢?"

4.9　燕人畔①。王曰："吾甚惭于孟子②。"

陈贾曰③："王无患焉。王自以为与周公孰仁且智？"

王曰："恶！是何言也！"

曰："周公使管叔监殷④，管叔以殷畔⑤；知而使之，是不仁也；不知而使之，是不智也。仁、智，周公未之尽也，而况于王乎？贾请见而解之。"

见孟子，问曰："周公何人也？"

曰："古圣人也。"

曰："使管叔监殷，管叔以殷畔也，有诸？"

曰："然。"

曰："周公知其将畔而使之与？"

曰："不知也。"

"然则圣人且有过与？"

曰："周公，弟也；管叔，兄也。周公之过，不亦宜乎？且古之君子，过则改之；今之君子，过则顺之。古之君子，其过也，如日月之食，民皆见之；及其更也，民皆仰之⑥。今之君子，岂徒顺之，又从为之辞。"

注释：

①燕人畔：齐破燕，燕王哙死，子之亡。赵国召燕公子职，遣乐池护送入燕而立为王；齐宣王志在吞并燕国，故云"畔（叛）"。

②吾甚惭于孟子：孟子曾劝齐王"速出令，反其旄倪，止其重器，谋于燕众，置君然后去之"（见2.11），齐宣王不听。

③陈贾：齐大夫。

④周公使管叔监殷：武王既克纣，乃封叔鲜于管，是为管叔；封叔度于蔡，是为蔡叔；使二人监纣子武庚，治殷遗民。

⑤管叔以殷畔：《史记·管蔡世家》云："武王既崩，成王少，周公旦专王室，管叔、蔡叔疑周公为之不利于成王，乃挟武庚以作乱。周公旦承成王命伐诛武庚，杀管叔而放蔡叔，迁之。"

⑥仰：抬头望。

译文：

燕国人反叛齐国。齐王说："我对于孟子感到很惭愧。"

陈贾说:"王不要忧虑。王自己想想,您和周公比比,谁更仁更智呢?"

齐王说:"哎!这算什么话呀!(我怎敢和周公相比?)"

陈贾说:"周公让管叔监督殷国遗民,管叔却率领他们叛乱;如果周公预知而派管叔去,那便是不仁;如果周公未能预知而派他去,那便是不智。仁和智,连周公都没有完全做到,何况您呢?我请求您让我去见见孟子,以便解释解释。"

陈贾来见孟子,问道:"周公是怎样的人?"

答道:"古代的圣人。"

陈贾说:"他让管叔监督殷朝遗民,管叔却率领他们叛乱,有这回事吗?"

答道:"有的。"

问道:"周公是料到他会叛乱而派他去的吗?"

答道:"没有料到的。"

陈贾说:"如此说来,圣人也会犯错吗?"

孟子答道:"周公是弟弟,管叔是哥哥(难道弟弟会疑心哥哥吗),周公的错误,不是合情合理的吗?而且,古代的君子,有了错误,随时改正;今天的君子,有了错误,还将错就错。古代的君子,他的过错,就像日食月食一般,老百姓人人都看得到;当他改正时,人人都抬头望着。今天的君子,又何止将错就错,还要为这错误振振有词说一通呢!"

4.10　孟子致为臣而归。王就见孟子,曰:"前日愿见而不可得,得侍同朝,甚喜;今又弃寡人而归,不识可以继此而得见乎?"

对曰:"不敢请耳,固所愿也。"

他日,王谓时子①曰:"我欲中国②而授孟子室,养弟子以万钟③,使诸大夫国人皆有所矜式。子盍为我言之!"

时子因陈子而以告孟子,陈子以时子之言告孟子。孟子曰:"然,夫时子恶知其不可也?如使予欲富,辞十万而受万,是为欲富乎?季孙曰:'异哉子叔疑④!使己为政,不用,则亦已矣,又使其子弟为卿。人亦孰不欲富贵?而独于富贵之中有私龙断焉⑤。'古之为市也,以其所有易其所无者，有司者治之耳。有贱丈夫焉⑥，必求龙断而登之，以左右望，而罔市利。人皆以为贱，故从而征之。征商自此贱丈夫始矣。"

注释：

①时子：齐臣。

②中国：国都之中。

③钟：古容量单位。

④季孙、子叔疑：不知何许人。

⑤龙断：垄断。

⑥丈夫：成年男子的通称。

译文：

孟子辞去官职准备回老家，齐王到孟子家中相见，说："过去希望看到您，未能如愿；后来能够同朝共事，我真高兴；现在您又扔下我回去了，不晓得我们今后还可以见面不？"

孟子答道："这个，我只是不敢请求罢了，本来是很希望的。"

过了几天，齐王对时子说："我想在齐国都城给孟子一幢房屋，用万钟之粟来养活他的学生，使各位大夫和百姓都有个榜样。你何不为我去和孟子谈谈！"

时子便托陈臻把齐王的话转告孟子，陈臻也就把时子托付的话告诉了孟子。孟子说："就是，那时子哪晓得这事是做不得的呢？假使我想发财，辞去10万钟的俸禄来接受这1万钟的赠予，有这种发财法吗？季孙说过：'奇怪呀子叔疑！自己要做官，别人不用，也就算了，却还要让他的儿子兄弟来做卿大夫。是人嘛，谁不想升官发财？而他却想把升官发财的事都垄断起来。'（什么叫'垄断'呢？）古代做买卖，是拿自己有的去换自己没有的，有关部门只是管理管理罢了。却有那么个低贱男人，一定要找个高坡登上去，左边望望，右边望望，想把整个市场的利润一口独吞。别人都觉得这家伙卑劣，因此征他的税。向商人征税就是从这个低贱男人开始的。"

4.11 孟子去齐，宿于昼①。有欲为王留行者，坐而言。不应，隐几而卧②。客不悦曰："弟子齐宿而后敢言③，夫子卧而不听，请勿复敢见矣。"

曰："坐！我明语子。昔者鲁缪公无人乎子思之侧，则不能安子思④；泄柳、申详无人乎缪公之侧，则不能安其身⑤。子为长者虑⑥，而不及子思；子绝长者乎？长者绝子乎？"

注释：

①昼：齐都临淄西南地名。

②隐几：隐，靠着，伏着；几，即居几、坐几，为坐时所倚靠的一种家具。

③齐宿：先一日斋戒。齐通"斋"。

④"昔者鲁缪公"句：缪同"穆"。鲁缪公，名显，在位33年；子思，孔子之孙，名伋。缪公尊敬子思，经常派人向子思表达他的诚意，子思于是能安心地留下来。

⑤泄柳、申详句：泄柳，即12.6－1的"子柳"，鲁缪公时贤人；申详，孔子学生子张之子，子游之婿。

⑥长者：孟子年老，故自称长者。

译文：

孟子离开齐国，在昼县过夜。有一位想替齐王挽留孟子的人坐着对孟子说话，孟子未予理睬，伏在坐几上打瞌睡。来人不高兴地说："为了和您谈话，我昨天就整洁身心，想不到您竟打瞌睡，不听我说，我今后再不敢和您见面了。"（说着，起身要走。）

孟子说："坐下来！让我明白地告诉你。过去，（鲁缪公是如何对待贤者的呢？）他如果没有人在子思身边，就不能使子思安心；如果泄柳、申详没有人在鲁缪公身边，也就不能使自己安心。你替我这个老人考虑一下吧：我的待遇还比不上子思（你不去劝齐王改变态度，却来挽留我），那么，是你对我这老人家做得绝呢，还是我这老人家对你做得绝？"

4.12　孟子去齐。尹士语人曰①："不识王之不可以为汤武，则是不明也；识其不可，然且至，则是干泽也②。千里而见王，不遇故去，三宿而后出昼，是何濡滞也③？士则兹不悦④！"

高子以告⑤。曰:"夫尹士恶知予哉?千里而见王,是予所欲也;不遇故去,岂予所欲哉?予不得已也。予三宿而出昼,于予心犹以为速,王庶几改之⑥!王如改诸,则必反予。夫出昼,而王不予追也⑦,予然后浩然有归志⑧。予虽然,岂舍王哉!王由足用为善⑨;王如用予,则岂徒齐民安,天下之民举安。王庶几改之!予日望之!予岂若是小丈夫然哉⑩?谏于其君而不受,则怒,悻悻然见于其面⑪,去则穷日之力而后宿哉?"

尹士闻之曰:"士诚小人也!"

注释:

①尹士:齐人。

②干泽:求禄位。干,求;泽,禄位。

③濡滞:停留,迟滞。

④兹不悦:兹,此;"兹不悦"即"不悦此"。

⑤高子:孟子弟子。

⑥庶几:或许。

⑦不予追:不追回我;予,我;先秦汉语中,否定句中的代词作宾语通常要置于谓语动词前面。

⑧浩然:水流汹涌的样子。

⑨由:通"犹"。

⑩是:此,这。

⑪悻悻然见于其面:悻悻然,小人猥琐器量狭小的样子;见,同"现"。

译文:

孟子离开了齐国,尹士对别人说:"不晓得齐王不能够做商汤、周武王,那是孟子糊涂;晓得他不行,然而还要来,那他就是来求取富贵的。大老远跑来,话不投机而离去,在昼县住了三晚才离开,为什么这样拖拖拉拉呢?这种情形我很不喜欢!"

高子把这话告诉了孟子。孟子说:"那尹士哪能了解我呢?大老远跑来和齐王见面,是我抱有希望;话不投机而离去,难道是我希望的吗?我只是不得已罢了。我在昼县住了三晚才离开，我心里觉得还是太快了，我总是希望王或许会改变态度的；王如果改变态度，就一定会召我返回。我出了昼县，王还没有追回我，我才铁定了回乡的念头。即便这样，我难道肯抛弃王吗？王仍然足以行仁政；王如果用我，又何止齐国的百姓得享太平，天下的百姓都将得享太平。王或许会改变态度的！我天天盼啊盼啊！我难道非要像那小肚鸡肠男人一般：向王进谏，王不接受，便生闷气，失望不满全写在在脸上；一旦离开，就跑得精疲力竭才肯歇脚吗？"

伊士听了这话后说："我真是个小人哪！"

4.13　孟子去齐，充虞路问曰："夫子若有不豫色然①。前日虞闻诸夫子曰：'君子不怨天，不尤人②。'"

曰："彼一时，此一时也。五百年必有王者兴，其间必有名世者③。由周而来，七百有余岁矣。以其数，则过矣；以其时考之，则可矣。夫天未欲平治天下也；如欲平治天下，当今之世，舍我其谁也！吾何为不豫哉？"

注释：

①豫：喜悦，快活。

②不怨天，不尤人：这是孟子向他的学生转述孔子的话，见于《论语·宪问》。

③名世者：或许就是后代的"命世"。《三国志·魏志·武帝纪》云："天下将乱，非命世之才不能济也。"

译文：

孟子离开齐国，在路上，充虞问道："您的脸色好像不太高兴似的。可以前我听您讲过：'君子不抱怨天，不责怪人。'"

孟子说："那是一个时候，现在又是一个时候（情况不同了。从历史上看来），每过500年一定有位圣君兴起，这期间还会有命世之才脱颖而出。从周武王以来，已经700多年了。论年数，已过了500年；论时势，也该有圣君贤臣出来了。除非上苍还没想到要让天下太平，如果他想要让天下太平，当今这个时代，除了我，又有谁能做到呢！我为什么要不高兴呢？"

4.14　孟子去齐，居休①。公孙丑问曰："仕而不受禄，古之道乎？"

曰："非也；于崇②，吾得见王，退而有去志；不欲变，故不受也。继而有师命③，不可以请。久于齐，非我志也。"

注释：

①休：故城在今山东滕州市北 15 里，距孟子家约 100 里。

②崇：地名，今不可考。

③师命：师旅之命。

译文：

孟子离开齐国，住在休地。公孙丑问道："做官却不受俸禄，合乎古道吗？"

孟子说："不；在崇邑，我见到了齐王，回来便有离开的想法；因为不想改变这个意愿，所以不接受俸禄。不久，齐国有战事，这时不宜请求离开。然而长久淹留在齐国，并不是我的心意。"

滕文公章句上（凡五章）

5.1 滕文公为世子^①，将之楚，过宋而见孟子。孟子道性善，言必称尧舜。世子自楚反，复见孟子。孟子曰："世子疑吾言乎？夫道一而已矣。成瞷谓齐景公曰^②：'彼^③，丈夫也；我，丈夫也；吾何畏彼哉？'颜渊曰：'舜，何人也？予，何人也？有为者亦若是。'公明仪曰^④：'文王，我师也；周公岂欺我哉？'今滕，绝长补短，将五十里也，犹可以为善国。《书》曰：'若药不瞑眩，厥疾不瘳^⑤。'"

译文：

滕文公做太子的时候，要到楚国去，经过宋国，会见了孟子。孟子和他讲人性本是善良的道理，开口不离尧舜。太子从楚国回来，又来见孟子。孟子说："太子怀疑我的话吗？天下的真理是一致的。成瞷对齐景公说：'那人是个男子汉，我也是个男子汉，我凭什么怕那人呢？'颜渊说：'舜是怎样的人？我是怎样的人？有作为的人也应像他那样。'公明仪说：'文王是我的老师，周公难道会骗我吗？'现在的滕国，截长补短，折算下来，有将近方圆50里的土地，还可以治理成一个好国家。《书经》说：

'那药吃了如不叫人晕头涨脑，那种病是好不了的。'"

5.2 - 1　滕定公薨①，世子谓然友曰②："昔者孟子尝与我言于宋，于心终不忘。今也不幸至于大故③，吾欲使子问于孟子，然后行事。"

然友之邹问于孟子。孟子曰："不亦善乎！亲丧，固所自尽也。曾子曰：'生，事之以礼；死，葬之以礼，祭之以礼，可谓孝矣④。'诸侯之礼，吾未之学也；虽然，吾尝闻之矣。三年之丧，齐疏之服⑤，飦粥之食⑥，自天子达于庶人，三代共之。"

注释：

①滕定公：文公之父。

②然友：世子的师傅。

③大故：重大的不幸。

④曾子曰诸句：见《论语·为政》，乃孔子所言。

⑤齐（zī）疏之服：齐，缝边；疏，粗。

⑥飦：同"饘"（zhān），粥。

译文：

滕定公去世，太子对他的师傅然友说："过去在宋国，孟子曾和我谈话，我一直难以忘怀。现在不幸父亲去世，我想请您到孟子那里问问，然后再办丧事。"

然友便到邹国去问孟子。孟子说："这样很对呀！父母去世，本来就应该让自己把悲痛尽情宣泄的。曾子说：'父母健在时，依礼去奉侍；他们去世了，依礼去埋葬，依礼去祭祀。这才可算是尽到孝心了。'诸侯的礼节，我没有学过；即便如此，却也听说过。从天子直到老百姓，实行三年的丧礼，穿着粗布缝边的孝服，吃着稀粥——夏、商、周三代都是这样的。"

5.2 - 2　然友反命，定为三年之丧。父兄百官皆不欲，曰："吾宗国鲁先君莫之行①，吾先君亦莫之行也，至于子之身而反之，不可。且《志》曰②：'丧祭从先祖。'曰：'吾有所受之也。'"

谓然友曰:"吾他日未尝学问,好驰马试剑。今也父兄百官不我足也,恐其不能尽于大事③,子为我问孟子!"

然友复之邹问孟子。

注释:

①宗国:周朝重宗法,鲁、滕诸国的始封祖都是周文王之子;其中周公封鲁,行辈较长,因之其余姬姓诸国均以鲁为宗国。

②志:记录国家大事的书。

③其:世子自指。

译文:

然友回国传达了孟子的话,太子便决定行 3 年的丧礼。父老官吏都不愿意,说:"我们宗主国鲁国的历代君主没有实行过,我国的历代君主也没有实行过,到你这一代却来改变成法,这是要不得的。而且《志》说过:'丧礼祭礼一律依照祖宗成法。'意思是说,我们是有成法可依的。"

太子便对然友说:"我过去不曾做过学问,只喜欢跑马舞剑。现在,父老们官吏们都对我的主张不满,恐怕这一丧礼不能够让我尽心竭力去做,您再替我去问问孟子吧!"

于是,然友又到邹国去问孟子。

5.2-3 孟子曰:"然,不可以他求者也。孔子曰:'君薨,听于冢宰①,歠粥②,面深墨,即位而哭,百官有司莫敢不哀③,先之也。'上有好者,下必有甚焉者矣。君子之德,风也;小人之德,草也。草尚之风,必偃④。是在世子。"

然友反命。世子曰:"然,是诚在我。"

五月居庐⑤,未有命戒。百官族人可,谓曰知。及至葬,四方来观之,颜色之戚,哭泣之哀,吊者大悦。

注释:

①冢宰:约相当于后之相国、宰相。

②歠(chuò):饮。

③有司:有关部门,下级官吏。

④草尚之风：尚，同"上"；草上之风，谓草上加之以风。

⑤五月居庐：诸侯薨五月乃葬，葬前，孝子必居凶庐——土砖砌成，覆之以草。

译文：

孟子说："是的！这种事是求不得别人的。孔子说过：'君主去世，政务任由首相处理，世子喝着粥，面色墨黑，走近孝子之位便哭，大小官吏没有人敢不悲哀，这是因为世子带了头。'上位者有所爱好，下位者一定爱好得更加厉害。君子的德好像风，小人的德好像草，风向哪边吹，草就向哪边倒。这件事完全取决于太子。"

然友回来向太子转达。太子说："对，这事真的取决于我。"

于是太子居于丧庐中五月，不曾颁布过任何命令和禁令。官吏、同族都很赞成，认为知礼。等到举行葬礼的时候，四方的人都来观礼，世子表情的悲戚，哭泣的哀痛，使来吊丧的人都很满意。

5.3-1　滕文公问为国。孟子曰："民事不可缓也。《诗》云①：'昼尔于茅②，宵尔索绹③；亟其乘屋④，其始播百谷。'民之为道也，有恒产者有恒心，无恒产者无恒心。苟无恒心，放辟邪侈，无不为已。及陷乎罪，然后从而刑之，是罔民也。焉有仁人在位罔民而可为也？是故贤君必恭俭礼下，取于民有制。阳虎曰⑤：'为富不仁矣，为仁不富矣。'"

注释：

①《诗》云：引自《诗经·豳风·七月》。

②于茅：于，往；茅，取茅草。

③索绹（táo）：索，搓；绹，绳索。

④亟其乘屋：亟，急；乘，登上。

⑤阳虎：字货，鲁国正卿季氏的总管，事迹多见于《论语》。

译文：

滕文公请教怎样治理国家。孟子说："老百姓的事是延缓不起的。《诗经》上说：'白天把茅草割，晚上把绳儿搓；赶紧上房修理，按时把五谷播。'老百姓有他们的规律：有固定产业的人才有一定的原则，没有固定产业的人便不会有一定的原则。没有一定原则的人，就会胡作非为、违法乱纪，什么事都做得出来。等到他们犯了罪，然后加以处罚，这等于陷害。哪有仁人在位却做出陷害老百姓的事呢？所以贤明的君主一定要敬业，节俭，礼遇臣下，尤其是取之于民（征收赋税）要依照一定的制度。阳虎曾经说过：'要想发财就不能仁爱，要想仁爱就不能发财。'"

5.3-2 "夏后氏五十而贡，殷人七十而助，周人百亩而彻，其实皆什一也。彻者，彻也①；助者，藉也②。龙子曰③：'治地莫善于助，莫不善于贡。'贡者，校数岁之中以为常④。乐岁，粒米狼戾⑤，多取之而不为虐，则寡取之；凶年，粪其田而不足，则必取盈焉。为民父母，使民盼盼然⑥，将终岁勤动，不得以养其父母，又称贷而益之⑦，使老稚转乎沟壑，恶在其为民父母也？夫世禄，滕固行之矣。《诗》云：'雨我公田，遂及我私⑧。'惟助为有公田。由此观之，虽周亦助也。"

注释：

①彻：通；意思是，这是天下通行的。

②藉：借。

③龙子：上古之贤人。

④校：校，较。

⑤粒米狼戾：粒米，即米粒；狼戾，狼藉。

⑥盼（xī）盼然：勤苦劳顿的样子。

⑦称：举借。

⑧"雨我公田"二句：引自《诗经·小雅·大田》。

译文：

"古代的税收制度：夏代每家50亩地而行'贡'法，商朝每家70亩地而行'助'法，周朝每家100亩地而行'彻'法。这三法的实质都是十分抽一。'彻'是'通'的意思，'助'是借助的意思。龙子说过：'田税最好的是助法，最不好的是贡法。'贡法是综合若干年的收成得一个平均数作为征收标准。丰年，谷米撒得遍地都是，多征收一点也不算暴虐，却并不多收。灾年，收到的秸秆连肥田都不够，却非收足那个平均数不可。

作为百姓父母的君主，却让他们一年到头辛苦劳顿，结果连自己的父母都养不活，还不得不借高利贷来交足赋税，最终使老的小的只能到沟壑中去等死，这怎么能算是'为民父母'呢？做大官的享受世袭的田租收入，滕国早就实行了。（为什么老百姓却不能有一定的田地收入呢？）《诗经》中说：'雨先下到公田，然后再落到私田！'只有助法才有公田有私田。这样看来，即使周朝，也是实行助法的。"

5.3－3　"设为庠、序、学、校以教之。庠者，养也；校者，教也；序者，射也。夏曰校，殷曰序，周曰庠，学则三代共之，皆所以明人伦也。人伦明于上，小民亲于下。有王者起，必来取法，是为王者师也。《诗》云：'周虽旧邦，其命惟新①。'文王之谓也。子力行之，亦以新子之国！"

注释：

① "周虽旧邦"二句：见《诗经·大雅·文王》。

译文：

"要兴办庠、序、学、校来教育人民。庠是教养的意思，校是教导的意思，序是教射箭的意思。夏代叫'校'，商代叫'序'，周代叫'庠'，'学'这个名称，三代都这么叫。学习的目的都是为了让人明白人的伦常。诸侯、卿、大夫、士都明白了人的伦常，小老百姓自然会一团和气、亲密无间了。这时如有圣王兴起，也一定会来学习效法，这等于做了圣王的老师。《诗经》说：'岐周虽然是古国，国运却焕然一新。'这是赞美文王的诗。你努力实行吧，也来让你的国家气象一新！"

5.3－4　使毕战问井地①。孟子曰："子之君将行仁政，选择而使子，子必勉之！夫仁政，必自经界始②。经界不正，井地不钧③，榖禄不平④，是故暴君污吏必慢其经界。经界既正，分田制禄可坐而定也。夫滕，壤地褊小，将为君子焉，将为野人焉⑤。无君子，莫治野人；无野人，莫养君子。请野九一而助，国中什一使自赋。卿以下必有圭田⑥，圭田五十亩；余夫二十五亩。死徙无出乡，乡田同井，出入相友，守望相助，疾病相扶持，则百姓亲睦。方里而井，井九百亩⑦，其中为公田。八家皆私百亩，同养公田；公事毕，然后敢治私事，所以别野人也。此其大略也；若夫润泽之，则在君与子矣。"

注释：

①毕战问井地：毕战，滕之大夫；井地，即井田。

②经界：丈量土地的意思。

③钧：同"均"。

④谷禄：相当于"俸禄"。

⑤为："为"在这里可以理解为"有"。

⑥圭田：供祭祀用的田地。

⑦井九百亩：今一方里为375亩，因此古之一亩较今为小。

译文：

滕文公派毕战来问井田制。孟子说："你的国君准备实行仁政，选中你来问我，你一定要好好干！实行仁政，一定要从划分整理田界开始。田界划分得不正确，井田的大小就不均匀，作为俸禄的田租收入也就不会公平合理，所以暴虐的君王和贪官污吏总是轻视田间界限的划分。田间界限正确了，人民土地的分配，官吏俸禄的厘定，都可以毫不费力地决定了。滕国土地狭小，也有贵族和农民的区分。没有贵族，便没人治理农民；没有农民，也没人养活贵族。我请求：郊野用九分抽一的助法，都城用十分抽一的贡法。公卿以下的官吏一定有圭田，每家50亩；如有剩余的劳动力，每人再给25亩。无论埋葬或搬家，都不离开本乡本土。一井田中的各家，平日出出进进，互相友爱；防御盗贼，互相帮助；罹患疾病，互相照顾；如此一来，百姓便亲爱和睦了。一里见方划为一个井田，每一井田划为900亩，当中100亩是公田，8家各有私田100亩。这8家共同耕种公田，先把公田料理完毕，然后才敢去干私田的农活，这是区别贵族和农民的办法。这不过是一个大略，至于如何去充实完善细节，那就在于你的国君和你本人了。"

5.4-1　有为神农之言者许行①，自楚之滕，踵门而告文公曰②："远方之人闻君行仁政，愿受一廛而为之氓。"文公与之处。其徒数十人，皆衣褐③，捆屦织席以为食④。

陈良之徒陈相与其弟辛负耒耜自宋之滕，曰："闻君行圣人之政，是亦圣人也，愿为圣人氓。"

陈相见许行而大悦，尽弃其学而学焉。

注释：

①有为……许行：神农，上古传说中的人物，三皇之一，重农学派托神农以自重。

②踵：至。

③褐：以未绩之麻制成的短衣。

④捆屦：捆，织；屦，草鞋。

译文：

有一位信奉神农氏学说叫许行的人，从楚国到滕国，登门谒见滕文公，告诉他说："我这远方之人听说您实行仁政，希望得到一处住所，做您的治下之民。"文公给了他住处。他的门徒好几十人，都穿着粗麻编成的衣服，以打草鞋、织席子为生。

陈良的门徒陈相和他弟弟陈辛背着农具，从宋国到滕国，也对文公说："听说您实行圣人的政治，那您也是圣人了。我愿意做圣人的治下之民。"

陈相见了许行，非常高兴，完全抛弃了以前所学而向许行学习。

5.4-2　陈相见孟子，道许行之言曰："滕君则诚贤君也；虽然，未闻道也。贤者与民并耕而食，饔飧而治①。今也滕有仓廪府库，则是厉民而以自养也②，恶得贤？"

孟子曰："许子必种粟而后食乎？"

曰："然。"

"许子必织布而后衣乎？"

曰："否，许子衣褐。"

"许子冠乎？"

曰："冠。"

曰："奚冠？"

曰："冠素。"

曰："自织之与？"

曰："否，以粟易之。"

曰："许子奚为不自织？"

曰："害于耕。"

曰："许子以釜甑爨③，以铁耕乎④？"

曰："然。"

"自为之与？"

曰："否，以粟易之。"

"以粟易械器者，不为厉陶冶；陶冶亦以其械器易粟者，岂为厉农夫哉？且许子何不为陶冶，舍皆取诸其宫中而用之⑤？何为纷纷然与百工交易？何许子之不惮烦？"

注释：

①饔飧（yōng sūn）：熟食，这里指自己做饭。

②厉：使病。

③釜甑爨（cuàn）：釜，金属锅；甑，瓦罐；爨，烧火做饭。

④铁：这里指农具。

⑤舍皆取诸其宫中句：舍，放弃。此句承上句，谓何不放弃皆取之于其宫中而用之的做法。宫，上古无论贵贱，住所都叫做宫。

译文：

陈相来见孟子，转述许行的话说："滕君确实是个贤明的君主，即便如此，还不算真懂得大道理。贤人要和人民一道种地才吃饭，而且自己做饭，通过这种方式做到境内大治。如今滕国有谷仓，有存财物的府库，这都是损害百姓来奉养自己，怎么能叫做贤明呢？"

孟子说："许子一定要自己种粮食才吃饭吗？"

陈良说："对。"

"许子一定要自己织布才穿衣吗？"

"不，许子只穿粗麻编织的衣。"

"许子戴帽子吗？"

答道:"要戴的。"

"戴什么帽子?"

答道:"戴白绸帽子。"

"是自己织的吗?"

答道:"不,用粟米换来的。"

"许子为什么不自己织呢?"

答道:"因为妨碍干农活。"

"许子也用铁锅瓦罐做饭,用铁器耕种吗?"

答道:"是这样的。"

"自己做的吗?"

答道:"不,用粟米换来的。"

"农夫用粟米换取锅碗瓢盆和农具,不能说损害了瓦匠、铁匠;那瓦匠、铁匠用他们的产品来换取粟米,又难道损害了农夫吗?况且许子为什么不亲自干瓦匠活、铁匠活?为什么不放弃把各种器物储备在家里随时取用的生活方式呢?为什么许子要一件一件地和各种工匠做买卖?为什么许子这样不怕麻烦?"

5.4-3 曰:"百工之事固不可耕且为也。"

"然则治天下独可耕且为与?有大人之事,有小人之事。且一人之身,而百工之所为备;如必自为而后用之,是率天下而路也①。故曰,或劳心,或劳力;劳心者治人,劳力者治于人;治于人者食人②,治人者食于人,天下之通义也。当尧之时,天下犹未平,洪水横流,泛滥于天下,草木畅茂,禽兽繁殖,五谷不登,禽兽逼人,兽蹄鸟迹之道交于中国。尧独忧之,举舜而敷治焉③。舜使益掌火,益烈山泽而焚之④,禽兽逃匿。禹疏九河⑤,瀹济、漯而注诸海⑥,决汝、汉,排淮、泗而注之江⑦,然后中国可得而食也。当是时也,禹八年于外,三过其门而不入,虽欲耕,得乎?"

注释:

①路:同"露",破败。

②食（sì）人：提供给别人吃；食，给…吃。

③敷：同"溥"，遍。

④益烈山泽而焚之：伯益将山野沼泽分割成块而焚烧之；烈，通"裂"，分割。

⑤九河：分别为徒骇、太史、马颊、覆釜、胡苏、简、絜、钩盘、鬲津。

⑥济、漯（tà）：都是水名。

⑦决汝、汉，排淮、泗而注之江：除汉水外，汝与淮、泗都不入江；其实孟子这里不过申述禹治水之功。

译文：

陈相答道："各种工匠的活计本来就不可能一边种地又一边来干的。"

"难道治理天下的活计就独独能够一边种地一边来干的吗？有官吏的工作，有小民的工作。只要是一个人，各种工匠的产品对他就是必不可少的；如果每件东西都要自己制造才去用它，那是率领天下的人疲于奔命。所以我说，有的人劳动脑力，有的人劳动体力；脑力劳动者管理人，体力劳动者被人管理；被管理者向别人提供吃穿用度，管理者的吃穿用度仰仗于人，这是普天之下的通则。当尧的时候，天下还是一片洪荒，大水乱流，四处泛滥，草木茂密地生长，鸟兽快速地繁殖，谷物却没有收成，飞禽走兽威逼人类，华夏大地遍布它们的脚迹。只有尧一个人为这事忧虑，于是选拔舜来总管治理工作。舜命令伯益主持放火工作，伯益便将山野沼泽分割成块逐片焚烧，迫使鸟兽逃跑隐匿。禹又疏浚九河，把济水、漯水疏导入海，挖掘汝水、汉水，疏通淮水、泗水，引导众水流入长江，中原百姓才可以种地吃上饭。在这一时期，禹八年奔波在外，好几次经过自己家门都忙得不能进去，即使他想种地，做得到吗？"

5.4-4 "后稷教民稼穑①，树艺五谷②；五谷熟而民人育。人之有道也③，饱食、暖衣、逸居而无教，则近于禽兽。圣人有忧之，使契为司徒④，教以人伦——父子有亲，君臣有义，夫妇有别，长幼有叙，朋友有信。放勋曰劳之来之⑥，匡之直之，辅之翼之，使自得之，又从而振德之。圣人之忧民如此，而暇耕乎？"

注释：

①后稷：名弃，周朝的始祖，帝尧时为农师。

②五谷：稻（水稻）、黍（黄米之黏者）、稷（小米）、麦（小麦）、菽（豆类）。

③有道：有规律。

④契：殷之祖先。

⑤放勋：尧之名。

⑥劳之来之：《尔雅》："劳、来，勤也。"

译文：

"后稷教导百姓种庄稼，栽培谷物。谷物成熟了，老百姓便得到了养育。人类的规律是这样的：光是吃得饱，穿得暖，住得安逸，却没有教育，那也和禽兽差不多。圣人为这事忧虑深重，便让契做了司徒，教育人民明白人际的伦常关系——父子间的骨肉之亲，君臣间的礼义之道，夫妻间相爱的内外之别，老少间的尊卑之序，朋友间的诚信之德。尧每天督促他们，纠正他们，帮助他们，使他们各得其所，然后再赈济穷困，施以恩惠。圣人为百姓考虑达到这样的程度，还挤得出时间来种地吗？"

5.4-5　"尧以不得舜为己忧，舜以不得禹、皋陶为己忧①。夫以百亩之不易为己忧者②，农夫也。分人以财谓之惠，教人以善谓之忠，为天下得人者谓之仁。是故以天下与人易③，为天下得人难。孔子曰：'大哉尧之为君！惟天为大，惟尧则之，荡荡乎民无能名焉？君哉舜也！巍巍乎有天下而不与焉④！'尧舜之治天下，岂无所用其心哉？亦不用于耕耳。"

注释：

①皋陶（gāo yáo）：虞舜时之司法官。

②易：整治。

③与人：给予别人。

④"孔子曰"等句：见《论语·泰伯》。与，即"参与"之"与"，含"私有""享受"之意。

译文：

"尧为得不到舜而忧虑，舜为得不到禹和皋陶而忧虑。为了自己的百亩之田种得不好而忧虑的，那是农夫。把钱财分给别人，叫做惠；教导大家都学好，叫做忠；为天下找到好人才，叫做仁。因此，把天下禅让给人家容易，为天下找到好人才很难。所以孔子说：'尧作为君主真是伟大！只有天最伟大，也只有尧能效法天。尧的圣德浩荡无边，老百姓日日受其恩惠习焉不察都不知有这人存在了！舜真是个好君主！天下坐得稳如泰山，却不去享受它、占有它！'尧舜的治理天下，难道不用心思吗？只是不把这心思用于如何种地罢了。"

5.4-6 "吾闻用夏变夷者，未闻变于夷者也。陈良，楚产也，悦周公、仲尼之道，北学于中国。北方之学者，未能或之先也[1]。彼所谓的豪杰之士也。子之兄弟事之数十年，师死而遂倍之[2]！"

注释：

①未能或之先：未能有人领先于他。或，有人；之先，先之，领先于他。

②倍：同"背"，背叛。

译文：

"我只听说用中国的方式来改变四夷的，没有听说过用四夷的方式来改变中国的。陈良土生土长在楚国，却喜欢周公和孔子的学说，北上中国来学习。北方的读书人，还没有人能超过他的，那真是所谓的豪杰之士啊！你们兄弟向他学习了几十年，老师一死，竟然背叛了他！"

5.4-7 "昔者孔子没，三年之外，门人治任将归[1]，入揖于子贡，相向而哭，皆失声，然后归。子贡反，筑室于场，独居三年，然后归。他日，子夏、子张、子游以有若似圣人，欲以所事孔子事之，强曾子。曾子曰：'不可；江汉以濯之，秋阳以暴之[2]，皓皓乎不可尚已[3]。'今也南蛮鴃舌之人[4]，非先王之道，子倍子之师而学之，亦异于曾子矣。吾闻出于幽谷迁于乔木者，未闻下乔木而入于幽谷者。《鲁颂》曰：

'戎狄是膺⑤，荆舒是惩。'周公方且膺之，子是之学，亦为不善变矣。"

注释：

①任：包袱、行李。

②秋阳以暴之：周历正月相当于夏历的十一月，所以周历的秋阳，实为夏日之阳；暴，同"曝"。

③皓皓：很白。

④鴃（jué）：即伯劳鸟。

⑤戎狄是膺两句：见《诗经·鲁颂·閟宫》。膺，击。

译文：

"从前，孔子死了，守孝3年之后，门徒们在收拾行李准备回去前，走进子贡住处作揖告别，相对而哭，都泣不成声，这才回去。子贡又回到墓地重新筑屋，独自住了3年，这才回去。过了些时，子夏、子张、子游认为有若有些像圣人，便想如服事孔子那样服事他，勉强曾子同意。曾子说：'不行；比如曾经用江汉之水洗涤过，曾经在夏日之下曝晒过，真是白得不能再白了。（谁还能与孔子相比呢？）'如今许行这南蛮子，说话就像鸟叫，也敢来非议我们祖先圣王之道，而你俩却违背师道去向他学，那就和曾子大不相同了。我只听说过鸟儿飞出幽暗的山谷迁往高大的树木，没听说过离开高大的树木再飞进幽暗的山谷的。《鲁颂》说过，'戎狄，要打击它；荆楚，要惩罚它'。（荆楚这样的国家）周公还要打击它，你们却向此地人学，真是变得每况愈下了。"

5.4-8 "从许子之道，则市贾不贰①，国中无伪；虽使五尺之童适市②，莫之或欺③。布帛长短同，则贾相若；麻缕丝絮轻重同，则贾相若；五谷多寡同，则贾相若；屦大小同，则贾相若。"

曰："夫物之不齐，物之情也；或相倍蓰④，或相什百，或相千万。子比而同之⑤，是乱天下也。巨屦小屦同贾⑥，人岂为之哉？从许子之道，相率而为伪者也，恶能治国家？"

注释：

①贾：同"价"。

②五尺之童：古人尺短，5尺只合今之3尺半。

③莫之或欺：莫或欺之，没有人会欺骗他。否定句中，代词作宾语一般要前置于谓语动词。莫，没有人；或，语气副词，使语气和缓一些。

④蓰（xǐ）：5倍。

⑤比（bì）：混合。

⑥巨屦小屦：巨屦，粗屦；小屦，细屦。

译文：

陈相说："如果按许子说的办，市场上的物价就能一致，举国之中没有欺诈，即使打发个小孩子上市场，也没有人会欺骗他。布匹、丝绸的长短相同，价钱便一样；麻线、丝棉的轻重相同，价钱便一样；谷米的多少相同，价钱便一样；鞋的大小相同，价钱也一样。"

孟子说："各种物品的质量不一样，是物品的真实情形——有的相差一倍五倍，有的相差十倍百倍，有的相差千倍万倍；你想要（不分精粗优劣）而让它们价钱一致，只是扰乱天下罢了。用料做工粗劣的鞋和用料做工精致的鞋一样的价钱，人们肯干吗？按许子说的办，是带领大家去偷工减料，这样弄，哪里能够治理国家呢？"

5.5-1　墨者夷之因徐辟而求见孟子①。孟子曰："吾固愿见，今吾尚病，病愈，我且往见。"夷子不来。

他日，又求见孟子。孟子曰："吾今则可以见矣。不直，则道不见②；我且直之。吾闻夷子墨者，墨之治丧也，以薄为其道也；夷子思以易天下，岂以为非是而不贵也；然而夷子葬其亲厚，则是以所贱事亲也。"

注释：

①"墨者夷之因徐辟"句：墨者，信奉墨子学说的人；夷之，已无可考；徐辟，孟子弟子。

②见：同"现"。

译文：

墨家信徒夷之凭着徐辟的关系要求见孟子。孟子说："我本来愿意见他，不过我现在正病着；病好了，我打算去看他。"夷子便没有来。

过了一段时间，他又要求见孟子。孟子说："我现在可以见他了。但不直截了当地说，真理不能明白地显现。我就直说了吧。我听说夷子是墨家信徒，墨家办理丧事，以薄葬为合理；夷子也想用这一套来改革天下，难道会认为薄葬不对而不提倡薄葬吗？但是夷子埋葬父母亲却很丰厚，那便是拿他所看不起的东西来对待父母亲了。"

5.5-2　徐子以告夷子。夷子曰："儒者之道，古之人若保赤子①，此言何谓也？之则以为爱无差等，施由亲始②。"

徐子以告孟子。孟子曰："夫夷子信以为人之亲其兄之子为若亲其邻之赤子乎？彼有取尔也。赤子匍匐将入井，非赤子之罪也。且天之生物也，使之一本，而夷子二本故也。盖上世尝有不葬其亲者，其亲死，则举而委之于壑。他日过之，狐狸食之，蝇蚋姑嘬之③。其颡有泚④，睨而不视。夫泚也，非为人泚，中心达于面目，盖归反虆梩而掩之⑤。掩之诚是也，则孝子仁人之掩其亲，亦必有道矣。"

徐子以告夷子，夷子怃然为间曰⑥："命之矣⑦。"

注释：

①赤子：初生的婴儿。

②施：行。

③蝇蚋（ruì）姑嘬（chuài）之：蚋，蚊类昆虫；姑，应读为"蛄（gǔ）"，咀咬；嘬，凑在一起吃。

④泚（cǐ）：出汗的样子。

⑤虆梩（léi lí）：虆，土筐；梩，类似铲子的工具。

⑥怃（wǔ）然为间：怃然，茫然自失的样子；为间，一会儿。

⑦命之：命，教；之，夷子自指。

译文：

徐子把这话转达给夷子。夷子说："儒家的学说认为，古代君王爱护百姓就好像爱护婴儿一般。这话是什么意思呢？我以为便是，人们之间的爱没有亲疏厚薄的区别，只是由双亲开始实行罢了。（这样看来，墨家的兼爱之说和儒家学说并不矛盾，而我厚葬父母，也没有什么说不过去了。)"

徐子又把这话告诉了孟子。孟子说："夷子真正以为人们爱他的侄儿和爱他邻居家的婴儿一样的吗？夷子只不过抓住了一点：婴儿在地上爬行，快要跌到井里去了，这自然不是婴儿的罪过。(这时候，无论是谁的孩子，无论是谁看见了，都会去救的，夷子以为这就是爱无等次；其实，这是人的恻隐之心。)况且天生万物，只有一个本源，夷子却以为有两个本源，道理就在这里。大概上古曾经有不埋葬父母的人，父母死了，就抬着扔到山沟里。过了些时候，再经过那里，就发现狐狸在撕咬着，苍蝇、蚊子在咀吮着那尸体。那个人不禁额头上冒出了汗，斜着眼睛，不敢正视。这一种汗，不是流给别人看的，而是心中的悔恨在面目上的流露。大概后来他回家取了箩筐、铲子把尸体埋了。埋葬尸体诚然是对的，那么，孝子仁人埋葬他的父母，自然有他的道理了。"

徐子把这话又转达给夷子，夷子十分怅惘地停了一会，说："我懂得了。"

滕文公章句下（凡十章）

6.1-1　陈代曰①："不见诸侯，宜若小然；今一见之，大则以王，小则以霸。且《志》曰'枉尺而直寻②'，宜若可为也。"

孟子曰："昔齐景公田，招虞人以旌③，不至，将杀之。志士不忘在沟壑，勇士不忘丧其元。孔子奚取焉？取非其招不往也。如不待其招而往，何哉？且夫枉尺而直寻者，以利言也。如以利，则枉寻直尺而利，亦可为与？"

注释：

①陈代：孟子弟子。

②寻：约合今之8尺。

③招虞人以旌（jīng）：用五色羽毛装饰的旗帜。虞人，守苑囿的官吏；旌，古代旌是用来召唤大夫的，召唤虞人用皮冠，所以虞人不去。

译文：

陈代说："不去谒见诸侯，似乎太小气了吧？如今见一次诸侯，大则可以实行仁政于天下，小则可以称霸中国。而且《志》上说'弯曲一尺，却伸直八尺'，好像应该试一试。"

孟子说："从前齐景公田猎，用旌去召唤猎场管理员，管理员不去，景公便准备杀他。——志士坚守气节，不怕弃尸山沟；勇士见义勇为，不怕抛弃头颅。孔子到底看重他哪一点呢？就是看重他不是自己所应接受的召唤之礼，硬是不去。如果不等待诸侯的招致便去，那我又是什么人呢？而且所谓'弯曲一尺，却伸直八尺'，完全是从利的方面来考虑的。如果唯利是图，那么即使弯曲八尺，伸直一尺，也有小利可图，不也可以干干吗？"

6.1-2 "昔者赵简子使王良与嬖奚乘①，终日而不获一禽。嬖奚反命曰：'天下之贱工也。'或以告王良。良曰：'请复之。'强而后可，一朝而获十禽。嬖奚反命曰：'天下之良工也。'简子曰：'我使掌与女乘②。'谓王良。良不可，曰：'吾为之范我驰驱③，终日不获一；为之诡遇④，一朝而获十。《诗》云："不失其驰，舍矢如破。"⑤我不贯与小人乘⑥，请辞。'御者且羞与射者比⑦；比而得禽兽，虽若丘陵，弗为也。如枉道而从彼，何也？且子过矣：枉己者，未有能直人者也。"

注释：

①昔者赵简子使王良与嬖（bì）奚乘：赵简子，晋国正卿赵鞅；王良，春秋末年的驾车好把式；嬖，受宠幸的小人；奚，嬖人名。

②我使掌与女乘：我使之掌与汝乘，我让他负责给你驾车；"使"的宾语常常不出现；掌，掌管。

③范我驰驱：规范我的奔驰。

④诡遇：不依法驾御。

⑤"《诗》云"等句：见《诗经·小雅·车攻》。如破，而破。

⑥贯：即今之"惯"字。

⑦御者且羞与射者比：射者，语义双关：明指嬖奚，暗指射利之徒与射利之事，如四处求见诸侯以干禄之苏秦、张仪之辈，亦表明自己不愿主动谒见诸侯之志。比，并立。

译文：

"从前，赵简子让王良替他宠幸的小臣奚驾车打猎，一整天也没打到一只猎物。奚向简子汇报说：'王良是天底下最没本事的驾车人。'有人把这话告诉了王良。王良说：'希望再来一次。'反复劝说，奚才答应去，结果一早上就打中10只猎物。奚又汇报说：'王良是天底下最有本事的驾车人。'赵简子便说：'我让他专门给你驾车好了。'把这告诉王良，王良不肯，说：'我帮他按规矩奔驰，整天打不着一只；我帮他违背规矩奔驰，一早上就打中了10只。可是《诗经》上说："即使规行矩步，也能一箭中的。"我不习惯为小人驾车，请允许我辞去这差事。'驾车者尚且羞于与品格坏的射手为伍；与他为伍，即使打得的禽兽堆成山，也不肯干。如果先委屈自己的理想与主张而追随诸侯，那我们又算什么人呢？况且你错了：允许自己不正直的人，从来就不能够使别人正直。"

6.2 景春曰①："公孙衍、张仪岂不诚大丈夫哉②？一怒而诸侯惧，安居而天下熄③。"

孟子曰："是焉得为大丈夫乎？子未学礼乎？丈夫之冠也，父命之④；女子之嫁也，母命之，往送之门，戒之曰：'往之女家，必敬必戒，无违夫子！'以顺为正者，妾妇之道也。居天下之广居，立天下之正位，行天下之大道；得志，与民由之；不得志，独行其道；富贵不能淫，贫贱不能移，威武不能屈，此之谓大丈夫。"

注释：

①景春：与孟子同时的纵横家。

②公孙衍、张仪：公孙衍即魏人犀首，当时著名的说客；张仪，魏人，游说六国连横去服从秦国的大政客。

③熄：烽火熄。

④丈夫之冠也，父命之：古时男子到了20岁，便可算作成年人，行加冠礼。

译文：

景春说："公孙衍和张仪难道不是真正的大丈夫吗？他们一生气，诸侯都心惊胆战；他们安居度日时，天下便战火全熄。"

孟子说："这个怎么能叫做大丈夫呢？你没有学过礼吗？男子行加冠礼时，父亲要叮嘱他。女子出嫁的时候，母亲要叮嘱她，把她送到门口，告诫她说：'到了你婆家，一定要恭敬他人，一定要警戒自己，不要违背丈夫！'以顺从为原则，是做妇人的道理。居住在天下这么广阔的空间，站在天下最正确的位置，走着天下最光明的仁义之路；得志之日，带领百姓一同走这条路；不得志之时，一个人也要走这条路。富贵不能引诱他，贫贱不能改变他，威武不能压服他，这样才叫做大丈夫。"

6.3-1 周霄问曰①："古之君子仕乎？"

孟子曰："仕。《传》曰：'孔子三月无君，则皇皇如也②，出疆必载质③。'公明仪曰：'古之人三月无君，则吊。'"

"三月无君则吊，不以急乎④？"

曰："士之失位也，犹诸侯之失国家也。《礼》曰：'诸侯耕助以供粢盛⑤；夫人蚕缫⑥，以为衣服⑦。牺牲不成⑧，粢盛不洁，衣服不备，不敢以祭。惟士无田，则亦不祭。'牲杀、器皿、衣服不备，不敢以祭，则不敢以宴，亦不足吊乎？"

注释：

①周霄：魏人。

②皇皇：今作"惶惶"，不安的样子。

③质：同"贽""挚（zhì）"。古代初相见，须携礼物以示诚意，谓之"贽"，士人一般用雉。

④不以急乎：（您）不认为太急切了吗？以，以为，认为。下一章"彭更问曰：'后车数十乘，从者数百人，以传食于诸侯，不以泰乎？'孟子曰：'非其道，则一箪食不可受于人；如其道，则舜受尧之天下，不以为泰——子以为泰乎？'"可证。

⑤诸侯耕助以供粢盛（zī chéng）："助"即"藉"，借助的意思；古代天子于每年孟春，率三公九卿诸侯大夫躬耕；因仍须假借他人之手才得以收获，故谓之"藉田"，就是六谷（黍、稷、稻、粱、麦、苽）。

⑥夫人蚕缫（sāo）：夫人，指诸侯正妻；缫，抽茧出丝。

⑦衣服：专指祭祀穿用的衣服。

⑧牺牲不成：祭祀所杀的牛、羊、猪等都叫"牺牲"，也叫"牲杀"；成，盛。

译文：

周霄问道："古代的君子做官吗？"

孟子答道："做官。《传》上说：'孔子要是一连几个月没有君主任用他，就焦急不安；离开一个国家，一定要带着见面礼（以便和别国国君见面）。'公明仪也说：'古代的人一连几个月没有君主任用，就要去安慰他。'"

周霄便说："一连几个月没君主任用就去安慰他，不是太性急了吗？"

孟子答道："士失掉官位，就好像诸侯失去国家。《礼》说过：'诸侯亲自参加耕种，是为了供给祭品；夫人亲自养蚕缫丝，是为了供给祭服。牛羊不肥壮，祭品不洁净，祭服不具备，不敢用来祭祀。士若没有（供祭祀用的）田地，那也不能祭祀。'牛羊、祭具、祭服不具备，不敢用来祭祀，也就不能举行宴会，这难道不应该安慰他吗？"

6.3-2 "出疆必载质，何也？"

曰："士之仕也，犹农夫之耕也；农夫岂为出疆舍其耒耜哉？"

曰："晋国亦仕国也[1]，未尝闻仕如此其急。仕如此其急也，君子之难仕，何也？"曰："丈夫生而愿为之有室，女子生而愿为之有家；父母之心，人皆有之。不待父母之命、媒妁之言，钻穴隙相窥，逾墙相从，则父母国人皆贱之。古之人未尝不欲仕也，又恶不由其道。不由其道而往者，与钻穴隙之类也[2]。"

注释：

①晋国：此处指魏国。

②与钻穴隙之类也：此句与当时句法不合，"之"或许是"者"字之讹，后者篆体上部与"之"类似。

译文：

周霄又问："离开国界一定要带上见面礼，为什么呢？"

孟子答道："士做官，就好像农民耕田；农民难道会因为越过国境线便放弃他的农具吗？"

周霄说："魏国也是一个可以做官的国家，我却没听说过找官位是这样迫不及待的。找官位既迫不及待，君子却不轻易做官，这又是为什么呢？"孟子说："男人一生下来，父母便惟愿他早有妻室；女人一生下来，父母便惟愿她早有婆家。做父母的，人人都有这样的心愿。但是，不等待父母开口，不经过媒人介绍，自己便挖墙洞、扒门缝来互相窥望，翻过墙去私会，那么，父母和举国之人都会轻视他。古代的人不是不想做官，但是又讨厌不经由合乎礼义的道路去求官。不经合乎礼义的道路而奔向仕途的，正和挖墙洞、扒门缝（翻墙去私会）的人一样。"

6.4　彭更问曰①："后车数十乘，从者数百人，以传食于诸侯②，不以泰乎？"

孟子曰："非其道，则一箪食不可受于人；如其道，则舜受尧之天下，不以为泰——子以为泰乎？"

曰："否；士无事而食，不可也。"

曰："子不通功易事，以羡补不足③，则农有余粟，女有余布；子如通之，则梓匠轮舆皆得食于子④。于此有人焉，入则孝，出则悌，守先王之道，以待后之学者，而不得食于子；子何尊梓匠轮舆而轻为仁义者哉？"

曰："梓匠轮舆，其志将以求食也⑤；君子之为道也，其志亦将以求食与？"

曰："子何以其志为哉？其有功于子，可食而食之矣。且子食志乎？食功乎？"

曰："食志。"

曰："有人于此，毁瓦画墁⑥，其志将以求食也，则子食之乎？"

曰："否。"

曰："然则子非食志也，食功也。"

注释：

①彭更：孟子弟子。

②传（zhuàn）食：犹言转食。

③羡：多余。

④梓匠轮舆：《周礼·考工记》有梓人、匠人为木工，有轮人（制车轮）、舆人（制车箱），为制车之工。

⑤志：想法。

⑥墁（màn）：本义指粉刷墙壁的工具，此处指新粉刷的墙壁。

译文：

彭更问道："跟随的车几十乘，跟从的人几百个，从这一国吃到那一国，这不太过分了吗？"

孟子答道："如果不符合大道，就是一篮子饭也不从别人那儿接受；如果符合大道，舜甚至接受了尧的天下，也不觉得过分——你以为过分了吗？"

彭更说："不是这意思。但读书人不干事，吃白饭，是不可以的。"

孟子说："你如果不在各行各业互通有无，用多余的来弥补不够的，农民就会有多余的米，妇女就会有多余的布；如果能互通有无，那么木匠、车工都能够从你那儿得到吃的。假如这里有个人，在家孝顺父母，出外尊敬兄长，严守着先王的礼法道义，来等待着后起的学者继承，却不能从你那儿得到吃的；那么，你为什么尊重木匠、车工而轻视践行仁义的士人呢？"

彭更说："木匠、车工，他们的想法不过是为了谋碗饭吃；君子践行仁义，他的想法也是为了谋碗饭吃吗？"

孟子说："你为什么非要追究想法呢？他们对你有用处，可以给他们吃的，就给他们好了。况且，你是凭想法给吃的呢，还是凭用处呢？"

彭更说："凭想法。"

孟子说："比方这里有个泥瓦工，打碎屋瓦，在新刷的墙上乱画，他的想法也是为了弄到吃的，你给他吃的吗？"

彭更说："不。"

孟子说："那么，你并不是凭想法，而是凭用处了。"

6.5-1　万章问曰[①]："宋，小国也；今将行王政，齐、楚恶而伐之，则如之何？"

孟子曰："汤居亳[②]，与葛为邻[③]，葛伯放而不祀[④]。汤使人问之曰：'何为不祀？'曰：'无以供牺牲也。'汤使遗之牛羊。葛伯食之，又不以祀。汤又使人问之曰：'何为不祀？'曰：'无以供粢盛也。'汤使亳众往为之耕，老弱馈食。葛伯率其民，要其有酒食黍稻者夺之，不授者杀之。有童子以黍肉饷，杀而夺之。《书》曰：'葛伯仇饷[⑤]。'此之谓也。"

注释：

①万章：孟子的高足。

②亳（bó）：约在今河南商丘市北，为汉时之薄县。

③葛：古国名，嬴姓，在今河南宁陵县北。

④放：放纵，放肆。

⑤葛伯仇饷：此四字为《尚书》逸篇之文。

译文：

万章问道："宋国是个小国，现在想要推行仁政，齐、楚两国却厌恶这样，要出兵讨伐它，该怎么办呢？"

孟子说："汤住在亳地，和葛国挨着；葛伯放纵无道，不祭祀祖先。汤派人去问他：'为什么不祭祀？'答道：'没有牛羊做祭品。'汤便派人送给他牛、羊。葛伯把牛、羊吃了，却不用来祭祀。汤又派人去问他：'为什么不祭祀？'答道：'没有谷物做祭品。'汤便派亳地的民众去为他们种地。老弱者给种地的人去送饭，葛伯却领着他的百姓拦住那些提着酒菜好饭的人来抢劫，谁要不给就杀谁。有个小孩去送饭和肉，葛伯杀了他，夺了饭和肉。《书经》上说'葛伯与送饭者为敌'，就是说的这事。"

6.5-2 "为其杀是童子而征之，四海之内皆曰：'非富天下也，为匹夫匹妇复雠也。''汤始征，自葛载①'，十一征而无敌于天下。东面而征，西夷怨；南面而征，北狄怨，曰：'奚为后我？'民之望之，若大旱之望雨也。归市者弗止，芸者不变，诛其君，吊其民，如时雨降。民大悦。《书》曰：'徯我后②，后来其无罚！''有攸不惟臣③，东征，绥厥士女④，篚厥玄黄⑤，绍我周王见休⑥，惟臣附于大邑周。'其君子实玄黄于篚以迎其君子，其小人箪食壶浆以迎其小人；救民于水火之中，取其残而已矣。《太誓》曰⑦：'我武惟扬，侵于之疆，则取于残⑧，杀伐用张⑨，于汤有光。'不行王政云尔，苟行王政，四海之内皆举首而望之，欲以为君；齐楚虽大，何畏焉？"

注释：

①载，开始。

②徯（xī）我后：徯，等待；后，王。

③有攸不惟臣：有攸，有所；攸，所；惟，为。

④绥厥士女：绥，安抚，安定；厥，其。

⑤篚（fěi）厥玄黄：篚，一种竹编容器，此处是用篚盛物的意思；玄黄，束帛之色，这里指布帛。

⑥休：美。

⑦《太誓》：即《泰誓》，《尚书》篇名，今已亡佚。

⑧侵于之疆，则取于残：侵于、取于，《尚书》中动词后多用一"于"字；之，此；残，残贼之人。

⑨杀伐用张：用，因而；张，展开。

译文：

"因为这小孩被杀，汤便去征讨葛伯，天下的人都说：'汤不是贪图富有天下，而是为老百姓报仇雪恨哪！'汤开始征战，即从伐葛开始，十一次征战，无往而不胜，天下没人能与之抗衡。朝东方出征，西夷怨恨；朝南方出征，北狄怨恨，都说：'为什么把我们排后边？'老百姓盼望他，就和大旱之年盼望下雨一样。（大军征战时）做买卖的照常营业，干农活的照样耘田，杀掉那个君主，抚慰那些百姓，正像及时雨落下呀，老百姓非常高兴。《书经》上说：'等待我王，王来了我们不会再遭罪！'又说：'谁敢不服从，周王便东行讨伐，来安定这地方的男男女女；他们在篚中放上黄色黑色的束帛，请求介绍和周王相见，以得到荣光，作为大周国的臣民。'官员们把黑色黄色的束帛装满筐子来迎接，老百姓提着饭篮和酒壶来迎接，都只为周王出征是把人们从水深火热中拯救出来，要除掉那残暴的君主。《泰誓》上说：'我们的威武要发扬，攻到商纣的疆土上，杀掉那凶狠的豺狼，把该死的砍个精光，这功绩比汤还辉煌。'不实行王政便罢了，如果实行王政，天下的人都要抬起头来盼望，要拥护他来做君主；齐国、楚国纵然是庞然大物，又怕什么呢？"

6.6 孟子谓戴不胜曰①："子欲子之王之善与②？我明告子。有楚大夫于此，欲其子之齐语也，则使齐人傅诸③，使楚人傅诸？"

曰："使齐人傅之。"

曰："一齐人傅之，众楚人咻之④，虽日挞而求其齐也，不可得矣；引而置之庄岳之间数年⑤，虽日挞而求其楚，亦不可得矣。子谓薛居州，善士也，使之居于王所。在于王所者，长幼卑尊皆薛居州也，王谁与为不善⑥？在王所者，长幼卑尊皆非薛居州也，王谁与为善？一薛居州，独如宋王何⑦？"

注释：

①戴不胜：宋臣。

②之善：走向善道；之，走向，到……去。

③诸："之乎"的合音。

④咻：吼。

⑤庄岳：庄，街名；岳，里名。

⑥王谁与为不善：王与谁为不善，王和谁一道干不善之事。

⑦独：难道。

译文：

孟子对戴不胜说："你想你的君王学好吗？我明白告诉你。这里有位楚国的大臣，希望他儿子会说齐国话，那么，找齐国人来教呢，还是找楚国人来教呢？"

答道："找齐国人来教。"

孟子说："一个齐国人教他，却有许多楚国人在边上叽叽喳喳，就算你每天用鞭子抽他，逼他说齐国话，也做不到；但假如把他带到临淄城里的庄街、岳里住上几年，就算你每天用鞭子抽他，逼他再说楚国话，那也做不到了。你说薛居州是个好人，要他住在王宫里（影响王，使王学好）。假如住在王宫里的人，不论大的小的，贱的贵的，都是薛居州那样的好人，那王跟谁去干坏事呢？假如住在王宫里的人，不论大的小的，贱的贵的，都是和薛居州相反的人，那王又跟谁去干好事呢？一个薛居州，难道能把宋王怎么样吗？"

6.7 公孙丑问曰："不见诸侯何义？"

孟子曰："古者不为臣不见。段干木逾垣而辟之①，泄柳闭门而不纳，是皆已甚；迫，斯可以见矣。阳货欲见孔子而恶无礼②，大夫有赐于士③，不得受于其家，则往拜其门。阳货瞰孔子之亡也④，而馈孔子蒸豚；孔子亦瞰其亡也，而往拜之。当是时，阳货先，岂得不见？曾子曰：'胁肩谄笑⑤，病于夏畦⑥。'子路曰：'未同而言，观其色赧赧然⑦，非由之所知也⑧。'由是观之，则君子所养，可知已矣。"

注释：

①段干木：姓段，名干木，魏文侯时贤者。

②阳货欲见（xiàn）孔子：事见《论语·阳货》。"见"，阳货欲令孔子来见的意思。

③大夫：阳货为鲁正卿季氏之宰（总管），为"大夫级"；其时孔子在野，故称"士"。

④瞰：窥伺。

⑤胁肩谄笑：胁肩，即竦体，故作恭敬之状；谄笑，献媚地笑。

⑥畦（xī）：灌园，浇水。

⑦赧（nǎn）赧然：因惭愧而脸红的样子。

⑧非由之所知：由，子路字仲由；这是一句表示很厌恶的婉转语。

译文：

公孙丑问道："不去谒见诸侯，是什么道理？"

孟子说："古代，一个人如果不是诸侯的臣属，就不去谒见。（从前魏文侯去看段干木）段干木却跳过墙去躲开他，（鲁缪公去看泄柳）泄柳却紧闭大门不加接纳，这些都做得太过分；迫不得已，也可以相见。阳货想要孔子来看望他，又不愿自己失礼，（径自召唤，便利用了）大夫对士有所赏赐，士如果当时不在家，不能亲自接受并拜谢，便要亲自去大夫家答谢（这一礼节）。阳货打听到孔子外出的时候，给他送去一只蒸小猪；孔子也探听到阳货不在家，才去答谢。在那时候，阳货若是（不玩花样）先去看望孔子，孔子哪会不去看望他？曾子说：'肩膀抬得高高，满脸谄媚地笑，比那大热天浇菜地还让人吃不消。'子路说：'分明不想和这种人谈话，却要勉强应付几句，脸上又显出惭愧的表情，我可弄不懂这些。'从这一点来看，君子如何保持自己的操守，就可以晓得了。"

105

6.8　戴盈之曰^①："什一，去关市之征，今兹未能^②，请轻之，以待来年，然后已，何如？"

孟子曰："今有人日攘其邻之鸡者^③，或告之曰：'是非君子之道^④。'曰：'请损之，月攘一鸡，以待来年，然后已。'——如知其非义，斯速已矣，何待来年？"

注释：

①戴盈之：宋大夫。

②今兹：现在、目前。

③攘（rǎng）：盗窃。

④是非君子之道：这不是君子之道；是，此。

译文：

戴盈之说："税率定为1/10，撤除关卡和市场的赋税，目前还不能完全做到，想先减轻一些，等到明年再完全实行，怎么样？"

孟子说："如今有个人每天偷邻居一只鸡，有人告诉他说：'这不是正人君子所该做的。'他便说：'请让我减少一点，先每个月偷一只，等到明年，再洗手不干。'——如果明白这样做不合道义，就赶快住手得了，为什么要等到明年呢？"

6.9－1　公都子曰^①："外人皆称夫子好辩，敢问何也？"

孟子曰："予岂好辩哉？予不得已也。天下之生久矣，一治一乱。当尧之时，水逆行，泛滥于中国，蛇龙居之，民无所定；下者为巢，上者为营窟^②。《书》曰：'洚水警余^③。'洚水者，洪水也。使禹治之。禹掘地而注之海，驱蛇龙而放之菹^④；水由地中行，江、淮、河、汉是也。险阻既远，鸟兽之害人者消，然后人得平土而居之。

"尧舜既没，圣人之道衰，暴君代作^⑤，坏宫室以为污池，民无所安息；弃田以为园囿，使民不得衣食。邪说暴行又作^⑥，园囿、污池、沛泽多而禽兽至。及纣之身，天下又大乱。周公相武王诛纣，伐奄三年讨其君，驱飞廉于海隅而戮之^⑦，灭国者五十，驱虎、豹、犀、象而远之，天下大悦。《书》曰：'丕显哉，文王谟！丕承者，武王烈！佑启我后人，咸以正无缺^⑧。'"

译文：

公都子说："别人都说您喜欢辩论，请问，这是为什么？"

孟子说："我难道喜欢辩论吗？我是迫不得已呀。自从有人类以来，已经很久了，总是太平一阵子，又混乱一阵子。当唐尧的时候，洪水倒流，到处泛滥，大地成为蛇和龙的乐土，人们却无处安身。低处的人们在树上搭巢，高处的人们便挖相连的洞窟。《书经》说：'洚水警告我们。'洚水就是洪水。命令禹来治理，禹疏通河道，把水引向大海，把蛇和龙都赶回草泽中；水在河床中流动，长江、淮河、黄河、汉水便是这样。危险既已远去，害人的野兽也无影无踪，人们才能够在平原上居住。

"尧、舜死了以后，圣人之道衰微，残暴的君主不断出现。他们毁掉民居来挖掘池塘，使百姓无处安身；毁坏良田来营造园林，使百姓不得衣食。荒谬的学说、残暴的行为随之兴起，园林、深池、大沼泽多了，禽兽也随之而至。到商纣的时候，天下又大乱了起来。周公辅佐武王，诛杀了纣王；又经过3年征战讨伐奄国，诛杀了奄君；并把飞廉驱赶到海边，把他也杀了。被灭掉的国家有50多个，同时，把老虎、豹子、犀牛、大象驱赶得远远的，天下的百姓都非常高兴。《书经》说过：'伟大而光明，是文王的谋略！接续这光明，是武王的功烈！启发诱导我们后来人，让大家没有缺点都正确。'"

6.9-2 "世衰道微，邪说暴行有作，臣弑其君者有之，子弑其父者有之。孔子惧，作《春秋》。《春秋》，天子之事也；是故孔子曰：'知我者其惟《春秋》乎！罪我者其惟《春秋》乎！'

"圣王不作，诸侯放恣，处士横议①，杨朱、墨翟之言盈天下②。天下之言不归杨，则归墨。杨氏为我，是无君也；墨氏兼爱，是无父也。无父无君，是禽兽也。公明仪曰：'庖有肥肉，厩有肥马；民有饥色，野有饿莩，此率兽而食人也。'杨、墨之道不息，孔子之道不著③，是邪说诬民，充塞仁义也。仁义充塞，则率兽食人，人将相食。吾为此惧，闲先圣之道④，距杨、墨，放淫辞，邪说者不得作。作于其心，害于其事；作于其事，害于其政。圣人复起，不易吾言矣。"

注释：

①处士：不当官而居于家中的士。

②杨朱、墨翟：杨朱事略见《庄子》及《淮南子》诸书；墨翟，鲁人，或云宋人，其学说见于《墨子》一书。

③著：显露，显出，显现。

④闲：门销，引申为捍卫义。

译文：

"世道逐渐衰微，荒谬的学说、残暴的行为又起来了：有臣子杀了君主的，有儿子杀了父亲的。孔子害怕王道湮灭，于是创作《春秋》一书。创作《春秋》这样的史书（褒扬善的，指斥恶的），本是天子的职责（孔子不得已而做了）。所以孔子说：'了解我的，恐怕只是通过《春秋》吧！怪罪我的，恐怕也只是通过《春秋》吧！'

"（自那以后）圣王也没再出现，诸侯肆无忌惮，一般士人也胡乱议论，杨朱、墨翟的言论遍及天下。于是所有的主张不属杨朱一派，就是墨翟一流。杨朱派主张一切为自己，这便是目无君上；墨翟派主张爱要一视同仁，这便是目无父母。无视父母和君上，这便成了禽兽。公明仪说过：'厨房里有肥美的肉，马厩里有健壮的马；老百姓却面色腊黄，野外躺着饿死者的尸体，这就是率领着禽兽来吃人。'杨朱、墨翟的言论不消除，孔子的学说就没法发扬光大。这便是荒谬的学说欺骗了百姓，从而阻塞了仁义的大道。仁义之道被阻塞，那岂止是率领着禽兽吃人，人们也将互相吞噬了。我害怕这恐怖景象竟成为现实，便出来捍卫古代圣人的真理，反对杨、墨的谬说，驳斥错误的言论，使谬论邪说不能抬头。荒谬的念头，从心底萌发，便会危害工作；危害了工作，也就危害了国政。即使圣人再度兴起，也会同意我这话的。"

6.9-3 "昔者禹抑洪水而天下平，周公兼夷狄，驱猛兽而百姓宁，孔子成《春秋》而乱臣贼子惧。《诗》云：'戎狄是膺，荆舒是惩，则莫我敢承①。'无父无君，是周公所膺也。我亦欲正人心，息邪说，距诐行②，放淫辞，以承三圣者；岂好辩哉？予不得已也。能言距杨墨者，圣人之徒也。"

注释：

①承：抵御。

②诐（bì）行：邪僻之行。

译文：

"从前大禹控制了洪水，天下才得到太平；周公兼并了夷狄，赶跑了猛兽，百姓才得到安宁；孔子写成了《春秋》，叛臣和逆子便有所畏惧。《诗经》说：'攻击戎狄，惩罚荆舒，就所向无敌。'无视父母君上的人，正是周公所要惩罚的。我也要端正人心，熄灭邪说，反对偏颇的行为，排斥荒唐的言论，以继承大禹、周公、孔子三位圣人的事业。我难道喜欢辩论吗？我是迫不得已呀。能够以言论来反对杨、墨的，也就是圣人的门徒了。"

6.10-1 匡章曰①："陈仲子岂不诚廉士哉②？居於陵③，三日不食，耳无闻，目无见也。井上有李，螬食实者过半矣④，匍匐往，将食之⑤；三咽，然后耳有闻，目有见。"

孟子曰："于齐国之士，吾必以仲子为巨擘焉⑥。虽然，仲子恶能廉？充仲子之操，则蚓而后可者也。夫蚓，上食槁壤⑦，下饮黄泉⑧。仲子所居之室，伯夷之所筑与？抑亦盗跖之所筑与⑨？所食之粟，伯夷之所树与？抑亦盗跖之所树与？是未可知也。”

注释：

①匡章：齐人，孟子的朋友；为齐将，率兵御秦，大败之；又曾统兵取燕。

②陈仲子：也就是"於陵仲子"。

③於陵：当在今山东邹平县东南，距临淄约二百里。

④井上有李，螬食实者过半矣：井上，井边；李，指李树，不是指李子；螬，蛴螬，金龟子。

⑤将：拿着。

⑥巨擘：大拇指。

⑦槁壤：沃土。

⑧黄泉：地下的泉水。

⑨盗跖：春秋时有名的大盗，柳下惠的兄弟。

译文：

匡章说："陈仲子难道不真是个廉洁之士吗？住在於陵，三天没吃东西，耳朵听不见了，眼睛看不见了。井边上有棵李树，已被金龟子吃掉了一半多果实；他爬过去，摘下来吃，咽了几口，耳朵才听见，眼睛才看见。"

孟子说："在齐国人士中，我一定要把仲子当作大拇指。但是，他又怎么能真做到廉洁？要推广他的这种操守，那只有把人变成蚯蚓才行。那蚯蚓，吃着地面上的沃土，喝着地底下的黄泉（算是廉洁到极点了）。但仲子所住的房屋，是伯夷所盖的呢，还是盗跖所盖的呢？他所吃的谷米，是伯夷所种的呢，还是盗跖所种的呢？这个却是不知道的。"

6.10-2 曰："是何伤哉？彼身织屦，妻辟纑①，以易之也。"

曰："仲子，齐之世家也；兄戴，盖禄万钟②；以兄之禄为不义之禄而不食也，以兄之室为不义之室而不居也，辟兄离母③，处于於陵。

他日归，则有馈其兄生鹅者，已频顣曰④：'恶用是鶃鶃者为哉⑤？'他日，其母杀是鹅也，与之食之⑥。其兄自外至，曰：'是鶃鶃之肉也。'出而哇之。以母则不食，以妻则食之；以兄之室则弗居，以於陵则居之，是尚为能充其类也乎？若仲子者，蚓而后充其操者也。"

注释：

①辟纑（lù）：辟，绩麻；纑，练麻。

②盖（gě）：地名，为陈戴采邑。

③辟：同"避"。

④频顣：频，同"颦"，皱眉；顣，同"蹙"，缩鼻；频顣是做出很不高兴的样子。

⑤鶃鶃：鹅叫声。

⑥与之食之：与他一道吃鹅。不是"给他吃它（鹅）"的意思，要表示后一意思，通常做"食（sì）之"；如果是"给他吃的"，则为"与之食"。

译文：

匡章说："那有什么关系呢？他亲自编草鞋，他妻子绩麻练麻，用这些换来的。"

孟子说："仲子是齐国的世家大族，他哥哥陈戴从盖邑收入的俸禄便有几万石之多。他却认为哥哥的俸禄是不义之物，不去吃它；认为哥哥的住宅是不义之产，不去住它。他避开哥哥，远离母亲，住在於陵那地方。有一天回家，恰巧有一个人来送给他哥哥一只活鹅，他皱着眉头说：'要这种呃呃叫的东西干什么？'另一天，他母亲杀了这只鹅，煮熟和他一道吃了。恰好他哥哥从外面回家，便说：'这就是那呃呃叫的东西的肉哇。'他便跑出门去，呕吐了出来。母亲做的东西不吃，却吃妻子做的，哥哥的房子不住，却住在於陵，这能算是推广廉洁之义到达极点了吗？像仲子的这种操守，若要加以推广，只有把人变成蚯蚓才行。"

离娄章句上（凡二十八章）

7.1－1　孟子曰："离娄之明①，公输子之巧②，不以规矩，不能成方圆；师旷之聪③，不以六律④，不能正五音⑤；尧舜之道，不以仁政，不能平治天下。今有仁心仁闻而民不被其泽⑥，不可法于后世者，不行先王之道也。故曰：徒善不足以为政，徒法不能以自行。《诗》云：'不愆不忘，率由旧章⑦。'遵先王之法而过者，未之有也。"

注释：

①离娄：《庄子》作"离朱"，相传为黄帝时人，目力极强，能于百步之外望见秋毫之末。

②公输子：名般，一作班，鲁国人，因之又叫"鲁班"，是著名巧匠。

③师旷：晋平公的首席音乐家，盲人。

④不以六律：以，用；六律，分别为太簇、姑洗、蕤宾、夷则、无射、黄钟；相传黄帝时伶伦截竹为筒，以筒之长短分别声音之清浊高下，乐器之音即依此以为准则。

⑤五音：中国古代音阶之名，即宫、商、角、徵、羽，分别相当于现在的do、re、mi、so、la。

⑥闻（wèn）：声誉。

⑦不愆两句：见《诗经·大雅·假乐》；愆，错误；率，遵循。

译文：

孟子说："即使有离娄的视力、公输般的手艺，如果不用圆规和曲尺，也不能画好圆和方；即使有师旷的听力，如果不用六律，也不能校正五音。即使有尧舜之道，如果不行仁政，也不能治理好天下。现在有些诸侯，虽然心地仁慈、声名远播，但是老百姓却感受不到他的恩惠，他的治国理政也不能成为后世的楷模，这都是由于不贯彻实行前代圣王之道的缘故。所以说，光有颗善心，不足以治国理政；光有好办法，它自己也不会贯彻实行（必须两者都有）。《诗经》上说：'不出错，不遗忘，都按既定方针办。'依循前代圣王的法度而犯错误的，是从来没有过的。"

7.1-2 "圣人既竭目力焉，继之以规矩准绳，以为方员平直①，不可胜用也；既竭耳力焉，继之以六律正五音，不可胜用也；既竭心思焉，继之以不忍人之政，而仁覆天下矣。故曰，为高必因丘陵，为下必因川泽；为政不因先王之道，可谓智乎？是以惟仁者宜在高位。不仁而在高位，是播其恶于众也。上无道揆也②，下无法守也，朝不信道，工不信度③，君子犯义，小人犯刑，国之所存者幸也。

"故曰，城郭不完⑤，兵甲不多，非国之灾也；田野不辟④，货财不聚，非国之害也。上无礼，下无学，贼民兴，丧无日矣。《诗》曰：'天之方蹶，无然泄泄⑥。'泄泄犹沓沓也。事君无义，进退无礼，言则非先王之道者⑦，犹沓沓也。故曰，责难于君谓之恭，陈善闭邪谓之敬，吾君不能谓之贼。"

注释：

①以为方员平直：以之为方圆平直，用它们（指上文的规、矩、准、绳）来做方的、圆的、平的、直的各种器物；介词"以"的宾语常不出现；为，做。

②揆：度，规范。

③度：尺度。

④完：坚固。

⑤辟：开辟。

⑥"天之方蹶"两句：见《诗经·大雅·板》；蹶，动；泄泄，《说文》作"呭呭"，又作"詍詍"，都是"多言"的意思。

⑦非：否定。

译文：

"圣人既已用尽了视力，又用圆规、曲尺、绳墨来制造方的、圆的、平的、直的各种器物，各种器物就用之不尽了；圣人既已用尽了听力，又用六律来校正五音，各种音阶也就运用无穷了；圣人既已用尽了脑力，又实行仁政，那么，仁德便广被天下了。所以说，就像筑高台一定要依靠山陵，挖深池一定要依赖沼泽那样，治国理政不依靠前代圣王之道，能说是聪明吗？因此，只有仁人应该处于统治地位。而不仁的人处于统治地位，就会把他的罪恶扩散给群众。在上的没有道德规范，在下的没有法律制度，朝廷不相信道义，工匠不相信尺度，官吏触犯义理，百姓触犯刑法，这样的国家还能勉强存在的，真是太侥幸了。

"所以说，城墙不坚固，军备不充足，不是国家的灾难；田野没开辟，经济不富裕，不是国家的祸害；但如果在上的人没有礼义，在下的人没有教育，违法乱纪的百姓都起来了，离国家灭亡的日子也就没几天了。《诗经》上说：'上天正在动，闭嘴莫起哄！'嘴巴起哄就是喋喋不休的意思。侍奉君上无忠义之心，举止进退失礼仪之节，一说话便诋毁前代圣人之道，这样便是'喋喋不休'。所以说，用尧舜之道来要求君主才叫做'恭'；向君主宣讲仁义，堵塞异端，这才叫'敬'；如果认为自己的君主不能向善而有所作为，这便是'贼'。"

7.2　孟子曰："规矩，方员之至也①；圣人，人伦之至也。欲为君，尽君道；欲为臣，尽臣道。二者皆法尧舜而已矣。不以舜之所以事尧事君，不敬其君者也；不以尧之所以治民治民，贼其民者也。孔子曰：'道二，仁与不仁而已矣。'暴其民甚，则身弑国亡；不甚，则身危国削，名之曰'幽''厉'②，虽孝子慈孙，百世不能改也。《诗》云：'殷鉴不远，在夏后之世③。'此之谓也。"

注释：

①至：极。

②幽、厉：周朝有幽王和厉王，是昏君、暴君的代表。

③"殷鉴"两句：见《诗经·大雅·荡》；古代镜子是用铜铸的，叫做"鉴"。

译文：

孟子说："圆规和曲尺是方圆的极致，圣人是为人的极致。要做君主，就要尽君主之道；要做臣子，就要尽臣子之道。这两者都只要效法尧和舜就行了。不像舜服事尧那样服事君上，便是对君主的不恭敬；不像尧治理百姓那样治理百姓，便是对老百姓的残害。孔子说：'治理国家无非二者，行仁政或不行仁政罢了。'暴虐百姓太过分，那君主便会被臣下所杀，国家也将随之灭亡；不太过分，君主也岌岌可危，国力也将随之削弱，死了也将谥为'幽''厉'，即使他有孝子贤孙，经历一百代也背着个坏名声而不能更改。《诗经》说过：'殷商的镜子离它不远，就是前一代的夏朝。'说的正是这个意思。"

7.3　孟子曰："三代之得天下也以仁，其失天下也以不仁。国之所以废兴存亡者亦然。天子不仁，不保四海；诸侯不仁，不保社稷；卿大夫不仁，不保宗庙①；士庶人不仁，不保四体。今恶死亡而乐不仁，是犹恶醉而强酒②。"

注释：

①宗庙：卿大夫有采邑然后有宗庙，所以这宗庙实指采邑而言。
②强（qiǎng）：勉强。

译文：

孟子说："夏、商、周三代获得天下是由于仁，它们失去天下是由于不仁。国家的兴起和衰败，生存和灭亡也是如此。天子如果不仁，便不能保有天下；诸侯如果不仁，便不能保有国家；卿大夫如果不仁，便不能保有他的祖庙；士和百姓如果不仁，便不能保全他们的身体。现在有的人怕死却乐于不仁，就好比怕醉却勉为其难喝酒一样。"

7.4　孟子曰："爱人不亲，反其仁；治人不治，反其智；礼人不答，反其敬——行有不得者皆反求诸己，其身正而天下归之。《诗》云：'永言配命，自求多福。'"

译文：

孟子说："我爱别人，别人却不亲近我，便反问自己仁爱是否足够；我管理别人，却没管理好，便反问自己知识智慧是否足够；我礼貌待人，可人家却不怎么搭理，便反问自己恭敬是否到了家。任何事情没有达到预期的效果都要反躬自问。自己确实端正了，天下的人都会归附于他。《诗经》说得好：'万岁啊，与天意相配的周朝！幸福都得自己寻找。'"

7.5　孟子曰："人有恒言，皆曰'天下国家'。天下之本在国，国之本在家，家之本在身。"

译文：

孟子说："大家有句口头禅，都说'天下国家'。可见天下的基础是国，国的基础是家，而家的基础则是每个人。"

7.6　孟子曰："为政不难，不得罪于巨室①。巨室之所慕，一国慕之；一国之所慕，天下慕之；故沛然德教溢乎四海。"

注释：

①巨室：贤卿大夫之家。

译文：

孟子说："治国理政并不难，只是不要得罪贤明的卿大夫。因为他们所念念不忘的，国人都会念念不忘；国人所念念不忘的，天下人都会念念不忘，这样德教才会汹涌澎湃席卷天下。"

7.7－1　孟子曰："天下有道，小德役大德①，小贤役大贤；天下无道，小役大，弱役强。斯二者，天也。顺天者存，逆天者亡。齐景公曰：'既不能令，又不受命，是绝物也。'涕出而女于吴②。"

注释：

①小德役大德：即"小德役于大德"之意。下三句同。

②女：去声，嫁的意思。

译文：

孟子说："政治清明的时候，道德不高的人被道德高的人管理，不太贤能的人被非常贤能的人管理；政治黑暗的时候，便是小的被大的管理，弱的被强的管理。这两种情况，都取决于天。顺天者存，逆天者亡。齐景公说过：'既不能发号施令，又不能安然受命，便只有绝路一条。'因此流着眼泪把女儿嫁到吴国去了。"

7.7－2 "今也小国师大国而耻受命焉，是犹弟子而耻受命于先师也。如耻之，莫若师文王。师文王，大国五年，小国七年，必为政于天下矣。《诗》云①：'商之孙子，其丽不亿②。上帝既命，侯于周服③。侯服于周，天命靡常④。殷士肤敏⑤，祼将于京⑥。'孔子曰：'仁不可为众也⑦。夫国君好仁，天下无敌。'今也欲无敌于天下而不以仁，是犹执热而不以濯也⑧。《诗》云：'谁能执热，逝不以濯⑨？'"

注释：

①《诗》云：见《诗经·大雅·文王》。

②其丽不亿：丽，数；亿，10 万。

③侯：语气副词，无实义。

④靡（mǐ）：无。

⑤肤：美也。

⑥祼将于京：祼，亦作"灌"，古代祭祀中的一种仪节，把酒倒在地上以迎接鬼神；将，助；京，周都城镐京，遗址在今陕西西安市。

⑦仁不可为众也：这话颇不好懂；赵岐注："孔子云：'行仁者，天下之众不能当也。'"姑从之。

⑧不以濯（zhuó）：不以之濯，不拿手去洗；濯，洗，这里指在凉水里浸泡或在凉水下冲。

⑨谁能执热，逝不以濯：见《诗经·大雅·桑柔》；逝，句首语气词，无实义。

译文：

"如今小国以大国为师，却以听命于人为耻，这就好比学生以听命于老师为耻一样。如果真以为耻，最好师法文王。师法文王，大国只要 5 年，小国只要 7 年，就一定可以号令天下了。《诗经》说过：'商代的子孙，其数已经不到 10 万。他们只好臣服于周啊，因为上帝已经授命武王。只好臣服于周啊，因为天意总是无常。酹酒于地助祭于周京啊，殷国的士子个个聪明漂亮。'孔子也说过：'仁德的力量，人多势众也抵挡不了。君主如果爱好仁，就将无敌于天下。'如今有些诸侯一心只想无敌于天下，却又不行仁政，这就好比苦于暑热却不肯洗澡一样。《诗经》上说：'人谁不怕热烘烘，却又不肯水下冲？'"

7.8　孟子曰："不仁者可与言哉？安其危而利其菑①，乐其所以亡者。不仁而可与言，则何亡国败家之有？有孺子歌曰：'沧浪之水清兮②，可以濯我缨③；沧浪之水浊兮，可以濯我足。'孔子曰：'小子听之，清斯濯缨，浊斯濯足矣。自取之也。'夫人必自侮，然后人侮之；家必自毁，而后人毁之；国必自伐，而后人伐之。《太甲》曰：'天作孽，犹可违；自作孽，不可活。'此之谓也。"

注释：

①安其危而利其菑（zāi）：对他人之危安之若素，以他人之灾为己之利；安、利在此均为意动用法；菑，通"灾"。

②沧浪：水名。

③缨：系帽的丝带。

译文：

孟子说："不仁的人难道可以同他商议吗？见别人有危险，他无动于衷；见别人遭了灾，他趁火打劫；别人亡国败家的惨祸，他把旁观当享受。假如不仁的人还可以同他商议，那世上又如何会有亡国败家的惨祸呢？从前有个小孩歌唱道：'沧浪的水清啊，可以洗我的帽缨；沧浪的水浊啊，可以洗我的双足。'孔子说：'同学们听好了！水清就洗帽缨，水浊就洗双足，其实招致什么结果取决于每个人自己。'所以人必先有自取其辱的行为，别人才侮辱他；家必先有自取毁坏的因素，别人才毁坏它；国必先有自取讨伐的原因，别人才讨伐它。《书经·太甲》说：'天造作的罪孽，还可以逃掉；自己造作的罪孽，却无处可逃。'正是这个意思。"

7.9-1　孟子曰："桀纣之失天下也，失其民也；失其民者，失其心也。得天下有道，得其民斯得天下矣；得其民有道，得其心斯得民矣；得其心有道，所欲与之聚之①，所恶勿施尔也②。"

注释：

①所欲与之聚之：民之所欲，为之积聚之。第一个"之"，指"民"；第二个"之"，指民之"所欲"。与，为（wèi）。

②尔也：二合语气词，如此罢了。

译文：

孟子说："桀和纣丧失天下，是由于失去了老百姓；失去了老百姓，是由于失去了民心。获得天下有方法：得到了老百姓，就得到天下了；获得老百姓有方法，赢得了民心，就得到老百姓了；赢得民心也有方法，他们所希望的，替他们聚积起来，他们所厌恶的，不要加在他们头上，如此罢了。"

7.9-2　"民之归仁也，犹水之就下，兽之走圹也①。故为渊驱鱼者，獭也②；为丛驱爵者，鹯也③；为汤武驱民者，桀与纣也。今天下之君有好仁者，则诸侯皆为之驱矣。虽欲无王，不可得已。今之欲王者，犹七年之病求三年之艾也④。苟为不畜，终身不得。苟不志于仁，终身忧辱，以陷于死亡。《诗》云：'其何能淑，载胥及溺⑤。'此之谓也。"

注释：

①圹：同"旷"，旷野。

②獭（tǎ）：水獭，一种动物。

③为丛驱爵者，鹯（zhān）也：爵，同"雀"；鹯，一种鹰鹯类猛禽。

④三年之艾：艾，用以灸穴位者，据说愈陈则疗效愈佳。

⑤"其何能淑"两句：见《诗经·大雅·桑柔》；淑，善；胥，都；及，与。

译文：

"老百姓的归向仁政，就如同水流向下游，兽奔向旷野一样。所以，为深潭把鱼赶来的是水獭，为森林把鸟雀赶来的是鹯鹰，为商汤、周武王把百姓赶来的，就是桀和纣了。当今天下的君主中如有好施仁政的，那其他诸侯都会为他把百姓赶来的。即使他不想用仁政一统天下，也是办不到的。不过如今这些希望用仁政一统天下的人，就比如害了7年的痼疾，要寻求3年的陈艾来医治；平时若不积蓄它，（急来抱佛脚，便会导致一病不起，就等于）终身都不会得到。（同理）如果不立志于施行仁政，便将终身沉溺于忧患与屈辱，直到陷入或死去或逃亡的深渊。《诗经》上说：'那如何能办得好，全都落水淹死了。'正是说的这个。"

7.10　孟子曰："自暴者①，不可与有言也；自弃者，不可与有为也②。言非礼义③，谓之自暴也；吾身不能居仁由义，谓之自弃也。仁，人之安宅也；义，人之正路也。旷安宅而弗居，舍正路而不由，哀哉！"

注释：

①暴：害。

②不可与有言、不可与有为：不可与之有言，不可与之有为；介词"与"的宾语未出现。有言、有为，均应看做固定词组；有言，"有善言"之意；"有为"亦作"有行"，"有所作为"之意。

③非：诋毁。

译文：

孟子说："自己摧残自己的人，不能和他讲什么大道理；自己抛弃自己的人，不能和他做什么大事情。开口便非议礼义，这便叫做自己摧残自己；认为自己不能以仁居心，不能践行道义，这便叫做自己抛弃自己。'仁'是人类最安稳的宅子，'义'是人类最正确的道路。空着最安稳的宅子不去住，放弃最正确的道路不去走，可悲呀！"

7.11　孟子曰："道在迩而求诸远①，事在易而求诸难。人人亲其亲，长其长，而天下平。"

注释：

①迩：近。

译文：

孟子说："（怕就怕）真理在近处却往远处求，事情本容易却往难处做。只要人人都亲爱自己的父母，尊敬自己的长辈，天下就太平了。"

7.12　孟子曰："居下位而不获于上①，民不可得而治也。获于上有道，不信于友，弗获于上矣。信于友有道，事亲弗悦，弗信于友矣。悦亲有道，反身不诚，不悦于亲矣。诚身有道，不明乎善，不诚其身矣。是故诚者，天之道也；思诚者，人之道也。至诚而不动者，未之有也；不诚，未有能动者也。"

注释：

①获于上：获得上级信任。

译文：

孟子说："职位低下，又得不到上级的信任，百姓是不可能治理好的。要得到上级的信任，是有方法的：得不到朋友的信任，也就不能让上级信任了。要使朋友信任，也是有方法的：侍奉父母不能让他们高兴，也就不能让朋友信任了。让父母高兴，也是有方法的：若自我反省孝心不诚，也就不能让父母高兴了。要让孝心出之于诚，也是有方法的：不明白什么是善，也就不能让孝心出之于诚了。所以诚是天定的道理，追求诚是做人的道理。出于至诚而不能打动人心，是从来没有过的事；而不诚心，是不能打动人心的。"

7.13　孟子曰："伯夷辟纣，居北海之滨①，闻文王作兴②，曰：'盍归乎来③！吾闻西伯善养老者④。'太公辟纣，居东海之滨⑤，闻文王作兴，曰：'盍归乎来，吾闻西伯善养老者。'二老者，天下之大老也，而归之，是天下之父归之也。天下之父归之，其子焉往？诸侯有行文王之政者，七年之内，必为政于天下矣。"

注释：

①北海之滨：在今河北昌黎县西北。
②作兴：兴起。
③来：句末语气词，无实义。
④西伯：即周文王。
⑤东海之滨：在今山东莒县东；太公，姓姜名尚。

译文：

孟子说："伯夷避开纣王，住在北海边上，听说文王兴起来了，便说：'何不到西伯那里去呢！我听说他是善于赡养老者的人。'姜太公避开纣王，住在东海边上，听说文王兴起来了，便说：'何不到西伯那里去呢！我听说他是善于赡养老者的人。'这两位老人，是声名卓著于天下的老人；他们归向西伯，这等于天下的父亲都归向西伯了。天下的父亲归向西伯，他们的儿子去哪里呢？如果诸侯中有践行文王的政治的，顶多7年，就一定能治理天下了。"

7.14　孟子曰："求也为季氏宰，无能改于其德，而赋粟倍他日。孔子曰：'求非我徒也，小子鸣鼓而攻之可也①。'由此观之，君不行仁政而富之，皆弃于孔子者也，况于为之强战？争地以战，杀人盈野；争城以战，杀人盈城，此所谓率土地而食人肉，罪不容于死。故善战者服上刑②，连诸侯者次之③，辟草莱、任土地者次之④。"

注释：

①"求也为季氏宰"诸句：其史实可参《论语·先进》《左传》哀公十一年；求：冉求，字子有，孔子弟子。

②上刑：重刑。

③连诸侯：连结诸侯，如苏秦、张仪之流。

④辟草莱、任土地：辟，开垦；任土地，谓分土授民；不过孟子所反对者，是统治者为谋私利，驱使百姓背井离乡，奔波路途。

译文：

孟子说："冉求当了季康子的总管，不能改变他的作风，田赋反而两倍于从前。孔子说：'冉求不再是我的学生，同学们可以大张旗鼓地攻击他。'从这事看来，君主不实行仁政，而去帮助他搜刮财富的人，都是孔子所唾弃的；何况为那不仁之君努力作战的人呢？（这些人）为争夺土地而战，杀得尸横遍野；为争夺城池而战，满城血海尸山，这就叫做带领着土地来吃人肉，死了也赎不了他们的罪。所以能征善战者应该受最重的刑罚，鼓吹合纵连横者该受次一等的刑罚，（为了替君主搜刮财富而让百姓背井离乡去）开垦草莽以尽地利的人该受再次一等的刑罚。"

7.15　孟子曰："存乎人者，莫良于眸子①。眸子不能掩其恶。胸中正，则眸子瞭焉②；胸中不正，则眸子眊焉③。听其言也，观其眸子，人焉廋哉^④?"

注释:

①眸子:瞳仁。

②瞭:明。

③眊(mào):蒙蒙目不明之貌。

④廋(sōu):隐匿,躲藏。

译文:

孟子说:"一个人身上存于内而表现于外的,没有哪一处好过他的眼睛。眼睛不能掩盖一个人丑恶的灵魂。心正,眼睛就明亮;心不正,眼睛就昏暗。听一个人说话的时候,观察他的眼睛,这人的善恶能躲到哪里去呢?"

7.16 孟子曰:"恭者不侮人,俭者不夺人。侮夺人之君,惟恐不顺焉,恶得为恭俭? 恭俭岂可以声音笑貌为哉?"

译文:

孟子说:"恭敬别人的人不会侮辱别人,节俭的人不会掠夺别人。侮辱人、掠夺人的诸侯,生怕别人不顺从自己,又如何能做到恭敬节俭? 恭敬和节俭难道可以靠甜言蜜语和笑容装扮出来吗?"

7.17 淳于髡曰^①:"男女授受不亲,礼与?"

孟子曰:"礼也。"

曰:"嫂溺,则援之以手乎?"

曰:"嫂溺不援,是豺狼也^②。男女授受不亲,礼也;嫂溺援之以手者,权也^③。"

曰:"今天下溺矣,夫子之不援,何也?"

曰:"天下溺,援之以道;嫂溺,援之以手——子欲手援天下乎?"

注释:

①淳于髡(kūn):姓淳于,名髡,齐国人,曾仕于齐威王、宣王和梁惠王之朝。

②嫂溺不援,是豺狼也:嫂子掉在水里,不施以援手,这是豺狼行

径；是，略同于"此"；先秦汉语不用联系动词（系词）"是"，译文中的"是"是翻译时补出来的。

③权：变通之意。

译文：

淳于髡问："男女之间，不亲手交接东西，这是礼法吗？"

孟子答道："是礼法。"

淳于髡说："那嫂子掉在水里，用手去拉她吗？"

孟子说："嫂子掉在水里，不去拉她，这简直是豺狼。男女之间不亲手交接，这是平常的礼法；嫂子掉在水里，用手去拉她，这是通权达变。"

淳于髡说："现在全天下的人都掉水里了，您不去救援，这是为什么？"

孟子说："天下的人都掉在水里，要用'道'去救援；嫂子掉在水里，要用手去救援——你难道要我用手去救援天下人吗？"

7.18　公孙丑曰："君子之不教子，何也？"

孟子曰："势不行也。教者必以正；以正不行，继之以怒。继之以怒，则反夷矣①。'夫子教我以正，夫子未出于正也。'则是父子相夷也。父子相夷，则恶矣。古者易子而教之，父子之间不责善。责善则离，离则不祥莫大焉②。"

注释：

①夷：伤。

②祥：善。

译文：

公孙丑问："君子不亲自教育孩子，为什么呢？"

孟子答道："由于情势行不通。教育一定要讲正理，用正理讲不通，跟着就要发怒。一发怒，就反而造成了伤害。（孩子会说：）'您用正理教我，可是您的行为却不出于正理。'这样，父子间就互相伤害了。父子间互伤感情，这是大坏事。古时候交换小孩来教育，使父子之间不因追求善而互相责备。追求善而互相责备，就会产生隔阂；父子之间生出隔阂，没有比这更不祥的了。"

7.19 孟子曰："事，孰为大？事亲为大。守，孰为大？守身为大。不失其身而能事其亲者，吾闻之矣；失其身而能事其亲者，吾未之闻也。孰不为事？事亲，事之本也。孰不为守？守身，守之本也。曾子养曾皙①，必有酒肉；将彻②，必请所与；问有余，必曰'有'。曾皙死，曾元养曾子③，必有酒肉；将彻，不请所与；问有余，曰'亡矣'。——将以复进也。此所谓养口体者也。若曾子，则可谓养志也。事亲若曾子者，可也。"

注释：

①曾皙：名点，孔子学生；曾子（曾参）之父。

②彻：通"撤"。

③曾元：曾子之子。

译文：

孟子说："侍奉谁最重要？侍奉父母最重要。守护什么最重要？守护自己（的良心）最重要。不失去自己的良心又能侍奉父母的，我听说过；失去了良心又能侍奉父母的，我没有听说过。侍奉的事都应该做，但侍奉父母是根本；守护的事都应该做，但守护自己的良心是根本。从前曾子奉养他的父亲曾皙，每餐一定都有酒有肉；撤席时一定要问剩下的给谁；曾皙若问是否还有剩余，一定答道'还有'。曾皙死了，曾元奉养曾子，也一定有酒有肉；撤席时便不问剩下的给谁了；曾子若问是否还有剩余，便说'没有了'，准备下餐再给曾子吃。这个叫做口体之养。至于曾子，才可以叫做顺从亲意之养。侍奉父母能做到像曾子那样，就可以了。"

7.20 孟子曰："人不足与适也①，政不足间也②；唯大人为能格君心之非③。君仁，莫不仁；君义，莫不义；君正，莫不正。一正君而国定矣。"

注释：

①适：同"谪（zhé）"，责备。

②间（jiàn）：非议。

③格：纠正，匡正。

译文：

孟子说："当政的小人不值得去谴责，他们的政治也不值得去非议；只有有德行的人才能够纠正君主的不正确思想。君主仁，没有人不仁；君主义，没有人不义；君主正，没有人不正。一把君主端正了，国家也就安定了。"

7.21　孟子曰："有不虞之誉①，有求全之毁。"

注释：

①虞：料想。

译文：

孟子说："有意料不到的赞扬，也有过于苛求的诋毁。"

7.22　孟子曰："人之易其言也①，无责耳矣②。"

注释：

①易：轻易。

②无责耳矣：没有责任罢了。俞樾读"无责"为"毋责"，意谓此人无足责怪，不确。

译文：

孟子说："一个人说话太随便，是因为他不必为此负责罢了。"

7.23　孟子曰："人之患在好为人师。"

译文：

孟子说："人的毛病在喜欢充当别人的老师。"

7.24　乐正子从于子敖之齐①。乐正子见孟子。孟子曰："子亦来见我乎？"

曰："先生何为出此言也？"

曰："子来几日矣？"

曰："昔者②。"

曰："昔者，则我出此言也，不亦宜乎？"

曰："舍馆未定③。"

曰："子闻之也，舍馆定，然后求见长者乎？"

曰："克有罪④。"

注释：

①子敖：盖（gě）大夫王驩的字。

②昔者：昨天。

③舍馆：招待所。

④克：乐正子之名。

译文：

乐正子跟随王子敖到了齐国。乐正子去见孟子。孟子说："你也来看我吗？"

乐正子答道："老师为什么讲出这样的话呀？"

孟子问："你来几天了？"

答道："昨天才来。"

孟子说："昨天来的，那我说这样的话，不也是应该的吗？"

乐正子说："住所还没找好。"

孟子说："你听说过，要住所找好了才来求见长辈吗？"

乐正子说："我有过错。"

7.25 孟子谓乐正子曰："子之从于子敖来，徒哺啜也①。我不意子学古之道而以哺啜也。"

注释：

①哺啜（bū chuò）：哺，吃；啜，喝。

译文：

孟子对乐正子说："你跟着王子敖来，只是吃吃喝喝罢了。我没想到你学习古人的大道，只是为了吃喝。"

7.26 孟子曰："不孝有三①，无后为大。舜不告而娶，为无后也。君子以为犹告也。"

注释：

①不孝有三：赵岐注："阿意曲从，陷亲不义，一不孝也；家贫亲老，不为禄仕，二不孝也；不娶无子，绝先祖祀，三不孝也。"

孟子说："不孝顺父母的事有三种，其中以没有子孙为最大。舜不先禀告父母就娶妻，为的是怕没有子孙（因为先禀告，他那狠毒的爹瞽瞍就会从中作梗）。虽然他没有禀告，君子却认为他如同禀告了。"

7.27 孟子曰："仁之实，事亲是也；义之实，从兄是也；智之实，知斯二者弗去是也；礼之实，节文斯二者是也①；乐之实，乐斯二者，乐则生矣；生则恶可已也？恶可已，则不知足之蹈之手之舞之。"

注释：

①文（wèn）：文饰，修饰。

译文：

孟子说："仁的实质就是侍奉父母；义的实质就是顺从兄长；智的实质就是明白这二者的道理并坚持下去；礼的实质是对这二者加以调节与修饰；乐的实质就是以这二者为乐事，快乐于是就发生了；快乐一发生，又如何能止得住？一止不住，就会不知不觉手舞足蹈起来了。"

7.28 孟子曰："天下大悦而将归己，视天下悦而归己，犹草芥也，惟舜为然。不得乎亲，不可以为人；不顺乎亲，不可以为子。舜尽事亲之道而瞽瞍厎豫①，瞽瞍厎豫而天下化，瞽瞍厎豫而天下之为父子者定，此之谓大孝。"

注释：

①瞽瞍厎（zhǐ）豫：瞽瞍（瞽瞍），舜的父亲；厎，致；豫，乐。

译文：

孟子说："天底下的人都很喜欢自己，而且将归附自己，却把这好事看成草芥一般，只有舜是这样的。不能得到父母的欢心，不可以做人；不能顺从父母的旨意，不能做儿子。舜尽心竭力侍奉父母，结果瞽瞍变得高兴了；瞽瞍高兴了，天下的风俗也就随之变好；瞽瞍高兴了，天下父子间的伦常也由此确定，这便叫做大孝。"

离娄章句下（凡三十三章）

8.1 孟子曰："舜生于诸冯，迁于负夏，卒于鸣条①，东夷之人也。文王生于岐周，卒于毕郢②，西夷之人也。地之相去也，千有余里；世之相后也，千有余岁。得志行乎中国，若合符节③，先圣后圣，其揆一也④。"

注释：

①诸冯、负夏、鸣条：这三处地名暂无从考证。

②毕郢：郢在今陕西咸阳市东；郢辖于毕。

③符节：符和节都是古代表示印信之物，一般可剖为两半，各执其一，相合无差，以代印信。

④揆：法则、法度。

译文：

孟子说："舜出生在诸冯，迁居到负夏，死在鸣条，那么他是东方民族的人。文王生在岐周，死在毕郢，那么他是西方民族的人。两地相隔一千多里，时代相差一千多年。他们得志时在中原的所作所为，几乎一模一样；古代的圣人和后代的圣人，他们的原则是一样的。"

8.2 子产听郑国之政①，以其乘舆济人于溱洧②。孟子曰："惠而不知为政③。岁十一月，徒杠成；十二月，舆梁成④，民未病涉也。君子平其政，行辟人可也⑤，焉得人人而济之？故为政者，每人而悦之，日亦不足矣。"

注释：

①子产听郑国之政：子产，春秋时郑国贤相公孙侨的字；听，治理。

②"以其乘舆"句：舆本义为车箱，此处指车。乘舆，所乘之车。溱，水名，发源于河南新密市。洧（wěi），水名，源于河南登封市。

③惠：恩惠。

④徒杠（gàng）成，舆梁成：杠，独木桥；徒杠，走人的独木桥；梁，桥；舆梁，行车的桥。

⑤辟：同"避"；古代上层人物出外，前有执鞭者开道。

译文：

子产主持郑国的政事，用他的专车帮助别人渡过溱水和洧水。孟子评论说："是个好人，却并不懂治国理政。如果十一月修成走人的桥，十二月修成走车的桥，百姓就不会为渡河发愁了。君子只要修平政治，他外出时鸣锣开道都可以，哪能够一个个地帮人渡河呢？如果治国理政者一个个地去讨好人，时间也就会不够用了。"

8.3 孟子告齐宣王曰："君之视臣如手足，则臣视君如腹心；君之视臣如犬马，则臣视君如国人；君之视臣如土芥，则臣视君如寇雠。"

王曰："礼，为旧君有服，何如斯可为服矣？"

曰："谏行言听，膏泽下于民①；有故而去，则君使人导之出疆，又先于其所往②；去三年不反，然后收其田里。此之谓三有礼焉。如此，则为之服矣。今也为臣，谏则不行，言则不听；膏泽不下于民；有故而去，则君搏执之，又极之于其所往③；去之日，遂收其田里。此之谓寇雠。寇雠，何服之有？"

注释：

①膏泽：恩惠，恩泽。

②先：令人先去布置之意。

③极之：得罪人到顶点，把坏事做绝。

译文：

孟子告诉齐宣王说："君主把臣子看做自己的手和脚，那臣子就会把君主看做自己的腹和心；君主把臣子看做狗和马，那臣子就会把君主看做一般的人；君主把臣子看做泥土草芥，那臣子就会把君主看做强盗仇敌。"

王说:"礼制规定,已经离职的臣子还得为过去的君主服丧;君主要怎样做,臣子才会为他服丧呢?"

孟子说:"接受他的忠告,听从他的建议,恩惠落实到老百姓;有缘故不得不离开,君主一定派人引导他离开国境,又先派人到他要去的地方布置一番。离开好几年还不回来,才收回他的土地和住房。这个叫做三有礼。这样做,臣子就会为他服丧了。现在做臣子的,给出忠告,君主不接受;给出建议,君主不听从。老百姓也得不到实惠。臣子有缘故不得不离开,那君主还把他绑起来,还到他要去的地方把坏事做绝,叫他走投无路。离开那一天,马上收回他的土地和住房。这个叫强盗仇敌。对强盗仇敌般的旧君,干吗要为他服丧呢?"

8.4 孟子曰:"无罪而杀士,则大夫可以去;无罪而戮民,则士可以徙。"

译文:

孟子说:"士人并没犯罪,却被杀掉,那么大夫就可以离去;百姓并没犯罪,却被杀掉,那么士人就可以搬走。"

8.5 孟子曰:"君仁,莫不仁;君义,莫不义。"

译文:

孟子说:"君主如果仁,没有人不仁;君主如果义,没有人不义。"

8.6 孟子曰:"非礼之礼,非义之义,大人弗为。"

译文:

孟子说:"似是而非的礼,似是而非的义,有德行的人是不干的。"

8.7 孟子曰:"中也养不中,才也养不才①,故人乐有贤父兄也。如中也弃不中,才也弃不才,则贤不肖之相去,其间不能以寸。"

注释:

①养:教养。

译文：

孟子说："品质好的人教养品质不好的人，有才能的人教养没才能的人，所以人人都喜欢有好父兄。如果品质好的人不去教养品质不好的人，有才能的人不去教养没才能的人，那么，所谓好和不好，它们的间距也就近得不能用分寸来计量了。"

8.8 孟子曰："人有不为也，而后可以有为。"

译文：

孟子说："人要有所不为，才能有所作为。"

8.9 孟子曰："言人之不善，当如后患何？"

译文：

孟子说："说人家的坏话，有了后患，又怎么办呢？"

8.10 孟子曰："仲尼不为已甚者。"

译文：

孟子说："孔子不做太过分的事。"

8.11 孟子曰："大人者，言不必信，行不必果，惟义所在。"

译文：

孟子说："有德行的人，说话不一定要句句守信，行为不一定要贯彻始终，只要义之所在，必定全力以赴。"

8.12 孟子曰："大人者，不失其赤子之心者也。"

译文：

孟子说："有德行的人，是不丧失天真纯朴童心的人。"

8.13 孟子曰："养生者不足以当大事，惟送死可以当大事。"

译文：

孟子说："光能（妥善）赡养健在的父母还不足以承担大任务，只有能（妥善）给他们送终才足以承担大任务。"

8.14　孟子曰："君子深造之以道，欲其自得之也。自得之，则居之安；居之安，则资之深[1]；资之深，则取之左右逢其原[2]，故君子欲其自得之也。"

注释：

①资：积累，积蓄。

②原："源"的本字，字形像山崖边泉孔中有水涌出；而"源"是"原"的后起加形旁字，类似"暮"与"莫"、"燃"与"然"的关系。

译文：

孟子说："君子得到高深的造诣，所依循的正确方法，就是要求他自觉地获得。自觉地获得，就能牢固掌握它；牢固掌握它，就能积蓄很深；积蓄很深，就能左右逢源而取之不尽，所以君子要自觉地获得。"

8.15　孟子曰："博学而详说之，将以反说约也。"

译文：

孟子说："广博地学习，详细地解说，（是为了融会贯通以后）能做到深入浅出、执简御繁。"

8.16　孟子曰："以善服人者[1]，未有能服人者也；以善养人，然后能服天下。天下不心服而王者，未之有也。"

注释：

①善：指仁义礼智等。

译文：

孟子说："拿善来使人服输，没有能够使人服输的；拿善来教养人，这才能使天下的人都归服。天下人不心服而能统一天下的，是从来没有的事。"

8.17 孟子曰:"言无实不祥;不祥之实,蔽贤者当之①。"

注释:

①蔽贤者当之:蔽贤者等于它(不祥之实);当,等于。

译文:

孟子说:"言之无物,固然不好;而不好的言之有物,说的就是阻碍任用贤者的人。"

8.18 徐子曰①:"仲尼亟称于水,曰:'水哉,水哉②!'何取于水也?"

孟子曰:"源泉混混③,不舍昼夜,盈科而后进④,放乎四海。有本者如是,是之取尔⑤。苟为无本,七八月之间雨集⑥,沟浍皆盈;其涸也,可立而待也。故闻声过情⑦,君子耻之。"

注释:

①徐子:徐辟。参见5.5-1。

②亟(qì):屡次。

③混混:水流浩大的样子。

④科:坎。

⑤是之取尔:"取是尔"的倒装,"尔"同"耳"。

⑥七八月之间雨集:周历七八月当夏历五六月,正是雨多的时候。

⑦闻(wèn):名誉。

译文:

徐子说:"孔子好几次称赞水,说:'水呀,水呀!'他看中了水的哪一点呢?"

孟子说:"泉水滚滚向前,昼夜不息,灌满坑坑坎坎,又继续奔流,一直奔向大海。凡有本源的都是这样,孔子看中这一点罢了。如果没有本源,纵然七八月间大雨滂沱,把大小沟渠都灌满了,但是它的干涸,也就一会儿的工夫。所以声誉超过实情的,君子以它为耻。"

8.19 孟子曰："人之所以异于禽兽者几希①，庶民去之，君子存之。舜明于庶物②，察于人伦，由仁义行，非行仁义也。"

注释：

①几希：很少。

②庶物：万物，众物；庶，众多。

译文：

孟子说："人和禽兽不同的地方只有一点点，一般百姓丢弃它，正人君子保存它。舜懂得万物的道理，了解人类的常情，只是（快快乐乐自然而然地）走在仁义的路上，不是（勉强地当作任务、责任）贯彻实行仁义的。"

8.20 孟子曰："禹恶旨酒而好善言。汤执中，立贤无方①。文王视民如伤，望道而未之见。武王不泄迩，不忘远②。周公思兼三王，以施四事；其有不合者，仰而思之，夜以继日；幸而得之，坐以待旦。"

注释：

①方：常。

②不泄迩，不忘远：迩，近；这两句是说不轻慢朝臣和远方的诸侯。

译文：

孟子说："禹厌恶美酒，却喜欢有价值的话。汤秉持中正之道，能破格提拔德才兼备的人。文王总把百姓当做受伤者一样（加以怜爱），追求仁义之道又似乎没看到希望。武王不（特别）亲近朝廷之中的近臣，也不遗忘散在四方的远臣。周公想要兼学夏、商、周的君王，来实践禹、汤、文、武的事业；如果有不合当前情状的，便抬着头夜以继日地思考；若总算想通了，便坐着等到天亮（就马上付诸实施）。"

8.21 孟子曰："王者之迹熄而《诗》亡①，《诗》亡然后《春秋》作。晋之《乘》，楚之《梼杌》，鲁之《春秋》②，一也：其事则齐桓、晋文，其文则史。孔子曰：'其义则丘窃取之矣。'"

注释:

①迹:有人认为"迹"应该是"辺"字之讹,这是不对的。

②《乘》《梼杌》《春秋》:《春秋》本为各国史书的通名,楚史又别名《梼杌》,晋史又别名《乘》。此处"鲁之《春秋》",乃鲁国当日史书名,而非孔子所修的《春秋》,只是他所依据的原始资料。

译文:

孟子说:"圣王的事迹成为绝响,《诗经》也就消亡了;《诗经》消亡了,孔子修订的《春秋》便应运而生。(各国都有叫做'春秋'的史书)晋国的又叫《乘》,楚国的又叫《梼杌》,鲁国的只叫《春秋》,都是一个样:所载之事不过齐桓公、晋文公之类,而其文风不过一般史书的笔法。(孔子的《春秋》有所不同)他说:'《诗经》三百篇所蕴含的褒贬善恶的大义,我私下在《春秋》里借用过了。'"

8.22　孟子曰:"君子之泽五世而斩,小人之泽五世而斩①。予未得为孔子徒也,予私淑诸人也②。"

注释:

①泽:泽惠,影响,流风余韵。

②淑:借为"叔",取。

译文:

孟子说:"君子的流风余韵,传了五代便断绝了;小人的影响,传了五代也断绝了。我没有能够成为孔子的学生,我是私下从别人那里学来的。"

8.23　孟子曰:"可以取,可以无取,取伤廉;可以与,可以无与,与伤惠;可以死,可以无死,死伤勇①。"

注释:

①伤惠、伤勇:战国之世,士多以一掷千金、轻生重谊为尚,所以孟子以此语诚之。

译文：

孟子说："可以拿也可以不拿时，拿了便是对廉洁的伤害；可以给也可以不给时，给了便是对恩惠的滥用；可以死也可以不死时，死了便是对勇德的亵渎。"

8.24-1　逢蒙学射于羿①，尽羿之道，思天下惟羿为愈己，于是杀羿。孟子曰："是亦羿有罪焉。"

公明仪曰："宜若无罪焉。"

曰："薄乎云耳，恶得无罪？郑人使子濯孺子侵卫，卫使庾公之斯追之。子濯孺子曰：'今日我疾作，不可以执弓，吾死矣夫！'"

注释：

①逢蒙学射于羿：逢蒙，逢音 péng，又音 páng；逢蒙既是羿的徒弟，又是他的家将；后叛变，助寒浞杀羿；羿，神射手，夏代有穷国的君主。

译文：

古时候，逢蒙跟羿学射箭，完全学到了羿的本领，便想，天下只有羿比自己强了，因此便把羿给杀了。孟子说："这事羿也有错误。"

公明仪说："好像没什么错误吧。"

孟子说："错误不大罢了，怎么能说一点也没有呢？郑国从前派子濯孺子侵犯卫国，卫国便派庾公之斯来追击他。子濯孺子说：'今天我的病发作了，拿不了弓，我算死定了吧！'"

8.24-2　"问其仆曰：'追我者谁也？'其仆曰：'庾公之斯也。'曰：'吾生矣。'其仆曰：'庾公之斯，卫之善射者也；夫子曰吾生，何谓也？'曰：'庾公之斯学射于尹公之他，尹公之他学射于我。夫尹公之他，端人也，其取友必端矣。'庾公之斯至，曰：'夫子何为不执弓？'曰：'今日我疾作，不可以执弓。'曰：'小人学射于尹公之他，尹公之他学射于夫子。我不忍以夫子之道反害夫子。虽然，今日之事，君事也，我不敢废。'抽矢，扣轮，去其金，发乘矢而后反。"

"他又问驾车的人说：'追我的是谁呀？'驾车的人回答：'庚公之斯。'他便说：'我死不了啦。'驾车的人说：'庚公之斯是卫国有名的射手，您反说能活命了，这是什么道理呀？'答道：'庚公之斯跟尹公之他学射，尹公之他曾跟我学射。那尹公之他可是个正派人，他选取的朋友、学生也一定正派。'庚公之斯追上了，问道：'老师为何不拿弓？'子濯孺子说：'今天我的病发作了，拿不了弓。'庚公之斯便说：'我跟尹公之他学射，尹公之他又跟老师您学射。我不忍心拿您的本领反过来伤害您。但是，今天的事情是国家的公事，我又不敢废弃。'便抽出箭，在车轮上敲了几下，去掉箭头，发射四箭然后就回去了。"

8.25 孟子曰："西子蒙不洁，则人皆掩鼻而过之；虽有恶人^①，齐戒沐浴^②，则可以祀上帝。"

①恶：丑。
②齐：同"斋"。

孟子说："如果西施沾上了污秽，那别人走过的时候，也会捂着鼻子；但即便是面目丑陋的人，如果他斋戒沐浴，也就可以祭祀上帝。"

8.26 孟子曰："天下之言性也，则故而已矣^①。故者以利为本^②。所恶于智者，为其凿也。故智者若禹之行水也^③，则无恶于智矣。禹之行水也，行其所无事也。如智者亦行其所无事，则智亦大矣。天之高也，星辰之远也，苟求其故，千岁之日至^④，可坐而致也。"

①故，原故，本性。
②利：有利，优点。
③故：这一"故"的上下文只有松散的联系，可不译。
④日至：夏至与冬至，此处指冬至。

孟子说："天下的人都说万物本性，只要能弄清楚它的来龙去脉便行了。弄清它的来龙去脉，是为了顺应和利用它的优势。我们讨厌聪明，是因为聪明容易让人钻牛角尖。如果聪明人像禹疏导河道一样让它顺其自然，就不必讨厌聪明了。禹治理水患，就是让水的运行像没事一样（顺着它的本性流向下游，奔腾入海）。如果聪明人也都能像没事一样（顺着大自然的法则而行），那就具有大智慧了。天极高，星辰极远，只要能弄清楚它的来龙去脉，以后一千年的冬至，都可以坐着推算出来。"

8.27 公行子有子之丧^①，右师往吊^②。入门，有进而与右师言者，有就右师之位而与右师言者。孟子不与右师言，右师不悦曰："诸君子皆与驩言，孟子独不与驩言，是简驩也。"

孟子闻之，曰："礼，朝廷不历位而相与言^③，不逾阶而相揖也。我欲行礼，子敖以我为简，不亦异乎？"

①公行子：齐国大夫。

②右师：官名，其人即"盖大夫王驩"（4.6），字子敖。

③历：跨越，越位。

公行子死了儿子，右师去吊唁。他一进门，就有人上前和他说话；（他坐下后）又有人走近他的座位和他说话。孟子不和他说话，他不高兴，说："各位大夫都和我说话，只有孟子不和我说话，这是怠慢我王驩呀。"

孟子听说了，便说："依礼节，在朝廷中，谈话不能越位，作揖也不能越过石阶。我想依礼而行，子敖却以为我怠慢了他，这不很奇怪吗？"

8.28 孟子曰："君子所以异于人者，以其存心也。君子以仁存心，以礼存心。仁者爱人，有礼者敬人。爱人者，人恒爱之；敬人者，人恒敬之。有人于此，其待我以横逆^①，则君子必自反也：我必不仁也，必无礼也，此物奚宜至哉？其自反而仁矣，自反而有礼矣，其横逆由是也，君子必自反也：我必不忠。自反而忠矣，其横逆由是也，君子曰：'此亦妄人也已矣。如此，则与禽兽奚择哉^②？于禽兽又何难焉^③？'是故君子有终身之忧，无一朝之患也。乃若所忧则有之^④：舜，人也；我，亦人也。舜为法于天下，可传于后世，我由未免为乡人也，是则可忧也。忧之如何？如舜而已矣。若夫君子所患则亡矣。非仁无为也，非礼无行也。如有一朝之患，则君子不患矣。"

注释：

①横（hèng）逆：蛮横，强暴，不讲理。

②择：区别，不同。

③难：责难。

④乃若：连词，至于，至于说到。

译文：

孟子说："君子和一般人不同的地方，就在于居心不同。君子心里老惦记着仁，老惦记着礼。仁人爱他人，有礼的人尊敬他人。爱他人的人，别人总是爱他；尊敬他人的人，别人总是尊敬他。假如这里有个人，对待我蛮横无礼，那君子一定反躬自问：我一定不够仁，一定不够有礼，不然，这种态度怎么会来呢？反躬自问后仍然觉得，我实在仁，实在有礼，那人的蛮横无礼还是原样，君子一定又反躬自问：我一定不够忠心。反躬自问后仍然觉得，我实在忠心耿耿，那人的蛮横无礼还是原样，君子就会说：'这不过是个妄人罢了。这样不讲理，那和禽兽有什么区别呢？对于禽兽又有什么好责备的呢？'所以君子有长期的忧患，却没有突发的忧患。但是，下面这样的忧患是有的：舜是人，我也是人。舜为天下人所效法，能流芳百世，我却仍然不免是个乡巴佬。这个才是值得忧虑的事。有了忧虑怎么办呢？尽力向舜学习罢了。至于君子别的忧患，可是没有的。不是仁义的事不干，不合礼节的事不做。即使有突发的忧患，君子也不以为痛苦了。"

8.29 禹、稷当平世，三过其门而不入，孔子贤之。颜子当乱世，居于陋巷^①，一箪食，一瓢饮，人不堪其忧，颜子不改其乐，孔子贤之。孟子曰："禹、稷、颜回同道。禹思天下有溺者，由己溺之也；稷思天下有饥者，由己饥之也，是以如是其急也。禹、稷、颜子易地则皆然。今有同室之人斗者，救之，虽被发缨冠而救之②，可也；乡邻有斗者，被发缨冠而往救之，则惑也，虽闭户可也③。"

注释：

①陋巷：偏远的巷子；陋，偏僻，偏远。

②被发缨冠：被，披；缨，冠上系带，这里指系带没系上而垂着。被发缨冠，比喻急迫。

③闭户可也：隐指颜回。

译文：

禹、稷处在政治清明的年代，几次经过家门都不进去，孔子认为他们贤明。颜子处在政治昏暗的年代，住在偏远的巷子里，一篮子饭，一瓜瓢水，别人都忍受不了那苦日子，他却不改变自己一贯的快乐心态，孔子认为他贤良。孟子说："禹、稷和颜回的处世之道其实是一样的。禹觉得天下有人遭了水淹，就如同自己淹了他似的；稷觉得天下有人饿着肚子，就如同自己饿了他似的，所以他们拯救百姓才如此急迫。禹、稷和颜回如果互换位置，也都会像对方那样做的。假若有同住一室的人互相斗殴，我去救他们，即使披散着头发，连帽带也不系好，都是可以的；如果本乡的邻居家在斗殴，也披着头发、帽带也不系好去救，那就是糊涂了，即使把门关着都是可以的。"

8.30　公都子曰："匡章，通国皆称不孝焉，夫子与之游，又从而礼貌之，敢问何也？"

孟子曰："世俗所谓不孝者五：惰其四支①，不顾父母之养，一不孝也；博弈好饮酒，不顾父母之养，二不孝也；好货财，私妻子，不顾父母之养，三不孝也；从耳目之欲②，以为父母戮③，四不孝也；好勇斗很④，以危父母，五不孝也。章子有一于是乎？夫章子，子父责善而不相遇也⑤。责善，朋友之道也；父子责善，贼恩之大者。夫章子，岂不欲有夫妻子母之属哉？为得罪于父，不得近，出妻屏子⑥，终身不养焉。其设心以为不若是，是则罪之大者，是则章子而已矣。"

注释：

①四支：通"四枝""四肢"，双手双脚。

②从：同"纵"。

③戮：羞辱。

④很：今作"狠"，"很"是本字。

⑤子父责善而不相遇：章子之母得罪其父，其父杀之，而埋于马栈之下。大约章子曾谴责其父而其父不听，遂使父子失和。

⑥屏（bǐng）：使退去。

译文：

公都子说："匡章，全国都说他不孝，您却同他来往，不但如此，还相当敬重他，请问这是为什么？"

孟子说："一般人所公认的不孝之事有五项：四肢不勤，对父母的生活不管不顾，是第一个不孝；好下棋喝酒，对父母的生活不管不顾，是第二个不孝；好钱财，偏爱妻室儿女，对父母的生活不管不顾，是第三个不孝；放纵耳目的欲望，使父母蒙受羞辱，是第四个不孝；逞勇敢好打架，以此危及父母，是第五个不孝。章子在这五项之中占了哪一项呢？那章子，不过是儿子和父亲之间要求做到善而把关系弄僵了而已。以善相要求，这是朋友相处之道；父子之间以善相要求，是最伤感情的事。那章子，难道不想有夫妻母子的团聚吗？就因为得罪了父亲，不能和他亲近，因此把自己的妻室也赶出去，把儿子也赶得远远的，终身不要他们赡养。他觉得不这样做，那罪过可更大了，这就是章子的为人呢。"

8.31　曾子居武城①，有越寇②。或曰："寇至，盍去诸？"曰："无寓人于我室，毁伤其薪木。"寇退，则曰："修我墙屋，我将反。"寇退，曾子反。左右曰："待先生如此其忠且敬也，寇至，则先去以为民望；寇退，则反，殆于不可③。"沈犹行曰④："是非汝所知也。昔沈犹有负刍之祸⑤，从先生者七十人，未有与焉。"

子思居于卫⑥，有齐寇。或曰："寇至，盍去诸？"子思曰："如伋去，君谁与守？"

孟子曰："曾子、子思同道。曾子，师也，父兄也；子思，臣也，微也。曾子、子思易地则皆然。"

注释：

①武城：地名，在今山东费县西南九十里。

②有越寇：越灭吴后，与鲁交界。

③殆：近。

④沈犹行：曾子弟子，姓沈犹，名行。

⑤负刍：人名。

⑥子思：孔子的孙子孔伋，字子思。《中庸》是子思所作。

译文：

曾子住在武城时，越国军队来侵犯。有人便说："敌寇要来了，何不离开这里呢？"曾子说："（好吧，但是）不要让别人借住在我这里，破坏那些树木。"敌寇退了，曾子便说："把我的墙屋修理修理吧，我要回来了。"敌寇退了，曾子也回来了。他旁边的人说："武城军民对您是那样的忠诚恭敬，敌人来了，您便早早地走开，给百姓做了个坏榜样；敌寇退了，马上回来，这恐怕不可以吧？"沈犹行说："这个不是你们所晓得的。从前先生住在我那里，有个名叫负刍的作乱，跟随先生的70个人也都没有介入，早早地走开了。"

子思住在卫国，齐国军队来侵犯。有人说："敌人来了，何不走开呢？"子思说："如果连我都走开了，君主和谁来守城呢？"

孟子说："曾子、子思其实殊途同归。（按当时情境）曾子是老师，是前辈；子思是臣子，是小官。曾子、子思如果互换位置，他们也会像对方那样做的。"

8.32　储子曰①："王使人瞯夫子②，果有以异于人乎？"

孟子曰："何以异于人哉？尧舜与人同耳。"

注释：

①储子：齐人。参见12.5。

②瞯（jiàn）：窥伺。

译文：

储子说："王派人来窥探您，您果真有什么跟他人不同的地方吗？"

孟子说："有什么跟别人不同呢？尧舜也和别人一样呢。"

8.33－1 齐人有一妻一妾而处室者，其良人出①，则必餍酒肉而后反。其妻问所与饮食者，则尽富贵也。其妻告其妾曰："良人出，则必餍酒肉而后反；问其与饮食者，尽富贵也，而未尝有显者来。吾将瞷良人之所之也。"

蚤起②，施从良人之所之③，遍国中无与立谈者。卒之东郭墦间④，之祭者，乞其余；不足，又顾而之他——此其为餍足之道也。

注释：

①良人：丈夫。

②蚤：通"早"。

③施（yí）：弯曲绵延。

④墦（fán）：坟。

译文：

齐国有一个人，和一妻一妾住在一起。那丈夫每次外出，一定酒足肉饱然后回家。他妻子问他一道吃喝的都是什么人，他说都是些有钱有势的人。他妻子便告诉小妾说："丈夫外出，一定酒足肉饱然后回家，问他一道吃喝的是什么人，总答道是些有钱有势的人，但从没见过什么显贵人物到家来。我准备跟踪看看他究竟到什么地方去了。"

第二天清早起来，她便若即若离地跟在丈夫后面走；走遍全城，没有一个人站住同她丈夫聊天的。最后一直走到东郊外的墓地，他便走向祭扫坟墓的人那儿，讨些残汤剩饭；不够，又东张西望地走到别处去讨——这就是他酒足肉饱的办法。

8.33－2 其妻归，告其妾，曰："良人者，所仰望而终身也，今若此……"与其妾讪其良人①，而相泣于中庭②，而良人未之知也，施施从外来③，骄其妻妾。

離娄章句下

由君子观之，则人之所以求富贵利达者，其妻妾不羞也，而不相泣者，几希矣④。

注释：

①讪（shàn）：诋毁。

②相泣于中庭：相，相与，共同；中庭，庭中。

③施施：高兴的样子。

④"人之所以求富贵利达者……几希矣"：这句话的主语是"人之所以求富贵利达其妻妾不羞而不相泣者"，谓语是"几希"。

译文：

他妻子回家后，便把所看到的都告诉小妾，并且说："丈夫，是我们需要仰仗一辈子的人，现在他却这样……"于是她俩一道在庭中咒骂着，哭泣着，而那丈夫还不知道，高高兴兴地从外边回来，又在妻妾面前吹牛皮，耍威风。

由君子看来，有些人用以乞求升官发财的办法，能不让他妻和妾引为羞耻相拥而哭的，真是太少了！

万章章句上（凡九章）

9.1 – 1　万章问曰："舜往于田，号泣于旻天^①，何为其号泣也?"

孟子曰："怨慕也^②。"

万章曰："'父母爱之，喜而不忘；父母恶之，劳而不怨^③。'然则舜怨乎?"

曰："长息问于公明高曰^④：'舜往于田，则吾既得闻命矣；号泣于旻天，于父母，则吾不知也。'公明高曰：'是非尔所知也。'夫公明高以孝子之心，为不若是恝^⑤：我竭力耕田，共为子职而已矣^⑥，父母之不我爱，于我何哉^⑦? 帝使其子九男二女，百官牛羊仓廪备，以事舜于畎亩之中^⑧，天下之士多就之者，帝将胥天下而迁之焉^⑨。为不顺于父母，如穷人无所归。"

注释：

①号泣于旻（mín）天：号泣，嚎啕大哭；旻天，即天。

②慕：依恋。

③"父母爱之"等句：这话引用自曾子。忘，懈怠。

④长息、公明高：长息，公明高弟子；公明高，曾子弟子。

⑤恝（jiá）：忽视，不在乎，怡然自得的样子。

⑥共：当读为"恭"。

⑦于我何哉：跟我有什么关系呢。

⑧畎（quǎn）亩：田地。

⑨胥：尽。

译文：

万章问道："舜到田地里去，向着苍天哭诉，为什么要哭诉呢?"

146

万章章句上

孟子答道:"对父母又怨恨又依恋啊。"

万章说:"(曾子说过)'父母喜爱,虽然兴高采烈,却不会懈怠;父母厌恶,虽然心劳力竭,却不会怨恨。'那么,舜怨恨父母吗?"

孟子说:"从前长息曾经问过公明高,他说:'舜到田里去,我是已经懂得的了;他向着苍天哭诉,这样来对待父母,那我却还弄不明白。'公明高说:'这不是你所能明白的。'公明高的意思,以为孝子的心理是不能如此满不在乎的:我尽力耕田,好好地尽我做儿子的职责罢了;父母不喜爱我,我有什么办法呢?帝尧打发他的孩子九男二女以及百官,一起带着牛羊、粮食等等东西到田野中去侍奉舜;天下的士人有很多到舜那里去,尧也把整个天下让给了舜。舜却因为没有得到父母的欢心,好像困穷不得志之人一般孤苦无依。"

9.1-2 "天下之士悦之,人之所欲也,而不足以解忧;好色,人之所欲,妻帝之二女,而不足以解忧;富,人之所欲,富有天下,而不足以解忧;贵,人之所欲,贵为天子,而不足以解忧。人悦之、好色、富贵,无足以解忧者,惟顺于父母可以解忧。人少,则慕父母;知好色,则慕少艾①;有妻子,则慕妻子;仕则慕君,不得于君则热中。大孝终身慕父母。五十而慕者,予于大舜见之矣。"

注释:

①少艾:亦作"幼艾",年轻美貌之人。

译文:

"天下的士人喜爱他,是谁都希望获得的,却不足以消除其忧愁;美丽的姑娘,是谁都希望娶到的,他娶了尧的两个女儿,却不足以消除其忧愁;财富,是谁都希望获得的,富而至于领有天下,却不足以消除其忧愁;尊贵,是谁都希望获得的,尊贵而至于君临天下,却不足以消除其忧愁。大家都喜爱他、美丽的姑娘、财富和尊贵都不足以消除其忧愁,只有得到父母的欢心才可以消除其忧愁。人在幼小的时候,就依恋父母;长大到有了情欲,便思念年轻貌美的女子;有了妻室儿女,便依恋妻室儿女;做了官,便依恋君主,不得君主欢心,便心急得浑身发热。只有最孝顺的人才终身依恋父母。到了50岁还依恋父母的，我在伟大的舜身上看到了。"

9.2-1　万章问曰："《诗》云：'娶妻如之何？必告父母^①。'信斯言也，宜莫如舜，舜之不告而娶，何也？"

孟子曰："告则不得娶。男女居室，人之大伦也。为告^②，则废人之大伦，以怼父母^③，是以不告也。"

万章曰："舜之不告而娶，则吾既得闻命矣；帝之妻舜而不告，何也？"

曰："帝亦知告焉则不得妻也。"

万章曰："父母使舜完廪，捐阶^④，瞽瞍焚廪。使浚井，出，从而掩之^⑤。象曰^⑥：'谟盖都君咸我绩^⑦，牛羊父母，仓廪父母，干戈朕，琴朕，弤朕^⑧，二嫂使治朕栖^⑨。'象往入舜宫，舜在床琴。象曰：'郁陶思君尔^⑩。'忸怩^⑪。舜曰：'惟兹臣庶^⑫，汝其于予治^⑬。'不识舜不知象之将杀己与？"

注释：

① "《诗》云"等句：见《诗经·齐风·南山》，舜时未必有此诗句，万章说"信斯言也，宜莫如舜"，不过以为舜时也有此礼而已。

②为：如果。

③怼（duì）：怨。

④捐阶：捐，捐弃，拿走；阶，梯。

⑤掩：就是"掩"字。

⑥象：舜同父异母弟。

⑦谟盖都君咸我绩：谟盖，即"谋害"；都君，舜的称号。

⑧弤（dǐ）：雕弓。

⑨栖：床。

⑩郁陶：思念的样子。

⑪忸怩（niǔ ní）：惭愧的样子。

⑫惟：思念。

⑬于：为。

译文：

万章问道："《诗经》说过：'娶妻应该怎么办？定要事先告父母。'相信这句话的，应该没人比得上舜。舜却没向父母报告而娶了妻子，这是为什么呢？"

孟子答道："报告了便娶不成。男女结婚，是人与人之间的大伦常。如果舜报告了，那么，这一大伦常在舜身上便废弃了，结果便将怨恨父母，所以他便不报告了。"

万章说："舜不报告父母而娶妻，这事我已经受教了；尧把女儿嫁给舜，也不向舜的父母说一声，又是什么道理呢？"

孟子说："尧也知道，假若事先说一声，便会嫁娶不成了。"

万章问道："舜的父母打发舜去修缮谷仓，（等舜上了屋顶）便抽去梯子，他父亲瞽瞍还放火烧那谷仓（幸而舜设法逃下来了）。于是又打发舜去淘井，（他不知道舜从旁边的洞穴）出来了，便填塞井眼。舜的兄弟象说：'谋害舜都是我的功劳，牛羊分给父母，仓廪分给父母，干戈归我，琴归我，雕弓归我，两位嫂嫂要让她们为我铺床叠被。'象便向舜的住房走去，舜却坐在床边弹琴。象说：'我好想念你呀！'却显得十分不自然。舜说：'我想念着这些臣下和百姓，你替我管理管理吧！'我不清楚，舜是否知道象要杀自己呢？"

9.2-2　曰："奚而不知也[1]？象忧亦忧，象喜亦喜。"

曰："然则舜伪喜者与？"

曰："否。昔者有馈生鱼于郑子产，子产使校人畜之池[2]。校人烹之，反命曰：'始舍之，圉圉焉[3]，少则洋洋焉[4]，攸然而逝[5]。'子产曰：'得其所哉！得其所哉！'校人出，曰：'孰谓子产智？予既烹而食之，曰，得其所哉，得其所哉。'故君子可欺以其方，难罔以非其道。彼以爱兄之道来，故诚信而喜之，奚伪焉？"

注释：

①奚：为什么。

②校人：主池沼小吏。

③圉（yǔ）圉：鱼在水中气息奄奄的样子。

④洋洋：舒缓摇尾之貌。

⑤攸然：今作"悠然"。

译文：

孟子答道："哪里会不知道呢？象忧愁，他也忧愁；象高兴，他也高兴。"

万章说："那么，舜是假装高兴吗？"

孟子说："不。从前有个人送条活鱼给郑国的子产，子产使主管池塘的人畜养起来，那人却煮着吃了，回报说：'刚放在池塘，它还要死不活的；一会儿，摇摆着尾巴动了起来，突然间远远地不知去向。'子产说：'它得到了好地方呀！得到了好地方呀！'那人出来了，说：'谁说子产聪明，我已经把那条鱼煮着吃了，他还说："得到了好地方呀！得到了好地方呀！"'所以对于君子，可以用合乎人情的方法来欺骗他，不能用违反道理的诡诈蒙骗他。象既然装出一副敬爱兄长的样子来，舜因此真心相信而高兴起来，又假装什么呢？"

9.3　万章问曰："象日以杀舜为事，立为天子则放之，何也？"

孟子曰："封之也，或曰放焉。"

万章曰："舜流共工于幽州①，放驩兜于崇山②，杀三苗于三危③，殛鲧于羽山④，四罪而天下咸服，诛不仁也。象至不仁，封之有庳⑤。有庳之人奚罪焉？仁人固如是乎——在他人则诛之，在弟则封之？"

曰："仁人之于弟也，不藏怒焉，不宿怨焉，亲爱之而已矣。亲之，欲其贵也；爱之，欲其富也。封之有庳，富贵之也。身为天子，弟为匹夫，可谓亲爱之乎？"

"敢问或曰放者，何谓也？"

曰："象不得有为于其国，天子使吏治其国而纳其贡税焉，故谓之放。岂得暴彼民哉？虽然，欲常常而见之，故源源而来。'不及贡，以政接于有庳⑥'，此之谓也。"

注释：

①流共工于幽州：共工，水官名；幽州，在今北京市密云区东北。

②放驩兜于崇山：放，流放；驩兜，尧舜时大臣；崇山，在今湖南张家界市。

③杀三苗于三危：三苗，国名；三危，山名，在今甘肃敦煌市东南。

④殛鲧于羽山：殛，流放；羽山，当在今江苏赣榆县界；鲧，大禹的父亲。

⑤有庳（bì）：庳，古籍均认为庳在今湖南道县北。

⑥不及贡，以政接于有庳：这两句疑是《尚书》逸文。

译文：

万章问道："象天天把谋杀舜作为头等大事，等舜做了天子，却仅仅流放他，这是为什么呢？"

孟子答道："其实是封他为诸侯，也有人说是流放。"

万章说："舜流放共工到幽州，发配驩兜到崇山，在三危杀了三苗之君，把鲧放逐到羽山，这四人被治罪，便天下归服，这是惩处了不仁之人的缘故。象最不仁，却封给他有庳之国。有庳国的百姓又有什么罪过呢？仁人难道应该这样做吗——对别人，就加以惩处；对弟弟，就封以国土？"

孟子说："仁人对于弟弟，不忍气吞声，也不耿耿于怀，只是亲近他喜爱他罢了。亲近他，便想让他贵；喜爱他，便想让他富。把有庳国封给他，就是让他又富又贵。本人做了天子，弟弟却是个老百姓，可以说是亲近他喜爱他吗？"

万章说："我请问，为什么有人说是流放呢？"

孟子说："象不能在他的封地上为所欲为，天子派遣了官吏来治理象的封地，缴纳贡税，所以有人说是流放。能让象对那些百姓施暴吗？（当然不能。）即便这样，舜还是想常常看到象，象也不断地来和舜相见。（古书上说）'不必等到朝贡的时候，平常也以政治需要为由而来接待'，就是说的这事。"

9.4-1 咸丘蒙问曰①："语云：'盛德之士，君不得而臣，父不得而子。'舜南面而立，尧帅诸侯北面而朝之，瞽瞍亦北面而朝之。舜见瞽瞍，其容有蹙②。孔子曰："于斯时也，天下殆哉，岌岌乎③！"'不识此语诚然乎哉？"

孟子曰："否。此非君子之言，齐东野人之语也。尧老而舜摄也。《尧典》曰④：'二十有八载，放勋乃徂落⑤，百姓如丧考妣⑥，三年，四海遏密八音⑦。'孔子曰：'天无二日，民无二王。'舜既为天子矣，又帅天下诸侯以为尧三年丧，是二天子矣。"

注释：

①咸丘蒙：孟子弟子。

②有蹙（cù）："有"无实义；蹙，不安的样子。

③天下殆哉，岌岌乎：为"天下岌岌乎殆哉"的倒装。

④"《尧典》曰"以下数句：实为今《尚书·舜典》文。

⑤放勋乃徂（cú）落：放勋，尧的号；徂落，死。

⑥考妣：父母。

⑦四海遏密八音：遏，止；密，同"谧"，安静；八音，指八种质料（金、石、丝、竹、匏、土、革、木）所作的乐器。

译文：

咸丘蒙问道："俗话说：'道德崇高的人，君主不能够把他当臣子，父亲不能够把他当儿子。'舜面朝南方站在天子位置，帝尧率领诸侯面向北方去朝拜他，舜的父亲瞽瞍也面向北方去朝拜他。舜看见了瞽瞍，容貌局促不安。孔子说："在这个时候，天下真岌岌可危呀！"不晓得这话可不可信？"

孟子答道："不。这不是君子的话，而是齐东野人的话。不过是尧老了时，让舜摄政罢了。《尧典》上说过：'过了28年，尧才逝世。群臣好像死了父母一样，服丧3年，天下一切音乐都停止。'孔子说过：'天上没有两个太阳，百姓没有两个天子。'假若舜已在尧死前做了天子，又率领天下诸侯为尧服丧3年，这便是两个天子并列了。"

9.4-2 咸丘蒙曰："舜之不臣尧，则吾既得闻命矣。《诗》云：'普天之下，莫非王土；率土之滨，莫非王臣①。'而舜既为天子矣，敢问瞽瞍之非臣，如何？"

曰："是诗也，非是之谓也；劳于王事而不得养父母也。曰：'此莫非王事，我独贤劳也②。'故说诗者，不以文害辞③，不以辞害志。以意逆志④，是为得之。如以辞而已矣，《云汉》之诗曰：'周余黎民，靡有孑遗⑤'，信斯言也，是周无遗民也。孝子之至，莫大乎尊亲；尊亲之至，莫大乎以天下养。为天子父，尊之至也；以天下养，养之至也。《诗》曰：'永言孝思，孝思维则⑥。'此之谓也。《书》曰：'祗载见瞽瞍，夔夔齐栗，瞽瞍亦允若⑦。'是为父不得而子也？"

注释：

① "《诗》云"以下诸句：见《诗经·小雅·北山》。

②贤劳：多劳。

③以文害辞：文，字；辞，词句，语句。

④逆：揣测。

⑤周余黎民，靡有孑遗：两句见《诗经·大雅·云汉》；黎民，即老百姓。

⑥ "《诗》曰"至"维则"：此《诗经·大雅·下武》文。

⑦ "《书》曰"至"允若"：当为《尚书》逸篇。祗，敬；载，事；夔（kuí）夔齐（同"斋"）栗，恭敬谨慎的样子；允，信，真的；若，顺。

译文：

咸丘蒙说："舜不以尧为臣，这事我已经受教了。《诗经》又说过：'普天之下，无不是天子的土地；四境之内，无不是天子的臣民。'舜既做了天子，瞽瞍却不是臣民，请问这是为什么呢？"

孟子说："《北山》这首诗，不是你说的那意思，而是说作者勤劳国事以致不能够奉养父母。他说：'这些事没一件不是天子之事啊，为什么就我一人这么辛劳呢？'所以解说诗的人，不要拘于字面而误解词句，也不要拘于词句而误解原意。用自己切身的体会去推测作者的本意，这就对了。假如拘于词句，那《云汉》诗说过'周朝剩余的百姓，没有一个存留'，相信了这一句话，便是周朝没有留下一个人了。孝子行为的极致，没有什么超过尊敬双亲的；尊敬双亲的极致，没有什么超过以天下来奉养父母的。瞽瞍做了天子的父亲，可说是尊贵到极致了；舜以天下来奉养他，可说是奉养的极致了。《诗经》又说：'永远地讲究孝道，孝道便是准则.'也正是这个意思。《书经》又说:'舜小心恭敬来见瞽瞍,战战兢兢的样子,瞽瞍于是也真的顺应了.'这难道是'父亲不能够把他当儿子'吗?"

9.5-1　万章曰:"尧以天下与舜,有诸?"

孟子曰:"否。天子不能以天下与人。"

"然则舜有天下也,孰与之?"

曰:"天与之。"

"天与之者,谆谆然命之乎?"

曰:"否。天不言,以行与事示之而已矣。"

曰:"以行与事示之者,如之何?"

曰:"天子能荐人于天,不能使天与之天下;诸侯能荐人于天子,不能使天子与之诸侯;大夫能荐人于诸侯,不能使诸侯与之大夫。昔者,尧荐舜于天,而天受之;暴之于民①,而民受之;故曰'天不言,以行与事示之而已矣'。"

注释:

①暴(pù):露,公开。

译文:

万章问道:"尧把天下交给舜,有这么回事吗?"

孟子答道:"不。天子不能够把天下交给他人。"

万章又问:"那么,舜领有天下,是谁交给的呢?"

答道:"天交给的。"

又问道:"天交给的,是反复叮嘱告诫后交给他的吗?"

答道:"不是;天不说话,拿行动和事迹来表示罢了。"

问道:"拿行动和事迹来表示,是怎样的呢?"

答道:"天子能把人推荐给天,却不能让天把天下交给他;(正如)诸侯能把人推荐给天子,却不能让天子把诸侯之位交给他;大夫能把人推荐给诸侯,却不能让诸侯把大夫之位交给他。从前,尧将舜推荐给天,天接受了;公开介绍他给百姓,百姓也接受了;所以说'天不说话,拿行动和事迹来表示罢了'。"

9.5-2　曰:"敢问荐之于天,而天受之;暴之于民,而民受之,如何?"

曰:"使之主祭,而百神享之,是天受之;使之主事,而事治,百姓安之,是民受之也。天与之,人与之,故曰,天子不能以天下与人。舜相尧二十有八载,非人之所能为也,天也。尧崩,三年之丧毕,舜避尧之子于南河之南①,天下诸侯朝觐者,不之尧之子而之舜;讼狱者,不之尧之子而之舜;讴歌者,不讴歌尧之子而讴歌舜,故曰,天也。夫然后之中国②,践天子位焉。而居尧之宫,逼尧之子,是篡也,非天与也。《太誓》曰:'天视自我民视,天听自我民听。'③此之谓也。"

注释:

①南河:河名,流经今河南范县。

②夫然后之中国:夫,远指代词,那,那样;之,到……去;中国,国中,国度之中。

③"《太誓》"至"民听":今本《太誓》为梅赜伪古文,这两句话也被采用。

译文:

万章说:"我大胆地问,把他推荐给天,天接受了;公开介绍给百姓,百姓也接受了,是怎样的呢?"

答道:"叫他主持祭祀,所有神明都来享用,这便是天接受了;叫他主持政务,政务井井有条,百姓都感到安适,这便是百姓接受了。是天交给他,百姓交给他,所以说,天子不能够拿天下交给人。舜辅佐尧28年,这不是某一个人所能做到的,而是天意。尧逝世了,3年之丧结束,舜(为了要使尧的儿子能够继承天下)便躲避尧的儿子而到南河的南边去。可是,天下诸侯朝见天子的,不到尧的儿子那里,却到舜那里;打官司的,也不到尧的儿子那里,却到舜那里;唱赞歌的人也不歌颂尧的儿子,而歌颂舜。所以说,这是天意。这样,舜才回到国都,坐上了天子的宝座。而如果自己居住在尧的宫室,逼迫尧的儿子(让位给自己),这是篡夺,不是天授了。《泰誓》说过:'百姓看到的,天也就看到;百姓听到的,天也就听到'。正是这个意思。"

9.6－1　万章问曰："人有言：'至于禹而德衰，不传于贤，而传于子。'有诸？"

孟子曰："否，不然也。天予贤，则予贤；天与子，则与子。昔者，舜荐禹于天，十有七年，舜崩，三年之丧毕，禹避舜之子于阳城①，天下之民从之，若尧崩之后不从尧之子而从舜也。禹荐益于天，七年，禹崩，三年之丧毕，益避禹之子于箕山之阴②。朝觐讼狱者不之益而之启③，曰'吾君之子也'；讴歌者不讴歌益而讴歌启，曰'吾君之子也'。丹朱④之不肖，舜之子亦不肖。舜之相尧、禹之相舜也，历年多，施泽于民久。启贤，能敬承继禹之道。益之相禹也，历年少，施泽于民未久。舜、禹、益相去久远，其子之贤不肖，皆天也，非人之所能为也。"

注释：

①阳城：在今河南登封市东南35里的告成镇。
②箕山：在今河南登封市东南。
③启：禹之子。
④丹朱：尧的儿子，本名朱，后封于丹，故称丹朱。

译文：

万章问道："有人说：'到禹的时候道德就衰微了，天下不传给贤良，却传给儿子。'有这样的事吗？"

孟子答道："不，不是这样的；天让授予贤良，便授予贤良，天让授予儿子，便授予儿子。从前，舜把禹推荐给天，17年之后，舜逝世了，3年之丧结束，禹（为着要让位给舜的儿子）便躲避到阳城去。天下百姓跟随禹，就好像尧死了以后他们不跟随尧的儿子却跟随舜一样。禹把益推荐给天，7年之后，禹死了，3年之丧结束，益（又为着让位给禹的儿子）便回避到箕山的北面去。当时朝见天子的人、打官司的人都不去益那里，而去启那里，说'他是我们君主的儿子啊'；唱赞歌的人也不歌颂益，而歌颂启，说'他是我们君主的儿子啊'。尧的儿子丹朱不好，舜的儿子也不好。而且舜辅佐尧，禹辅佐舜，经年历久，为老百姓谋幸福的时间长。（启和益的事就不同。）启很贤明，能够认真地继承禹的传统。益辅佐禹，未能历久经年，为百姓谋幸福的时间短。从舜到禹，再从禹到益，相隔已经好长时间了，他们儿子是好是坏，都是天意，不是人力所能做到的。"

9.6-2 "莫之为而为者，天也；莫之致而至者，命也。匹夫而有天下者，德必若舜禹，而又有天子荐之者，故仲尼不有天下。继世以有天下，天之所废，必若桀纣者也，故益、伊尹、周公不有天下。伊尹相汤以王于天下，汤崩，太丁未立，外丙二年，仲壬四年①，太甲颠覆汤之典刑，伊尹放之于桐②。三年，太甲悔过，自怨自艾，于桐处仁迁义，三年，以听伊尹之训己也，复归于亳③。周公之不有天下，犹益之于夏、伊尹之于殷也。孔子曰：'唐虞禅，夏后殷周继，其义一也。'"

注释：

①外丙、仲壬：甲骨文作"卜丙""中壬"。
②桐：在今河南偃师市西南五里。
③亳（bó）：当在今河南偃师市西。

译文：

"没有人很想做而竟做到了的，是天意；没有人叫他来而竟来了的，是命运。凭老百姓的身份而得到天下的，他的德行必然要像舜和禹那样，而且还要有天子推荐他，所以孔子便没有得到天下。世袭而拥有天下，却被天所废弃的，一定要像夏桀、商纣那样暴虐无道，所以益、伊尹、周公便没有得到天下。伊尹辅佐汤推行王道于天下，汤死了，太丁未即位就死了，外丙在位2年，仲壬在位4年（太丁的儿子太甲又继承王位），太甲推翻了汤的法度，伊尹便流放他到桐邑。3年之后，太甲悔过，怨恨自己，改正自己，在桐邑那地方，能够以仁居心，向义努力；3年之后，便能够听从伊尹对自己的教训了，然后又回到亳都做天子。周公未能得到天下，正好像益在夏朝、伊尹在殷朝一样。孔子说：'唐尧、虞舜以天下让贤，夏商周三代却传于子孙，道理是一样的。'"

9.7 万章问曰："人有言'伊尹以割烹要汤'，有诸？"

孟子曰："否，不然。伊尹耕于有莘之野①，而乐尧舜之道焉。非其义也，非其道也，禄之以天下，弗顾也；系马千驷，弗视也。非其义也，非其道也，一介不以与人②，一介不以取诸人。汤使人以币聘之③，嚣嚣然曰④：'我何以汤之聘币为哉？我岂若处畎亩之中，由是以乐尧舜之道哉？'汤三使往聘之，既而幡然改曰：'与我处畎亩之中⑤，由是以乐尧舜之道，吾岂若使是君为尧舜之君哉？吾岂若使是民为尧舜之民哉？吾岂若于吾身亲见之哉？天之生此民也，使先知觉后知，使先觉觉后觉也。予，天民之先觉者也；予将以斯道觉斯民也。非予觉之，而谁也？'思天下之民匹夫匹妇有不被尧舜之泽者，若己推而内之沟中⑥。其自任以天下之重如此，故就汤而说之以伐夏救民⑦。吾未闻枉己而正人者也，况辱己以正天下者乎？圣人之行不同也，或远，或近，或去，或不去，归洁其身而已矣。吾闻其以尧舜之道要汤，未闻以割烹也。《伊训》曰：'天诛造攻自牧宫，朕载自亳⑧。'"

注释：

①莘：国名，故址在今河南开封市。

②介：通"芥"，微不足道的东西。

③币：帛，这里的意思是以布帛相赠。

④嚣嚣：空闲的样子。

⑤与：与其。

⑥内：同"纳"。

⑦说（shuì）：游说。

⑧《伊训》曰：天诛造攻自牧宫，朕载自亳：《伊训》，《尚书》逸篇名，今本《尚书·伊训》为伪古文；造，开始；牧宫，桀所居之处；载，开始；朕，伊尹自称。

译文：

万章问道："有人说'伊尹通过做厨子来向汤求取（官职）'，有这么回事吗？"

孟子答道："不，不是这样的。伊尹在莘国的郊野种地，而以尧舜之道为乐。如果不合乎道，不合乎义，纵然把天下给他作俸禄，他也不会回头一看；纵然有4000匹马系在那里，他也不会看它们一眼。如果不合乎道，不合乎义，便一点也不给别人，也一点不从别人那儿拿走。汤曾让人拿礼物去聘请他，他却平静地说：'我要汤的聘礼干嘛呢？我何不呆在田野里，就这样以尧舜之道自娱呢？'汤几次派人去聘请他，不久，他便完全改变了态度，说：'我与其呆在田野里，就这样以尧舜之道自娱，又为何不让当今的君主做尧舜一样的君主呢？又为何不让现在的百姓做尧舜时代一样的百姓呢？我为何不在我这个时代亲眼见到（尧舜的盛世）呢？上天生育百姓，就是要让先知先觉者来使后知后觉者有所觉悟。我呢，是百姓中的先觉者，我就得拿尧舜之道让这些百姓有所觉悟。不由我去唤醒他们，那又有谁呢？'伊尹是这样想的：在天下的百姓中，只要有一个男子或妇女，没有被尧舜之道的雨露所沾溉，便好像自己把他推进山沟里让他去死一样。他就是如此把匡服天下的重担挑在自己肩上。所以一到汤那儿，便用讨伐夏桀、拯救百姓的道理来说服汤。我没有听说过，先自己不正，却能够匡正别人的；更何况先自取其辱，却能够匡正天下的呢？圣人的行为，各有不同，有的疏远君主，有的靠拢君主，有的离开朝廷，有的留恋朝廷，归根到底，都是洁身自好而已。我只听说过伊尹用尧舜之道向汤求取任用，没有听说过他用的是厨子的身份。《伊训》说过：'上天的讨伐是因牧官而起的，我不过从亳邑开始谋划罢了。'"

9.8　万章问曰："或谓孔子于卫主痈疽①，于齐主侍人瘠环②，有诸乎？"

孟子曰："否，不然也；好事者为之也。于卫主颜雠由。弥子之妻与子路之妻③，兄弟也④。弥子谓子路曰：'孔子主我，卫卿可得也。'子路以告。孔子曰：'有命。'孔子进以礼，退以义，得之、不得曰'有命'⑤。而主痈疽与侍人瘠环，是无义无命也。孔子不悦于鲁、卫，遭宋桓司马将要而杀之⑥，微服而过宋。是时孔子当厄，主司城贞子，为陈侯周臣。吾闻观近臣⑦，以其所为主；观远臣⑧，以其所主。若孔子主痈疽与侍人瘠环，何以为孔子？"

注释：

①主痈疽：以痈疽为主人，住在痈疽家。痈疽为宦官，古代以与宦官交往为耻。

②侍人：一作"寺人"，阉人。

③弥子：卫灵公宠臣弥子瑕。

④兄弟：先秦汉语，正如"子"包括儿子、女儿一样，兄弟也包括兄弟、姊妹；如需区别，则称呼姊妹为"女兄弟"；称呼姐姐为"女兄"，称呼妹妹为"女弟"。

⑤得之、不得曰"有命"：得到官位或得不到官位都听从命运。

⑥要（yāo）：拦截。

⑦近臣：在朝之臣。

⑧远臣：远方来仕者。

译文：

万章问道："有人说，孔子在卫国住在（卫灵公所宠幸的宦官）痈疽家里，在齐国也住在宦官瘠环家里。真有这回事吗？"

孟子说："不，不是这样的；这是好事之徒编造的。孔子在卫国，住在颜雠由家中。弥子瑕的妻子和子路的妻子是姊妹。弥子瑕对子路说：'孔子住在我家里，可以得到卫国卿相的位置。'子路把这话告诉了孔子。孔子说：'命运使然。'孔子依礼法而进，依道义而退，所以他得到或得不到官位都是命运使然。如果他住在痈疽和宦官瘠环家里，这便是无视礼义和命运了。孔子不得志于鲁国和卫国，又碰上了宋国的司马桓魋预备拦截并杀死他，只得化装悄悄地路过宋国。这时候，孔子正处于困境，便住在司城贞子家中，做了陈侯周的臣子。我听说过，观察身边的臣子，看他所招待的客人；观察外来的臣子，看他所寄居那家的主人。如果孔子真的以痈疽和宦官瘠环为主人，还是他'孔子'吗？"

9.9　万章问曰："或曰：'百里奚自鬻于秦养牲者五羊之皮，食牛以要秦穆公①。'信乎？"

孟子曰："否，不然；好事者为之也。百里奚，虞人也。晋人以垂棘之璧与屈产之乘假道于虞以伐虢②。宫之奇谏，百里奚不谏。知虞公之不可谏而去之秦③，年已七十矣；曾不知以食牛干秦穆公之为污也④，可谓智乎？不可谏而不谏，可谓不智乎？知虞公之将亡而先去之，不可谓不智也。时举于秦，知穆公之可与有行也而相之⑤，可谓不智乎？相秦而显其君于天下，可传于后世，不贤而能之乎？自鬻以成其君，乡党自好者不为，而谓贤者为之乎？"

注释：

①百里奚自鬻于秦养牲者五羊之皮，食牛以要（yāo）秦穆公：为了帮助理解，将这两句话稍加改动：百里奚以五羊之皮自鬻于秦之养牲者，饲牛以要秦穆公；要，要官做。

②晋人以垂棘之璧与屈产之乘假道于虞以伐虢：垂棘，晋国地名，今未详所在；屈产之乘，屈地所生足以驾车的良马；假道，借道，借路。

③去之秦：离开（虞国）到秦国去；去，离开。

④曾不知以食（sì）牛干（gān）秦穆公之为污也：曾，竟然；食，给…吃；食牛，即给牛吃，喂牛；干，求。

⑤有行：有为。

译文：

万章问道："有人说：'百里奚以五张羊皮的价钱把自己卖给秦国养牲畜的人，替人家饲养牛，以此来干求秦穆公。'是真的吗？"

孟子答道："不，不是这样的；这是好事之徒编造的。百里奚是虞国人。晋人用垂棘产的美玉和屈地所产的马向虞国借路，来攻打虢国。宫之奇加以劝阻，百里奚却不加劝阻。他知道虞公是劝不动的，因而离开故土，搬到秦国，这时已经70岁了。他竟不知道用饲养牛的方法来干求秦穆公是一种龌龊行为，可以说是聪明吗？但是，他预见到虞公不可能纳谏，便不加劝阻，谁又能说这人不聪明呢？他又预见到虞公将被灭亡，因而早早离开，又不能说他不聪明。他在秦国被推举出来，恰逢其时，更知道秦穆公是一位可以一道有所作为的君主，因而辅佐他，谁又能说这人不聪明呢？当上秦国的卿相，使穆公声名赫赫于天下，而且流芳后世，不是贤者，能够做到这些吗？卖掉自己来成全君主，乡村中洁身自爱的人尚且不肯，反而说贤者愿意干吗？"

万章章句下（凡九章）

10.1-1 孟子曰："伯夷，目不视恶色，耳不听恶声。非其君，不事；非其民，不使。治则进，乱则退。横政之所出①，横民之所止，不忍居也。思与乡人处，如以朝衣朝冠坐于涂炭也。当纣之时，居北海之滨，以待天下之清也。故闻伯夷之风者，顽夫廉②，懦夫有立志。伊尹曰：'何事非君？何使非民？'治亦进，乱亦进，曰：'天之生斯民也，使先知觉后知，使先觉觉后觉。予，天民之先觉者也。予将以此道觉此民也。'思天下之民匹夫匹妇有不与被尧舜之泽者，若己推而内之沟中——其自任以天下之重也。"

注释：

①横（hèng）：凶暴，横逆，不讲理。
②顽：贪。

译文：

孟子说："伯夷，眼睛不看诸如狐媚之色，耳朵不听诸如淫荡之声。不是他理想的君主，不去侍奉；不是他理想的百姓，不去使唤。天下太平，就出来做事；天下混乱，就退居乡野。施行暴政的国家，住有暴民的地方，他都不乐意去居住。他认为同乡巴佬相处，就好比穿戴着礼服礼帽坐在泥涂炭灰之上。当商纣的时候，他住在北海边上，期盼着天下的清平。所以闻知伯夷高风亮节的人中，贪婪者都能变得廉洁，懦弱者也能独立不屈。伊尹说：'哪个君主不可以侍奉？哪个百姓不可以使唤？'天下太平时出来做官，天下混乱时也出来做官，他说：'上天生育这些百姓，就是要让先知先觉的人来开导后知后觉的人。我是这些人之中的先觉者。我将以尧

162

舜之道来开导芸芸众生。'他这样想：在天下的百姓中，只要有一个男子或一个妇女，没有被尧舜之道的雨露所沾溉，便好像自己把他推进山沟里让他去死一样。他就是如此把匡服天下的重任一肩挑上。"

10.1-2 "柳下惠不羞污君，不辞小官。进不隐贤，必以其道。遗佚而不怨，厄穷而不悯。与乡人处，由由然不忍去也。'尔为尔，我为我，虽袒裼裸裎于我侧，尔焉能浼我哉？'故闻柳下惠之风者，鄙夫宽，薄夫敦①。孔子之去齐，接淅而行②；去鲁，曰：'迟迟吾行也，去父母国之道也。'可以速而速，可以久而久，可以处而处，可以仕而仕，孔子也。"

注释：

①鄙夫、薄夫：鄙夫，心胸狭隘的人；薄夫，心肠刻薄的人。

②接淅：许慎《说文解字》引作"滰淅"。滰，漉干；淅，淘米。

译文：

"柳下惠不以侍奉坏君主为可羞，也不因官小而辞掉。他立于朝廷，见有贤人，从不隐瞒，但一定按自己的原则办事。被人弃若敝屣之时，他不怨恨；一筹莫展之际，他不忧愁。同乡巴佬相处，他也能高高兴兴地不忍离开。（他说：）'你是你，我是我，你纵然在我边上一丝不挂，哪能就沾染弄脏我呢？'所以闻知柳下惠高风亮节的人中，胸襟狭小者变宽厚了，刻薄寡恩者也敦厚了。孔子离开齐国，不等把米淘完滤干就走；离开鲁国，却说：'我们慢慢走吧，这是离开祖国的态度。'应该马上走就马上走，应该继续干就继续干，应该辞官就辞官，应该做官就做官，这便是孔子。"

10.1-3 孟子曰："伯夷，圣之清者也；伊尹，圣之任者也；柳下惠，圣之和者也；孔子，圣之时者也。孔子之谓集大成。集大成也者，金声而玉振之也。金声也者，始条理也；玉振之也者，终条理也。始条理者，智之事也；终条理者，圣之事也。智，譬则巧也；圣，譬则力也。由射于百步之外也①，其至，尔力也；其中，非尔力也。"

注释：

①由：同"犹"。

孟子又说："伯夷是圣人之中清白的人，伊尹是圣人之中尽责的人，柳下惠是圣人之中平和的人，孔子则是圣人之中识时务的人。孔子，可以叫他为集大成者。'集大成'的意思，就像先敲青铜镈钟，最后用玉制特磬收束一样。先敲镈钟，是节奏条理的开始；用特磬收束，是节奏条理的终结。条理的开始在于智，条理的终结在于圣。智好比技巧，圣好比气力。就好像在百步以外射箭，射那么远，凭你的力量；能够射中，却不凭你的力量。"

10.2 – 1　北宫锜问曰①："周室班爵禄也②，如之何？"

孟子曰："其详不可得闻也，诸侯恶其害己也，而皆去其籍③；然而轲也尝闻其略也。天子一位，公一位，侯一位，伯一位，子、男同一位，凡五等也。君一位，卿一位，大夫一位，上士一位，中士一位，下士一位，凡六等。天子之制，地方千里，公侯皆方百里，伯七十里，子、男五十里，凡四等。不能五十里，不达于天子，附于诸侯，曰附庸。天子之卿受地视侯④，大夫受地视伯，元士受地视子、男。"

注释：

①北宫锜（qí）：卫人。

②班：列。

③去其籍：除去其典籍；去，除去。

④视：比。

译文：

北宫锜问道："周朝排定的官爵和俸禄的等级制度是怎么回事呢？"

孟子答道："详细情况已经不能够知道了，因为诸侯厌恶它妨碍自己，都把那些文献毁灭了。但是，我也曾听说过一些大致情形。天子为一级，公一级，侯一级，伯一级，子和男算同一级，一共5级。君为一级，卿一级，大夫一级，上士一级，中士一级，下士一级，共6级。按照规定，天子管理的土地纵横各1000里，公和侯100里，伯70里，子、男50里，一共4级。土地纵横不够50里的，够不着天子，因此附属于诸侯，叫做'附庸'。天子的卿，其封地等同于侯；天子的大夫，其封地等同于伯；天子的士，其封地等同于子、男。"

10.2-2　"大国地方百里，君十卿禄，卿禄四大夫，大夫倍上士，上士倍中士，中士倍下士，下士与庶人在官者同禄，禄足以代其耕也。次国地方七十里，君十卿禄，卿禄三大夫，大夫倍上士，上士倍中士，中士倍下士，下士与庶人在官者同禄，禄足以代其耕也。小国地方五十里，君十卿禄，卿禄二大夫，大夫倍上士，上士倍中士，中士倍下士，下士与庶人在官者同禄，禄足以代其耕也。耕者之所获，一夫百亩；百亩之粪，上农夫食九人，上次食八人，中食七人，中次食六人，下食五人。庶人在官者，其禄以是为差。"

译文：

"大国土地纵横各 100 里，君主的俸禄为卿的 10 倍，卿为大夫的 4 倍，大夫为上士的两倍，上士为中士的两倍，中士为下士的两倍，下士的俸禄和平民之任小官者相同，其俸禄足以抵偿他们耕种的收入了。稍小一点的国的土地纵横各 70 里，君主的俸禄为卿的 10 倍，卿为大夫的 3 倍，大夫为上士的两倍，上士为中士的两倍，中士为下士的两倍，下士的俸禄和平民之任小官者相同，其俸禄也足以抵偿他们耕种的收入了。小国的土地纵横各 50 里，君主的俸禄为卿的 10 倍，卿为大夫的两倍，大夫为上士的两倍，上士为中士的两倍，中士为下士的两倍，下士的俸禄和平民之任小官者相同，其俸禄足以抵偿他们耕种的收入了。农夫的耕种收入，一夫一妇分田百亩。百亩田地的施肥耕作，上上等农夫可以养活 9 个人，上次等可养活 8 个人，中上等可养活 7 个人，中次等可养活 6 个人，下等可养活 5 个人。平民之任小官者，他们的俸禄也比照上述分等级。"

10.3-1　万章问曰："敢问友。"

孟子曰："不挟长，不挟贵，不挟兄弟而友[1]。友也者，友其德也，不可以有挟也。孟献子[2]，百乘之家也，有友五人焉：乐正裘，牧仲，其三人，则予忘之矣。献子之与此五人者友也，无献子之家者也。此五人者，亦有献子之家，则不与之友矣。非惟百乘之家为然也，虽小国之君亦有之。费惠公曰③：'吾于子思，则师之矣；吾于颜般，则友之矣；王顺、长息则事我者也。'"

注释：

①挟（xié）：倚仗。

②孟献子：鲁国大夫仲孙蔑。

③费（bì）：小国名。

译文：

万章问道："请问如何交朋友。"

孟子答道："不要仗着自己年纪大，不要仗着自己地位高，不要仗着自己兄弟富贵来交友。所谓交朋友，是心灵品德的交集，绝不能有所倚仗。孟献子是有着100辆车马的大夫之家，他有5位朋友，有乐正裘、牧仲，其他3位名字，我忘记了。献子同这5位相交，并不会想到自己有着富贵之家。这5位，如果也想着献子有着富贵之家，就不会同他交友了。不单单是有着100辆车马的大夫如此，即使小国之君也有朋友。费惠公说：'我对子思，只是把他当作老师；对于颜般，只是把他当作朋友；王顺和长息，不过是侍奉我的人罢了。'"

10.3-2 "非惟小国之君为然也，虽大国之君亦有之。晋平公之于亥唐也，入云则入，坐云则坐，食云则食①，虽蔬食菜羹②，未尝不饱，盖不敢不饱也。然终于此而已矣。弗与共天位也，弗与治天职也，弗与食天禄也，士之尊贤者也，非王公之尊贤也。舜尚见帝③，帝馆甥于贰室④，亦飨舜，迭为宾主，是天子而友匹夫也。用下敬上⑤，谓之贵贵；用上敬下，谓之尊贤。贵贵尊贤，其义一也。"

注释：

①入云、坐云、食云："云入""云坐""云食"之倒文。

②蔬食："蔬"同"疏"；"蔬食"，即《论语》"饭疏食饮水，曲肱而枕之"的"疏食"，粗粝之食。

③尚：同"上"。以匹夫而晋谒天子，故云"上"。

④甥：女婿。舜是尧的女婿。

⑤用：以。

译文：

"不单单小国的君主如此，即使大国之君也有朋友。晋平公如何对待亥唐？亥唐叫他进去，便进去；叫他坐，便坐；叫他吃饭，便吃饭。即便是糙米饭、蔬菜汤，未曾没吃饱过，因为不敢不吃饱。然而也就做到这个地步罢了。不和他共有天授之位，不和他共治天授之职，不和他共食天授之禄，这不过是士人尊敬贤者的态度，不是王公尊敬贤者应抱有的态度。舜谒见尧，尧请女婿住在另一处官邸中，也请他吃饭，接着互为客人和主人，这就是天子和老百姓的交友。以卑贱者身份尊敬高贵者，叫做尊重贵人；以高贵者身份尊敬卑贱者，叫做尊敬贤者。尊重贵人和尊敬贤者，道理是一样的。"

10.4－1 万章问曰："敢问交际何心也？"

孟子曰："恭也。"

曰："'却之却之为不恭'，何哉？"

曰："尊者赐之①，曰'其所取之者义乎，不义乎？'而后受之，以是为不恭，故弗却也。"

曰："请无以辞却之，以心却之，曰'其取诸民之不义也'，而以他辞无受，不可乎？"

曰："其交也以道，其接也以礼，斯孔子受之矣。"

注释：

①尊者：与长者不同。长者以年齿言，尊者以地位言。

译文：

万章问道："请问互相交流的时候，要抱持什么态度？"

孟子答道："毕恭毕敬。"

万章说："（俗话说）'拒绝人家的礼物，这是不恭敬'，为什么呢？"

孟子说："尊者有所赐予，还得想想'他得来这礼物合于义呢，还是不合于义呢'，然后才接受，这是不恭敬的；因此便不拒绝。"

万章说:"我说,我不用言辞拒绝他的礼物,用心来拒绝罢了,心里说'这是他取自百姓的不义之财呀',再用托词来拒绝,难道不可以吗?"

孟子说:"他依规矩同我交往,依礼节同我接触,这样,孔子都会接受礼物的。"

10.4-2　万章曰:"今有御人于国门之外者①,其交也以道,其馈也以礼,斯可受御与?"

曰:"不可。《康诰》曰:'杀越人于货,闵不畏死,凡民罔不譈②。'是不待教而诛者也。殷受夏,周受殷,所不辞也;于今为烈,如之何其受之?"

曰:"今之诸侯取之于民也,犹御也。苟善其礼际矣,斯君子受之,敢问何说也?"

曰:"子以为有王者作,将比今之诸侯而诛之乎③?其教之不改而后诛之乎?夫谓非其有而取之者盗也,充类至义之尽也④。孔子之仕于鲁也,鲁人猎较⑤,孔子亦猎较。猎较犹可,而况受其赐乎?"

注释:

①御:拦截。

②《康诰》曰以下数句:今本《尚书·康诰》作"杀越人于货,暋不畏死,罔弗憝"。越,语气词,无实义。于,往;于货,取货。闵,同"暋",强横。譈,同"憝",怨。

③比(bì):同。

④充类至义:强调到顶点。

⑤猎较:狩猎时,竞争谁能夺得禽兽。

译文:

万章说:"如今有一个在国都郊外拦路抢劫的人,他也依规矩同我交往,也依礼节送我吃的,这样就可以接受赃物了吗?"

孟子说:"不可以。《康诰》说:'杀人越货的亡命之徒,是人人可得而杀之的。'可见这种人是不必先教育就可以诛杀的。这种法律,殷商受之于夏朝,周朝受之于殷商,没有更改;如今这法律更是显赫昭彰,又怎么可以接受赃物呢?"

万章说:"今天这些诸侯,他们的财物取自于民,也和拦路抢劫差不多。假如做好交流时的礼节,那么君子也就接受了,请问这又如何解说呢?"

孟子说:"你以为若有圣王兴起,对于今天的诸侯,是不加区别全部诛杀呢,还是先行教育,如有不改悔者,然后(分别不同情形再行)诛杀呢?而且,不是自己所有而取得它,将这种行为说成抢劫,这只是把它归类到"义"的顶点的极致话语。孔子在鲁国做官的时候,鲁国人争夺猎物,孔子也争夺猎物。争夺猎物都可以,何况接受赐予呢?"

10.4-3 曰:"然则孔子之仕也,非事道与①?"

曰:"事道也。"

"事道奚猎较也?"

曰:"孔子先簿正祭器②,不以四方之食供簿正。"

曰:"奚不去也?"

曰:"为之兆也③。兆足以行矣,而不行,而后去,是以未尝有所终三年淹也。孔子有见行可之仕,有际可之仕,有公养之仕④。于季桓子,见行可之仕也;于卫灵公,际可之仕也;于卫孝公,公养之仕也。"

注释:

①事道:行道。所争夺来的猎物原为着祭祀,既不能用来供祭祀,便无所用之,争夺猎物的风气自然逐渐衰灭了。

②孔子先簿正祭器:孔子首先用修订簿书来匡正宗庙祭祀之器。

③兆:始,预示。

④际可、公养:"际可"为独对某一人之礼遇,"公养"则是对当时一般人之礼待。

译文:

万章说:"然而,孔子出来做官,不是为了行道吗?"

孟子说:"是为了行道。"

"既然为了行道,为什么又争夺猎物呢?"

孟子说:"孔子先用文书规定祭祀所用器物和祭品,但不用别处的食物来满足文书规定的祭祀(所以必须通过争夺猎物来提供祭品)。"

万章说:"他为什么不离开呢?"

孟子说:"孔子做官,总要试验看通不通。试验之后,主张可以实行,君主却不肯实行,这才离开,所以他未曾在一个朝廷停留达到3年。孔子有因为可以行道而做官,也有因为君主礼遇他而做官,也有因为国君养贤而做官。对于季桓子,是因为可以行道而做官;对于卫灵公,是因为礼遇而做官;对于卫孝公,是因为国君养贤而做官。"

10.5 孟子曰:"仕非为贫也,而有时乎为贫;娶妻非为养也,而有时乎为养。为贫者,辞尊居卑,辞富居贫。辞尊居卑,辞富居贫,恶乎宜乎?抱关击柝①。孔子尝为委吏矣②,曰:'会计当而已矣。'尝为乘田矣③,曰:'牛羊茁壮长而已矣。'位卑而言高,罪也;立乎人之本朝④,而道不行,耻也。"

注释:

①抱关击柝:抱关,守城门的军卒;柝,值更所击的木头,中空,类今之木鱼。

②委吏:管仓库的小官。

③乘田:管畜牧的小官。乘,去声。

④本朝:即"朝廷"之义。

译文:

孟子说:"做官不是因为贫穷,但有时候也因为贫穷。娶妻不是为了奉养父母,但有时候也为了奉养父母。因为贫穷而做官的,便该拒绝高官,而居于卑位;拒绝厚禄,而只拿薄薪。拒绝高官,居于卑位;拒绝厚禄,只拿薄薪,怎样才合适呢?去守门打更好了。孔子曾经当过管理仓库的小官,他说:'只是出入数字对得上而已。'也曾做过管理牲畜的小官,他说:'只是牛羊壮实成长了而已。'位置低下,而议论朝廷大事,是罪过;站在君主的朝廷上做官,而不能贯彻正义的主张,是耻辱。"

10.6 – 1　万章曰："士之不托诸侯，何也?"

孟子曰："不敢也。诸侯失国，而后托于诸侯，礼也；士之托于诸侯，非礼也。"

万章曰："君馈之粟，则受之乎?"

曰："受之。"

"受之何义也?"

曰："君之于氓也①，固周之②。"

曰："周之则受，赐之则不受，何也?"

曰："不敢也。"

曰："敢问其不敢何也?"

曰："抱关击柝者，皆有常职以食于上。无常职而赐于上者，以为不恭也。"

注释:

①氓：自他国流亡而来之民。

②周：接济。

译文:

万章说："士人不仰仗别国诸侯生活，为什么呢?"

孟子说："不敢这样。诸侯失去了国家，然后才仰仗别国诸侯，这是合于礼的；士仰仗别国诸侯，是不合于礼的。"

万章说："君主如果送给他谷米，那接受吗?"

孟子说："接受。"

"接受又有个什么说法呢?"

答道："君主对于流亡者，本来可以周济他。"

问道："周济他，就接受；赐予他，就不接受，为什么呢?"

答道："不敢啊。"

问道："请问，不敢接受，又是为什么呢?"

答道："守门打更的人都有一定的职务，因而接受上面的给养。没有一定的职务，却接受上面的赐予的，这被认为是不恭敬的。"

10.6-2 曰："君馈之，则受之，不识可常继乎？"

曰："缪公之于子思也，亟问①，亟馈鼎肉②。子思不悦。于卒也，摽使者出诸大门之外③，北面稽首再拜而不受④，曰：'今而后知君之犬马畜伋。'盖自是台无馈也⑤。悦贤不能举，又不能养也，可谓悦贤乎？"

曰："敢问国君欲养君子，如何斯可谓养矣？"

曰："以君命将之⑥，再拜稽首而受。其后廪人继粟，庖人继肉⑦，不以君命将之。子思以为鼎肉使己仆仆尔亟拜也⑧，非养君子之道也。尧之于舜也，使其子九男事之，二女女焉，百官牛羊仓廪备，以养舜于畎亩之中，后举而加诸上位⑨。故曰，王公之尊贤者也。"

注释：

①问：问讯，问候。

②鼎肉：熟肉。

③摽（biāo）：挥手让别人走开。

④稽首再拜：碰头于地叫做稽首；再拜，作揖两次。"再拜稽首"是吉拜，表示接受礼物；"稽首再拜"是凶拜，表示拒绝礼物。

⑤台：仆役。

⑥将：送。

⑦庖人：官名，类似现在的食堂管理者。

⑧仆仆尔：烦猥的样子。

⑨加：加官。

译文：

问道："君主给他馈赠，他也就接受，不知道可以经常这样做吗？"

答道："鲁缪公对于子思，就是屡次问候，屡次送给他肉食，子思不高兴。最后一次，子思便挥手把来人赶出大门，然后朝北面磕头作揖拒绝了，并说：'今天才知道君主把我当狗当马畜养。'大概从此鲁缪公才不让仆役给子思送肉食了。喜悦贤人，却不能重用，又不能有礼貌地照顾生活，可以说是喜悦贤人吗？"

问道："国君要在生活上照顾君子，要怎样才能照顾得好呢？"

答道："先称述君主的旨意送给他，他便作揖磕头而接受。然后管理仓库的人经常送来谷米，掌管伙食的人经常送来肉食，这些都不用称述君主的旨意了（接受者也就可以不再作揖磕头了）。子思认为为了一块肉便让自己劳神费力作揖行礼，这便不是照顾君子生活的方式了。尧对于舜，让自己的九个儿子向他学习，把自己的两个女儿嫁给他，而且百官、牛羊、仓库全都具备，来让舜在田野中得到周到的生活照顾，然后提拔他到很高的职位上。所以说，这才算是王公尊敬贤者啊！"

10.7－1　万章曰："敢问不见诸侯，何义也？"

孟子曰："在国曰市井之臣，在野曰草莽之臣，皆谓庶人。庶人不传质为臣①，不敢见于诸侯，礼也。"

万章曰："庶人，召之役，则往役；君欲见之，召之，则不往见之，何也？"

曰："往役，义也；往见，不义也。且君之欲见之也，何为也哉？"

注释：

①传质：质，同"贽"，见面时送给对方的礼物。拿礼物求见，必先由守门者传达，这叫做"传贽"。

译文：

万章问道："请问士子不去谒见诸侯，这是什么道理呢？"

孟子答道："不曾有过职位的人，住在城市便叫做市井之臣，住在乡野便叫做草莽之臣，这都叫做庶人。庶人不送见面礼而取得臣属资格，不敢去谒见诸侯，这是礼节。"

万章说："庶人，召他去服役，便去服役；君主想要接见他，召唤他，却不去谒见，这又为什么呢？"

孟子说："去服役，是合乎义的；去谒见，是不合乎义的。而且君主想要见他，为的是什么呢？"

10.7－2　曰："为其多闻也，为其贤也。"

曰："为其多闻也，则天子不召师，而况诸侯乎？为其贤也，则吾未闻欲见贤而召之也。缪公亟见于子思①，曰：'古千乘之国以友士，何如？'子思不悦，曰：'古之人有言曰，事之云乎，岂曰友之云乎？'子思之不悦也，岂不曰：'以位，则子，君也；我，臣也；何敢与君友也？以德，则子事我者也，奚可以与我友？'千乘之君求与之友而不可得也，而况可召与？齐景公田，招虞人以旌，不至，将杀之。'志士不忘在沟壑，勇士不忘丧其元。'孔子奚取焉？取非其招不往也。"

注释：

①见于子思：被子思接见。

译文：

万章说："为的是他见多识广，为的是他品德高尚。"

孟子说："如果为的是他见多识广，那天子都不能召唤老师，何况诸侯呢？如果为的是他品德高尚，那我也没听说过想要和贤人见面却召唤他去的。鲁缪公屡次拜访子思，说：'古代有着千辆兵车的国君和士人交友，会怎么样？'子思不高兴，说：'古代人说的意思，是说以士人为师吧，难道是说和士人交友吗？'子思不高兴，难道不是心里这样说：'论地位，那你是君主，我是臣子，哪敢和你交朋友呢？论道德，那你是向我学习的人，怎么够格和我交朋友呢？'千乘之国的国君追求和他交朋友都办不到，何况召唤他呢？齐景公田猎，用旌来召唤猎场管理员，他不来，准备杀他。孔子说：'有志之士不怕（死无葬身之地）弃尸山沟；勇敢的人（见义勇为）不怕丢掉脑袋。'孔子对这个管理员赞赏他哪一点呢？就是赞赏不是该召唤他的礼，他硬是不接受而不去。"

10.7-3 曰："敢问招虞人何以？"

曰："以皮冠，庶人以旃①，士以旗②，大夫以旌。以大夫之招招虞人，虞人死不敢往；以士之招招庶人，庶人岂敢往哉？况乎以不贤人之招招贤人乎？欲见贤人而不以其道，犹欲其入而闭之门也。夫义，路也；礼，门也。唯君子能由是路，出入是门也。《诗》云③：'周道如底④，其直如矢；君子所履，小人所视⑤。'"

万章曰："孔子，君命召，不俟驾而行；然则孔子非与？"

曰："孔子当仕有官职，而以其官召之也。"

注释:

①旃（zhān）：曲柄旗。

②旂（qí）：有铃铛的旗。

③《诗》云以下四句：见《诗经·小雅·大东》。

④周道如底：周道，大道；"底"当作"厎"，"厎"即"砥"字，磨刀石。

⑤视：效法。

译文:

问道："请问召唤猎场管理员该用什么呢？"

答道："用皮帽子。召唤老百姓用旃，召唤士用旂，召唤大夫用旌。用召唤大夫的礼节去召唤猎场管理员，猎场管理员死也不敢去；用召唤士人的礼节去召唤庶人，庶人难道敢去吗？更何况用召唤不贤之人的礼节去召唤贤人呢？想同贤人会面，却不依循规矩礼节，就好比要请他进来却闭上门。义好比是路，礼好比是门。只有君子能从这条路上走，从这扇门里进。《诗经》说：'大路平似磨刀石，又像箭矢一般直。君子在它上面走，小人以它为法式效行。'"

万章问道："孔子，当国君之命在召唤，不等车马驾好便先走一步。这样看来，孔子错了吗？"答道："那是因为孔子正在做官，有职务在身，国君用他担任的官职去召唤他。"

10.8　孟子谓万章曰："一乡之善士斯友一乡之善士，一国之善士斯友一国之善士，天下之善士斯友天下之善士。以友天下之善士为未足，又尚论古之人①。颂其诗②，读其书，不知其人，可乎？是以论其世也。是尚友也。"

注释:

①尚：同"上"。

②颂：同"诵"。

译文:

孟子对万章说："一乡的优秀人物才结交那一乡的优秀人物，一国的优秀人物才结交那一国的优秀人物，天下的优秀人物才结交天下的优秀人物。觉得结交天下的优秀人物还不够，便又追论古代的人物。吟诵他们的诗歌，阅读他们的著作，不了解他为何许人，可以吗？所以要讨论他那一个时代。这就是上溯古人和他们交朋友。"

10.9　齐宣王问卿。孟子曰："王何卿之问也？"

王曰："卿不同乎？"

曰："不同；有贵戚之卿^①，有异姓之卿。"

王曰："请问贵戚之卿。"

曰："君有大过则谏；反复之而不听，则易位。"

王勃然变乎色。

曰："王勿异也。王问臣，臣不敢不以正对。"

王色定，然后请问异姓之卿。

曰："君有过则谏，反复之而不听，则去。"

注释：

①贵戚之卿：同姓之卿。

译文：

齐宣王问有关公卿的事。孟子说："王所问的是哪种公卿？"

宣王问："公卿难道还有不同吗？"

孟子说："有不同；有和王室同宗的公卿，有非王族的公卿。"

宣王说："我请问和王室同宗的公卿。"

孟子说："国君若有重大错误，他便劝谏；反复劝谏而不听从，就废掉他而改立别人。"

宣王突然变了脸色。

孟子说："王不要奇怪。王问我，我不敢不告诉你正确的。"

宣王脸色淡定了，又请问非王族的公卿。

孟子说："国君若有错误，他便劝谏；反复劝谏而不听从，就离去。"

告子章句上（凡二十章）

11.1　告子曰："性犹杞柳也^①，义犹杯棬也^②；以人性为仁义，犹以杞柳为杯棬。"

孟子曰："子能顺杞柳之性而以为杯棬乎？将戕贼杞柳而后以为杯棬也？如将戕贼杞柳而以为杯棬，则亦将戕贼人以为仁义与？率天下之人而祸仁义者，必子之言夫！"

注释：

①杞柳：榉树，不能做木材，仅能供编物之用。如用作杯盘，恐不能盛液体。

②杯棬（quān）：一种大杯。

译文：

告子说："人的本性好比榉柳树，义理好比杯盘；用人的本性成就仁义，正好比用榉柳树来做成杯盘。"

孟子说："您是顺着榉柳树的本性来做成杯盘呢，还是扭曲榉柳树的本性来做成杯盘呢？如果要扭曲榉柳树的本性之后才做成杯盘，那不也要扭曲人的本性之后成就仁义吗？率领天下的人来祸害仁义的，一定是您的这些话吧！"

11.2　告子曰："性犹湍水也，决诸东方则东流，决诸西方则西流。人性之无分于善不善也，犹水之无分于东西也。"

孟子曰："水信无分于东西^①，无分于上下乎？人性之善也，犹水之就下也。人无有不善，水无有不下。今夫水，搏而跃之，可使过

177

颡②；激而行之，可使在山。是岂水之性哉？其势则然也。人之可使为不善，其性亦犹是也。"

注释：

①信：诚，真的。

②颡（sǎng）：额。

译文：

告子说："人性好比急流水，东方开了缺口便朝东流，西方开了缺口便朝西流。人性不分善和不善，正好比水性不管东流、西流。"

孟子说："水诚然不分朝东流和朝西流，难道也不分朝上流或朝下流吗？人性的善良，正好比水性朝下流。人没有不善良的，水没有不朝下流的。现在那儿有一汪水，拍它而让它涌起来，可以高过额角；戽水（用农具汲水）使它倒流，可以引上高山，这难道是水的本性吗？情势让它这样罢了。人所以能够做坏事，本质也正是这样。"

11.3 告子曰："生之谓性①。"

孟子曰："生之谓性也，犹白之谓白与？"

曰："然。"

"白羽之白也犹白雪之白，白雪之白犹白玉之白与？"

曰："然。"

"然则犬之性犹牛之性，牛之性犹人之性与？"

注释：

①生之谓性："生"和"性"是同源字，意义上有联系。

译文：

告子说："天生的叫做本性。"

孟子说："天生的叫做本性，就好比白色的东西都叫做白色吗？"

答道："是这样。"

"白羽毛的白色如同白雪的白色，白雪的白色如同白玉的白色吗？"

答道："是这样。"

"那么，狗性如同牛性，牛性如同人性吗？"

11.4　告子曰："食色，性也。仁，内也，非外也；义，外也，非内也。"

孟子曰："何以谓仁内义外也？"

曰："彼长而我长之，非有长于我也；犹彼白而我白之，从其白于外也，故谓之外也。"

曰："异于白马之白也①，无以异于白人之白也；不识长马之长也，无以异于长人之长与？且谓长者义乎？长之者义乎？"

曰："吾弟则爱之，秦人之弟则不爱也，是以我为悦者也，故谓之内。长楚人之长，亦长吾之长，是以长为悦者也，故谓之外也。"

曰："耆秦人之炙②，无以异于耆吾炙，夫物则亦有然者也，然则耆炙亦有外欤？"

注释：

①异于：这两个字有可能是多出来的。

②耆：同"嗜"。

译文：

告子说："吃喝以及性欲，是人的本性。仁是内在的，不是外在的；义是外在的，不是内在的。"

孟子说："为什么说仁是内在的而义是外在的呢？"

答道："因为他年纪大，我才尊敬他，这尊敬的心思不是我固有的；正好比那东西是白的，是因为它的白是它自己表现在外的，我便把它叫做白东西；所以说它是外在的。"

孟子说："白马的白和白人的白或许并无不同，但是不知道对老马的怜悯和对长者的尊敬，是否也没有什么不同呢？而且，您是说长者义呢，还是说尊敬长者的人义呢？"

答道："是我的弟弟妹妹我便爱他，是秦国人的弟弟妹妹我便不爱他，这是因我自己高兴这样做，所以说仁是内在的。尊敬楚国的长者，也尊敬我自己的长者，这是因为他们年长而令人高兴。所以说义是外在的。"

孟子说："喜欢吃秦国人的烧肉，和喜欢吃自己的烧肉并无不同，各种事物也有这样的情形，那么，难道喜欢吃烧肉也是外在的吗？（那不和您说的饮食是本性的论点相矛盾了吗？）"

11.5　孟季子问公都子曰①："何以谓义内也？"

曰："行吾敬，故谓之内也。"

"乡人长于伯兄一岁，则谁敬？"

曰："敬兄。"

"酌则谁先？"

曰："先酌乡人。"

"所敬在此，所长在彼，果在外，非由内也。"

公都子不能答，以告孟子。孟子曰："'敬叔父乎？敬弟乎？'彼将曰：'敬叔父。'曰：'弟为尸②，则谁敬？'彼将曰：'敬弟。'子曰：'恶在其敬叔父也？'彼将曰：'在位故也。'子亦曰：'在位故也。庸敬在兄③，斯须之敬在乡人。'"

季子闻之，曰："敬叔父则敬，敬弟则敬，果在外，非由内也。"

公都子曰："冬日则饮汤，夏日则饮水，然则饮食亦在外也？"

注释：

①孟季子：不知是什么人。

②尸：古代祭祀不用牌位或者神主，更无画像，而用男女儿童为受祭代理人，叫做"尸"。

③庸：平，平时。

译文：

孟季子问公都子说："为什么说义是内在的呢？"

答道："我所贯彻的是我内心的恭敬，所以说是内在的。"

"本乡人比大哥年长一岁，那你尊敬谁？"

答道："尊敬大哥。"

"那么，先给谁斟酒？"

答道："先斟酒给本乡长者。"

"内心恭敬的在这里，先敬礼的却在那里，可见义果真是外在的，不是发自内心的。"

公都子不能对答，便来告诉孟子。孟子说："（你可以问）'恭敬叔父呢，还是恭敬弟弟呢？'他会说：'恭敬叔父。'你又问：'弟弟若做了代受祭者，那又恭敬谁呢？'他会说：'恭敬弟弟。'你便问：'那又怎么解释刚才所说的敬叔父呢？'他会说：'这是由于弟弟在尊位的缘故。'（同理）那你也可以说：'那也是由于本乡长者在尊位的缘故。平日里一直恭敬哥哥，此刻则以恭敬本乡长者优先。'"

季子听到了这话，又说："对叔父也是恭敬，对弟弟也是恭敬，毕竟义是外在的，不是发自内心的。"

公都子说："冬天喝热水，夏天喝凉水，那么，难道吃喝（不是出自本性）也是外在的吗？"

11.6－1　公都子曰："告子曰：'性无善无不善也。'或曰：'性可以为善，可以为不善。是故文武兴，则民好善；幽厉兴，则民好暴。'或曰：'有性善，有性不善。是故以尧为君而有象；以瞽瞍为父而有舜；以纣为兄之子，且以为君，而有微子启、王子比干。'今曰'性善'，然则彼皆非与？"

译文：

公都子说："告子说：'本性没有什么善良，也没有什么不善良。'也有人说：'本性可以让人做好事，也可以让人做坏事。所以当周文王、武王兴起时，百姓便一心向善；周幽王、厉王兴起时，百姓便变得横暴。'也有人说：'有些人本性善良，有些人本性不善良。所以，以尧为君，也有象这样的百姓；以瞽瞍为父，也有舜这样的儿子；以纣为侄儿，而且贵为君主，也有微子启、王子比干这样的仁人。'如今老师说本性善良，那么，他们的说法都错了吗？"

11.6－2　孟子曰："乃若其情①，则可以为善矣，乃所谓善也。若夫为不善，非才之罪也②。恻隐之心，人皆有之；羞恶之心，人皆有之；恭敬之心，人皆有之；是非之心，人皆有之。恻隐之心，仁也；羞恶之心，义也；恭敬之心，礼也；是非之心，智也。仁义礼智，非由外铄我也③，我固有之也，弗思耳矣。故曰：'求则得之，舍则失之。'或相倍蓰而无算者，不能尽其才者也。《诗》曰：'天生蒸民，有物有则。

民之秉彝，好是懿德④。'孔子曰：'为此诗者，其知道乎！故有物必有则；民之秉彝也，故好是懿德。'"

注释：

①乃若：至于。

②才：与上文"乃若其情"的"情"都是说人的资质。

③铄：销熔，引申为抽象意义的熔化、渗透。

④《诗》曰数句：见《诗经·大雅·烝民》；"蒸民"，《诗经》作"烝民"，烝，众；物，事；则，法；秉，持；彝，常；懿，美。

译文：

孟子说："从人天生的资质看，是可以做好事的，这便是我所说的人性善良。至于有些人做坏事，不能归罪于他的资质。同情心，人人都有；羞耻心，人人都有；恭敬心，人人都有；是非心，人人都有。同情心属于仁，羞耻心属于义，恭敬心属于礼，是非心属于智。这仁义礼智，不是从外面渗透给我的，是我本身固有的，只是不曾光大它罢了。所以说：'探求它，就得到它；放弃它，就失去它。'人与人相差一倍、五倍以至无数倍的，就是不能释放人们善良本质的缘故。《诗经》说：'上天生育众民，万物便有规则。百姓秉持着那些通则，喜爱那优良的品德。'孔子说：'这篇诗的作者真懂得道呀！有事物，便会有其通则；百姓秉持了这些通则，所以喜爱那优良的品德。'"

11.7-1 孟子曰："富岁，子弟多赖①；凶岁，子弟多暴，非天之降才尔殊也，其所以陷溺其心者然也。今夫麰麦②，播种而耰之③，其地同，树之时又同，浡然而生，至于日至之时④，皆熟矣。虽有不同，则地有肥硗⑤，雨露之养、人事之不齐也。故凡同类者，举相似也，何独至于人而疑之？圣人，与我同类者。故龙子曰：'不知足为屦，我知其不为蒉也。'屦之相似，天下之足同也。"

注释：

①赖：即"嬾（懒）"字。

②麰（móu）麦：大麦。

③耰（yōu）：一种松土的农具；这里指松土。

④日至：这里指夏至。

⑤硗（qiāo）：土地贫瘠。

译文：

孟子说："丰年，年轻人多半懒惰；荒年，年轻人多半强暴，不是天生的资质这样不同，是由于不好的环境使他们心思变坏了。好比大麦，播种耪地，如果土地一样、种植的时候一样，便会蓬勃地生长，到了夏至，都成熟了。即便有所不同，那便是由于土地的肥瘦、雨露的多少、工作者的勤惰不同的缘故。所以一切同类之物，无不大体相同，为什么一讲到人类就怀疑了呢？圣人也是我们的同类。龙子曾经说过：'不看清脚样去编草鞋，我准知道编不成筐子。'草鞋相似，是因为天下人的脚大体相同。"

11.7－2 "口之于味，有同耆也；易牙先得我口之所耆者也①。如使口之于味也，其性与人殊②，若犬马之与我不同类也，则天下何耆皆从易牙之于味也？至于味，天下期于易牙，是天下之口相似也。惟耳亦然③，至于声，天下期于师旷，是天下之耳相似也。唯目亦然。至于子都④，天下莫不知其姣也。不知子都之姣者，无目者也。故曰，口之于味也，有同耆焉；耳之于声也，有同听焉；目之于色也，有同美焉。至于心，独无所同然乎？心之所同然者何也？谓理也，义也。圣人先得我心之所同然耳。故理义之悦我心，犹刍豢之悦我口⑤。"

注释：

①易牙：齐桓公宠臣。

②与人殊：和别人不同。

③惟：语首助词，无实义。

④子都：春秋时郑国的美男子。

⑤刍豢（huàn）：食草的如牛羊叫做"刍"；食谷的如犬豕叫做"豢"。

译文：

"口对于味道，有相同的嗜好；易牙早就摸准了这一嗜好。假使口对于味道，他的体验和别人不同，而且像狗及马和人不同类一样，那么，为什么天下的人都追随着易牙的口味呢？一讲到口味，天下都期望做到易牙那样，这就说明了天下人的味觉大体相同。耳朵也这样。一讲到声音，天下都期望做到师旷那样，这就说明了天下人的听觉大体相同。眼睛也这样。一讲到子都，天下没有人不知道他英俊。不认为子都英俊的，那是没有眼睛的人。所以说，口对于味道，有相同的嗜好；耳对于声音，有相同的听觉；眼睛对于容色，有相同的美感。谈到心，就偏偏没有相同的地方吗？心相同的地方是什么呢？是理，是义。圣人早就懂得了我们内心相同的理义。所以理义使我心高兴，正和猪狗牛羊肉合乎我的口味一般。"

11.8　孟子曰："牛山之木尝美矣①，以其郊于大国也②，斧斤伐之，可以为美乎？是其日夜之所息，雨露之所润，非无萌蘖之生焉，牛羊又从而牧之③，是以若彼濯濯也④。人见其濯濯也，以为未尝有材焉，此岂山之性也哉？虽存乎人者，岂无仁义之心哉？其所以放其良心者，亦犹斧斤之于木也。旦旦而伐之，可以为美乎？其日夜之所息，平旦之气，其好恶与人相近也者几希，则其旦昼之所为⑤，有梏亡之矣⑥。梏之反复，则其夜气不足以存；夜气不足以存，则其违禽兽不远矣。人见其禽兽也，而以为未尝有才焉者，是岂人之情也哉？故苟得其养，无物不长；苟失其养，无物不消。孔子曰：'操则存，舍则亡；出入无时，莫知其乡⑦。'惟心之谓与？"

注释：

①牛山：位于齐国国都临淄（在今山东淄博市）之南。

②郊于大国：位于大国的郊外；大国，大都市，指临淄，是当时的大都市之一。

③牛羊又从而牧之：牛羊又跟着被放牧了。

④濯濯：山上光秃秃的样子。

⑤旦昼：明天。

⑥有梏亡之矣：有，同"又"。梏，同"牿（gù）"，圈禁。

⑦乡：家乡，住的地方。

译文：

孟子说："牛山的树木曾经是很茂盛的，因为生长在大都市的郊外，人们老用斧子去砍伐，还能够茂盛吗？当然，它日日夜夜在生长着，雨水露珠在滋润着，不是没有新条嫩芽生长出来，但人们紧跟着就放羊牧牛，所以变成那样光秃秃了。人们看见那光秃秃的样子，便以为这山不曾有过大树木，这难道是山的本性吗？在某些人身上，难道没有仁义之心吗？他之所以丧失他的良心，也正像斧子对于树木一般，天天去砍伐它，能够茂盛吗？他日日夜夜发出来的善心，他在天刚亮时呼吸到的清明之气，那时节他心里的好恶跟一般人相近的，本来就很少；可是一到第二天白昼，他的所作所为又把它消灭了。反复地消灭，那么，他夜里产生出的善念自然不能存在；夜里产生出的善念不能存在，便和禽兽差不离了。别人看到他简直是禽兽，便以为他不曾有过善良的本质。这难道也是这些人的本性吗？所以，如果得到滋养，没有东西不生长；失掉滋养，没有东西不消亡。孔子说过：'抓紧它就有，手一松就无；出出进进不定时，没人知它哪里住。'这是指人心而说的吧。"

11.9 孟子曰："无或乎王之不智也①。虽有天下易生之物也，一日暴之，十日寒之，未有能生者也。吾见亦罕矣，吾退而寒之者至矣，吾如有萌焉何哉②？今夫弈之为数③，小数也；不专心致志，则不得也。弈秋，通国之善弈者也。使弈秋诲二人弈，其一人专心致志，惟弈秋之为听；一人虽听之，一心以为有鸿鹄将至④，思援弓缴而射之⑤，虽与之俱学，弗若之矣。为是其智弗若与？曰：非然也。"

注释：

①或：同"惑"。

②有萌："有"，动词词头；萌，草木发芽，发端。

③弈之为数：弈，围棋也；数，技也。

④鸿鹄：天鹅。

⑤缴（zhuó）：生丝，用来系在箭上，因此也把系着丝线的箭叫做"缴"。

译文：

孟子说："不要对王的不明智感到奇怪。纵使有一种最容易成长的植物，晒它一天，冷它十天，也没见到能够成活的。我和王相见的次数实在太少了，我每次回去后，来'冷'王的（佞幸小人）就接踵而至了；那么，我对于王善良之心的萌芽能起什么作用呢？譬如下棋，只是个小技艺，但如果不一心一德，也不能学好。弈秋下棋，全国第一。假使让他培养两个人下棋，其中一人一心一意，只听弈秋的话；另一人呢，虽然也听着弈秋说话，心里却老想着有只天鹅快要飞来，想着拿起弓箭去射它。这样，即使和前一人一道学习，成绩一定不如人家。是因为他的才智不如人家吗？不是这样的。"

11.10-1 孟子曰："鱼，我所欲也，熊掌亦我所欲也；二者不可得兼，舍鱼而取熊掌者也。生亦我所欲也，义亦我所欲也；二者不可得兼，舍生而取义者也。生亦我所欲，所欲有甚于生者，故不为苟得也；死亦我所恶，所恶有甚于死者，故患有所不辟也。如使人之所欲莫甚于生，则凡可以得生者，何不用也？使人之所恶莫甚于死者，则凡可以辟患者，何不为也？由是则生而有不用也，由是则可以辟患而有不为也，是故所欲有甚于生者，所恶有甚于死者。"

译文：

孟子说："鱼是我想要的，熊掌也是我想要的；如果两者不能都要，便放弃鱼而获取熊掌。生命是我想要的，义也是我想要的；如果两者不能都要，便放弃生命而获取义。生命固然是我想要的，但是我想要的还有比生命更宝贵的，所以我不做苟且偷生的事；死亡固然是我所厌恶的，但是我厌恶的还有比死亡更讨厌的，所以有的祸患我不逃避。如果人们想要的没有比生命更宝贵的，那么，一切可以求得生存的手段，便会无所不用其极。如果人们所厌恶的没有比死亡更讨厌的，那么，一切可以免除祸患的东西，也会无所不用其极。（然而，有些人）由此而行，能够得以生存，却不去做；由此而行，能够免除祸患，也不去干。由此可知，有比生命更值得拥有的东西，也有比死亡更令人厌恶的东西。"

11.10-2 "非独贤者有是心也，人皆有之，贤者能勿丧耳。一箪食，一豆羹①，得之则生，弗得则死，嘑尔而与之，行道之人弗受②；

蹴尔而与之，乞人不屑也；万钟则不辨礼义而受之。万钟于我何加焉？为宫室之美、妻妾之奉、所识穷乏者得我与③？乡为身死而不受，今为宫室之美为之；乡为身死而不受，今为妻妾之奉为之；乡为身死而不受，今为所识穷乏者得我而为之。是亦不可以已乎？此之谓失其本心。"

注释：

①豆：盛羹汤的器皿。

②嘑：同"呼"。

③得我：感激我。得，通"德"；德我，对我感恩戴德。

译文：

"这种心不仅仅贤人有，人人都有，不过贤人能够保持它罢了。一筐饭，一碗汤，得到便能活下去，得不到便死路一条，吆喝着给予，路过的饿人都不会接受；脚踏着给予，即使乞丐也不屑于接受；（然而有人对）万钟的俸禄却不管是否合于礼义就接受了。万钟的俸禄对我有什么好处呢？是为了住宅的华美、妻妾的侍奉和让所认识的贫苦人感恩戴德吗？过去宁肯死也不愿接受，今天却为了华美的住宅而接受了；过去宁肯死也不愿接受，今天却为了妻妾的侍奉而接受了；过去宁肯死也不愿接受，今天却为了让所认识的贫苦人感恩戴德而接受了。这些难道不可以停止吗？这样做就叫做忘了初心。"

11.11　孟子曰："仁，人心也；义，人路也。舍其路而弗由，放其心而不知求，哀哉！人有鸡犬放，则知求之；有放心而不知求。学问之道无他，求其放心而已矣。"

译文：

孟子说："仁是人的心，义是人的路。放弃了那条正路不走，丢失了那颗良心而不晓得去追回，真可悲呀！一个人，有鸡和狗走失了，晓得要去找回；有良心丢失了，却不晓得去追回。学问之道没有别的，就是把那丢失了的良心追回来罢了。"

11.12　孟子曰："今有无名之指屈而不信①，非疾痛害事也，如有能信之者，则不远秦楚之路，为指之不若人也。指不若人，则知恶之；心不若人，则不知恶，此之谓不知类也②。"

注释：

①信：同"伸"。

②不知类：不知轻重。

译文：

孟子说："现在有个人，他无名指弯曲而不能伸直，虽然不痛苦，也不妨碍做事，如果有人能够使它伸直，即使为此跑去秦国、楚国，也不嫌远，为的是无名指比不上别人。无名指比不上别人，就知道厌恶；心性不及别人，竟不知道厌恶，这个就叫做不知轻重。"

11.13　孟子曰："拱把之桐梓①，人苟欲生之，皆知所以养之者。至于身，而不知所以养之者，岂爱身不若桐梓哉？弗思甚也。"

注释：

①拱把：拱，合两手拿；把，一只手拿。

译文：

孟子说："一两把粗的桐树、梓树，想要让它茁壮成长，人人都晓得如何去培养。至于人本身，却不晓得如何去培养，难道人爱自己还赶不上爱桐树、梓树吗？真是太不爱动脑筋了。"

11.14　孟子曰："人之于身也，兼所爱。兼所爱，则兼所养也。无尺寸之肤不爱焉，则无尺寸之肤不养也。所以考其善不善者，岂有他哉？于己取之而已矣。体有贵贱，有小大。无以小害大，无以贱害贵。养其小者为小人，养其大者为大人。今有场师，舍其梧槚①，养其樲棘②，则为贱场师焉。养其一指而失其肩背，而不知也，则为狼疾人也③。饮食之人，则人贱之矣，为其养小以失大也。饮食之人无有失也，则口腹岂适为尺寸之肤哉④？"

注释：

①梧槚（jià）：梧，梧桐；槚，即楸树。梧桐、楸树都是好木料。

②樲（èr）棘：樲，酸枣；棘，荆棘。

③狼疾：同"狼藉"。

④适：恰恰。

译文：

孟子说："人们对于自己的身体，真是加倍珍惜。加倍珍惜，便加倍保养。没有一尺一寸的皮肤不珍惜，便没有一尺一寸的皮肤不保养。考察他养护得好或者不好，难道还有别的吗？只是观察他对于己身的养护何所取舍而已。身体四肢有重要的，也有次要的；有小的，也有大的。不要因为小的而损害大的，不要因为次要的而损害重要的。保养小的就是小人，保养大的便是君子。现在有一位园艺师，放弃梧桐、梓树，却去培养酸枣、荆棘，那就是一位很糟的园艺师。如果有人只保养他的一根手指，却遗忘了肩头背脊，自己还不明白，那便是糊涂蛋了。只晓得吃吃喝喝（而不晓得培养心志）的人，人家都轻视他；因为他只保养了小的，而丢失了大的。如果讲究吃喝的人并不影响心志的培养，那么，他的吃喝难道只是为了口腹之需吗？"

11.15　公都子问曰："钧是人也①，或为大人，或为小人，何也？"孟子曰："从其大体为大人，从其小体为小人。"

曰："钧是人也，或从其大体，或从其小体，何也？"

曰："耳目之官不思，而蔽于物。物交物，则引之而已矣。心之官则思，思则得之，不思则不得也。此天之所与我者。先立乎其大者，则其小者不能夺也。此为大人而已矣。"

注释：

①钧：同"均"。

译文：

公都子问道："人还是那些人，其中有些是君子，有些是小人，为什么呢？"孟子答道："放纵满足身体重要部分的是君子，放纵满足身体次要部分的是小人。"

问道："同样是人，有人放纵满足重要部分的需要，有人放纵满足次要部分的需要，又为了什么呢？"

答道："耳朵眼睛这类器官不会思考，故易为外物所蒙蔽。（故耳目也不过是一物。它们）一与外物接触，便被引向迷途了。心这个器官的功能是思考，一思考便可求得事物的真谛，不思考便得不到。这个器官是上天特意给我们的。因此，先把重要的器官树立起来，次要的器官便不能喧宾夺主了。要成为君子，不过如此。"

11.16　孟子曰："有天爵者，有人爵者。仁义忠信，乐善不倦，此天爵也；公卿大夫，此人爵也。古之人修其天爵，而人爵从之。今之人修其天爵，以要人爵；既得人爵，而弃其天爵，则惑之甚者也，终亦必亡而已矣。"

译文：

孟子说："有上天赐予的爵位，有俗世认可的爵位。仁义忠信，好善不疲，这是上天赐予的爵位；公卿大夫，这是俗世认可的爵位。古代的人修养上天赐予的爵位，俗世认可的爵位也就跟着来了。现在的人修养上天赐予的爵位，为的是追求俗世认可的爵位；若已经得到俗世认可的爵位，便放弃上天赐予的爵位，真是糊涂透顶了，到头来连俗世认可的爵位也会丢掉的。"

11.17　孟子曰："欲贵者，人之同心也。人人有贵于己者，弗思耳矣。人之所贵者，非良贵也。赵孟之所贵①，赵孟能贱之。《诗》云②：'既醉以酒，既饱以德。'言饱乎仁义也，所以不愿人之膏粱之味也③；令闻广誉施于身，所以不愿人之文绣也④。"

注释：

①赵孟：晋国正卿赵盾字孟，因而其子孙都称"赵孟"。

②"《诗》云"以下两句：见《诗经·大雅·既醉》。

③所以不愿人之膏粱之味也：愿，羡慕；膏，肥肉；粱，细粮。

④文绣：古时有爵位者所穿着的绣服。

译文：

孟子说："希望尊贵，是人同此心的。每个人都有自认为宝物的东西，只是不去想它罢了。别人当成宝物的，不一定真的是宝物。赵孟当成宝物的，赵孟也能让它轻贱。《诗经》说：'酒已经喝多了，德已经满身了。'说的是既有仁义满身，也就不羡慕别人的肥肉精米了；人所共知的好名声集我一身，也就不羡慕别人的花团锦簇了。"

11.18　孟子曰："仁之胜不仁也，犹水胜火。今之为仁者，犹以一杯水救一车薪之火也；不熄，则谓之水不胜火。此又与于不仁之甚者，亦终必亡而已矣。"

译文：

孟子说："仁胜过不仁，正像水可以扑灭火一样。如今行仁的人，好像用一杯水来扑灭一车木柴的火焰，火焰不熄灭，便说水不能扑灭火。这等于又和那很不仁的人为伍了，到头来连他们的这一点点仁都会消亡的。"

11.19　孟子曰："五谷者，种之美者也；苟为不熟，不如荑稗①。夫仁，亦在乎熟之而已矣。"

注释：

①荑稗（tí bài）：即"稊稗"；稊，稗类，结实甚小，可以作家畜饲料，古人也用来备凶年。

译文：

孟子说："五谷（的种子）是种子中的精品，但如果未成熟，反而不及稊米和稗子。仁，也在于使它成熟罢了。"

11.20　孟子曰："羿之教人射，必志于彀①，学者亦必志于彀。大匠诲人必以规矩，学者亦必以规矩。"

注释：

①彀（gòu）：张满弓。

译文：

孟子说："羿教人射箭一定拉满弓，学习的人也一定要求努力拉满弓。优秀木匠教诲徒弟一定要讲求规矩，学习的人也一定要讲求规矩。"

告子章句下（凡十六章）

12.1-1　任人有问屋庐子曰①："礼与食孰重?"

曰："礼重。"

"色与礼孰重?"

曰："礼重。"

曰："以礼食，则饥而死；不以礼食，则得食，必以礼乎？亲迎②，则不得妻；不亲迎，则得妻，必亲迎乎？"

屋庐子不能对，明日之邹以告孟子③。

注释：

①任人有问屋庐子曰：任，古国名，故城在今山东省济宁市；屋庐子，孟子弟子，名连。

②亲迎：古代婚姻礼仪。新郎亲迎新妇，自诸侯至于老百姓都如此。

③邹：在今山东邹城市东南26里，与故任国相距约100里。

译文：

有一位任国人问屋庐子说："礼和食哪个重要?"

答道："礼重要。"

"女色和礼哪个重要?"

答道："礼重要。"

问道："如果守礼法找吃的，会饿死；不守礼法找吃的，能找到吃的，那一定要守礼法吗？如果行迎亲礼，得不到妻子；不行迎亲礼，能得到妻子，那一定要行迎亲礼吗？"

屋庐子答不上来，第二天去邹国时，把这话告诉了孟子。

12.1－2 孟子曰："于答是也，何有？不揣其本^①，而齐其末，方寸之木可使高于岑楼^②。金重于羽者，岂谓一钩金与一舆羽之谓哉^③？取食之重者与礼之轻者而比之，奚翅食重^④？取色之重者与礼之轻者比之，奚翅色重？往应之曰：'绉兄之臂而夺之食^⑤，则得食；不绉，则不得食，则将绉之乎？逾东家墙而搂其处子^⑥，则得妻；不搂，则不得妻，则将搂之乎？'"

注释：

①揣：度量高度。

②岑楼：高锐似山的楼。

③一钩金：重当时的 1/3 两。

④奚翅：何止。"翅"同"啻"，止。

⑤绉：扭转。

⑥处子：处女。

译文：

孟子说："回答这个有什么难呢？如果不度量底部，而只比较它的顶端，那一寸厚的木块（若放在高处），可以让它高于尖角高楼。金子比羽毛重，难道是说的一小块金子和一大车羽毛吗？拿吃的重要方面和礼的细微末节来比较，何止说吃更重要？拿女色的重要方面和礼的细微末节来比较，何止说女色更重要？你回去这样回答他吧：'扭断哥哥的胳膊，去抢夺他的食物，就得到吃的；不去扭断，就得不到吃的，还会去扭断吗？爬过东邻的墙去搂抱处女，能得到老婆；不去搂抱，不能得到老婆，还会去搂抱吗？'"

12.2 曹交问曰^①："人皆可以为尧舜，有诸？"

孟子曰："然。"

"交闻文王十尺，汤九尺，今交九尺四寸以长，食粟而已，如何则可？"

曰："奚有于是？亦为之而已矣。有人于此，力不能胜一匹雏^②，则为无力人矣；今曰举百钧，则为有力人矣。然则举乌获之任^③，是亦为乌获而已矣。夫人岂以不胜为患哉？弗为耳。徐行后长者谓之弟，疾行先长者谓之不弟。夫徐行者，岂人所不能哉？所不为也。尧舜之道，孝弟而已矣。子服尧之服，诵尧之言，行尧之行，是尧而已矣。子服桀之服，诵桀之言，行桀之行，是桀而已矣。"

曰："交得见于邹君，可以假馆，愿留而受业于门。"

曰："夫道若大路然，岂难知哉？人病不求耳。子归而求之，有余师。"

注释：

①曹交：不知何人。

②一匹雏：雏，小鸡；这里"匹"字疑有误，因为那时只有"马三匹"的表达法，没有"三匹马"的表达法，当然也不可能有"一匹雏"。

③乌获：上古的大力士。

译文：

曹交问道："人人都可以做尧舜，有这说法吗？"

孟子答道："有的。"

曹交问："我听说文王 10 尺高，汤 9 尺高，如今我有 9 尺 4 寸多高，只会吃饭罢了，要怎样做才好呢？"

孟子说："这有什么关系呢？只要努力去做就行了。比如这里有个人，自认为一只小鸡都提不起来，便是毫无力气的人了；说自己能举起 3000 斤，便是很有力气的人了。那么，举得起乌获所举重量的，也就是乌获了。一个人怎能以不胜任为忧呢？只是不去做罢了。慢点儿走，走在长者之后，便叫做'悌'；飞步紧走，抢在长者之前，便叫'不悌'。慢点儿走，难道是人做不到的吗？只是不做罢了。尧舜之道，不过是'孝'和'悌'而已。你穿尧的衣服，说尧的话，做尧所做的事，这就是尧了。你穿桀的衣服，说桀的话，做桀所做的事，这就是桀了。"

曹交说："我准备去谒见邹君，向他借个地方住，情愿留在您门下学习。"

孟子说："道就像大路一样，难道难于认清吗？怕只怕人不去探求罢了。你回去自己探求吧，老师嘛有的是。"

12.3－1 公孙丑问曰："高子曰，《小弁》①，小人之诗也。"孟子曰："何以言之?"曰："怨。"曰："固哉,高叟之为诗也!有人于此,越人关弓而射之,则己谈笑而道之;无他,疏之也。其兄关弓而射之,则己垂涕泣而道之;无他,戚之也②。《小弁》之怨,亲亲也。亲亲,仁也。固矣夫,高叟之为诗也!"

注释:

①《小弁 (pán)》:《诗经·小雅》中的一篇。

②戚:这里是亲近的意思。

译文:

公孙丑问道:"高子说,《小弁》是小人写的诗。是吗?"孟子说:"为什么这样说呢?"答道:"幽怨。"孟子说:"太鄙陋了,高老先生的讲诗!这里有个人,若是越国人张弓射他,事后他可以谈笑风生地讲述这事;没有别的,只是因为越国人和他关系疏远。要是他哥哥张弓射他,事后他会一把鼻涕一把泪讲述这事;没有别的,为此伤心哪。《小弁》的幽怨,正由于依恋亲人哪。依恋亲人,就是仁哪。太鄙陋了吧,高老先生的讲诗!"

12.3-2 曰:"《凯风》何以不怨①?"

曰:"《凯风》,亲之过小者也;《小弁》,亲之过大者也。亲之过大而不怨,是愈疏也;亲之过小而怨,是不可矶也②。愈疏,不孝也;不可矶,亦不孝也。孔子曰:'舜其至孝矣,五十而慕③。'"

注释:

①《凯风》:见于《诗经·国风·邶风》,是赞美孝子的。

②不可矶 (jī):意思是稍微刺激就大发脾气。矶,激怒。

③慕:依恋。

译文:

公孙丑说:"《凯风》为什么不幽怨呢?"

答道:"《凯风》这篇诗,是由于母亲有小过失;《小弁》这篇诗,却是由于父亲有大过失。父母的过失大,而不抱怨,那是更疏远父母;父母的过错小,却去抱怨,那是这人容易动怒。更疏远父母是不孝,对父母动辄发怒也是不孝。孔子说:'舜是最孝顺的人了,50岁还依恋父母。'"

12.4 宋牼将之楚①，孟子遇于石丘，曰："先生将何之？"

曰："吾闻秦楚构兵，我将见楚王说而罢之。楚王不悦，我将见秦王说而罢之。二王我将有所遇焉。"

曰："轲也请无问其详，愿闻其指②。说之将何如？"

曰："我将言其不利也。"

曰："先生之志则大矣，先生之号则不可③。先生以利说秦楚之王，秦楚之王悦于利，以罢三军之师，是三军之士乐罢而悦于利也。为人臣者怀利以事其君，为人子者怀利以事其父，为人弟者怀利以事其兄，是君臣、父子、兄弟终去仁义④，怀利以相接，然而不亡者，未之有也。先生以仁义说秦楚之王，秦楚之王悦于仁义，而罢三军之师，是三军之士乐罢而悦于仁义也。为人臣者怀仁义以事其君，为人子者怀仁义以事其父，为人弟者怀仁义以事其兄，是君臣、父子、兄弟去利，怀仁义以相接也，然而不王者，未之有也。何必曰利？"

注释：

①宋牼（kēng）：宋国人，战国著名学者。

②指：意指，意向，略同于"旨"。

③号：名义，提法。

④终：尽。

译文：

宋牼要到楚国去，孟子在石丘碰到了他。孟子问道："先生准备往哪儿去？"

答道："我听说秦楚两国交兵，我打算去谒见楚王，劝他罢兵。如果楚王不乐意，我再打算去谒见秦王，劝他罢兵，在两位王中，我总会有所遇合。"

孟子说："我不想问得太详细，只想知道你的大意，你将如何进言呢？"

答道："我打算陈述交战如何不利。"

孟子说："先生的志向固然很大，先生的提法却不行。先生用利来向秦王、楚王进言，秦王、楚王因为喜欢有利，才停止军事行动，这就使得三军官兵乐于罢兵而去喜欢利。做臣属的怀揣着利而服事君主，做儿子的怀揣着利而服事父亲，做弟弟的怀揣着利而服事兄长，这就会使君臣、父子、兄弟之间最终都丢弃仁义，为了利益而打交道，这样而国家不灭亡的，是从没有过的事。如果先生用仁义来向秦王、楚王进言，秦王、楚王因为喜欢仁义而停止军事行动，这就会使三军官兵乐于罢兵，而去喜欢仁义。做臣属的满怀仁义来服事君主，做儿子的满怀仁义来服事父亲，做弟弟的满怀仁义来服事兄长，这就会使君臣、父子、兄弟之间都放弃唯利是图，满怀仁义来打交道，这样的国家不以德政统一天下的，也是从没有的事。为什么一定要言'利'呢？"

12.5　孟子居邹，季任为任处守①，以币交，受之而不报。处于平陆②，储子为相，以币交，受之而不报。他日，由邹之任，见季子；由平陆之齐，不见储子。屋庐子喜曰："连得间矣。"问曰："夫子之任，见季子；之齐，不见储子，为其为相与？"

曰："非也。《书》曰③：'享多仪④，仪不及物曰不享，惟不役志于享。'为其不成享也。"

屋庐子悦。或问之，屋庐子曰："季子不得之邹，储子得之平陆。"

注释：

①季任：任国国君之弟。

②平陆：今山东汶上县。

③"《书》曰"等句：见《尚书·洛诰》。

④多：可贵，赞赏。

译文：

孟子住在邹国时，季任留守任国，代理国政，送礼物来和孟子交友，孟子接受了，但不回报。孟子住在平陆时，储子做齐国的卿相，送礼物来和孟子交友，孟子接受了，也不回报。过了些时候，孟子从邹国到任国，拜访了季子；从平陆到齐都，却不去拜访储子。屋庐子高兴地说："我钻到老师的空子了。"便问道："老师到任国，拜访季子；到齐都，不拜访储子，是因为储子只是卿相吗？"

答道："不是。《书经》说过：'享献之礼贵在仪节，如果仪节的隆盛赶不上礼物的丰盛，便等于没有享献，因为他的心意没有用在享献上面。’这是因为他并没有真正完成享献之故。”

屋庐子听了很高兴。有人问他，他说：“季子做不到亲身去邹国，储子却能做到亲身去平陆（他为什么不亲自送礼去呢）。”

12.6　淳于髡曰：“先名实者，为人也；后名实者，自为也①。夫子在三卿之中②，名实未加于上下而去之，仁者固如此乎？”

孟子曰：“居下位，不以贤事不肖者，伯夷也；五就汤，五就桀者，伊尹也；不恶污君，不辞小官者，柳下惠也。三子者不同道，其趋一也。一者何也？曰，仁也。君子亦仁而已矣，何必同？”

曰：“鲁缪公之时，公仪子为政③，子柳、子思为臣④，鲁之削也滋甚；若是乎，贤者之无益于国也！”

曰：“虞不用百里奚而亡，秦穆公用之而霸。不用贤则亡，削何可得与？”

曰：“昔者王豹处于淇⑤，而河西善讴⑥；绵驹处于高唐⑦，而齐右善歌⑧；华周杞梁之妻善哭其夫而变国俗。有诸内，必形诸外。为其事而无其功者，髡未尝睹之也。是故无贤者也，有则髡必识之。”

曰：“孔子为鲁司寇，不用，从而祭，燔肉不至⑨，不税冕而行⑩。不知者以为为肉也，其知者以为为无礼也。乃孔子则欲以微罪行，不欲为苟去。君子之所为，众人固不识也。”

注释：

①名实：名，声誉；实，事功。

②三卿：上卿、亚卿、下卿。

③公仪子：即公仪休，鲁国博士。

④子柳：即泄柳。

⑤王豹：齐国的歌唱家。

⑥河西：指卫国，卫国在黄河西岸。

⑦高唐：故城在今山东禹城市西南。

⑧齐右：高唐在齐之西部，西在右（以朝南论），所以叫齐右。

⑨燔肉不至：燔，亦作"膰"，祭肉；古礼，宗庙社稷祭祀，必分赐

祭肉与同姓之国以及有关诸人，表示"同福禄"。

⑩不税（tuō）冕而行："不税冕"表示匆忙。

译文：

淳于髡说："看重名誉功业是为了经世济民，轻视名誉功业是为了独善其身。您贵为齐国三卿之一，名誉和功业都还没上达君主、下及臣民，您就要离开，仁人原来是这样的吗？"

孟子说："处在卑贱的地位，不以自己贤人之身服事不肖之人的，有伯夷在；五次去汤那儿，又五次去桀那儿的，有伊尹在；不讨厌污秽的君主，不拒绝卑微的职位，有柳下惠在。三个人的行为虽不相同，但趋向是一致的。这一致是什么呢？应该说，就是仁。君子只要仁就行了，为什么一定要相同呢？"

淳于髡说："当鲁缪公的时候，公仪子主持国政，泄柳和子思都是臣子，鲁国削弱得却更厉害；贤人对国家无用，就像这样的呀！"

孟子说："虞国不用百里奚，因而灭亡；秦穆公用了他，因而称霸。不用贤人就会亡国，即便想要割地求和而苟且偷生，又如何做得到呢？"

淳于髡说："从前王豹住在淇水之旁，河西的人都会唱歌；绵驹住在高唐之上，齐国西部的人都会唱歌；华周、杞梁的妻子痛哭她们的丈夫，因而改变了国家风尚。里面有什么，一定会显现于外面。从事某项工作，却没看到成绩的，我不曾见过这样的事。所以，要么是没有贤人，如果有贤人，我一定认识他。"

孟子说："孔子任鲁国司寇，不被重用，跟随着去祭祀，祭肉也不见送来，于是不解下祭冕便匆忙离开。不了解孔子的人以为他是为了祭肉，了解他的人明白他是为了鲁国失礼而离开。至于孔子，却是想要背着个小罪名而走，不想随便离开。君子的所作所为，芸芸众生本来就是弄不清楚的。"

12.7-1 孟子曰："五霸者①，三王之罪人也②；今之诸侯，五霸之罪人也；今之大夫，今之诸侯之罪人也。天子适诸侯曰巡狩，诸侯朝于天子曰述职。春省耕而补不足，秋省敛而助不给。入其疆，土地辟，田野治，养老尊贤，俊杰在位，则有庆③；庆以地。入其疆，土地荒芜，遗老失贤，掊克在位④，则有让⑤。一不朝，则贬其爵；再不朝，则削其地；三不朝，则六师移之⑥。是故天子讨而不伐，诸侯伐而不讨。五霸者，搂诸侯以伐诸侯者也，故曰，五霸者，三王之罪人也。"

注释：

①五霸：指齐桓公、晋文公、秦穆公、楚庄王、吴王阖闾；或指齐桓公、晋文公、秦穆公、宋襄公、楚庄王。

②三王：夏禹、商汤、周文王与周武王。

③庆：奖赏。

④掊（póu）克：聚敛；这里指聚敛之人。

⑤让：责备，责罚。

⑥六师：即六军；周制，天子有六军，诸侯三军、二军、一军不等，每军12500人。

译文：

孟子说："五霸，是三王的罪人；现在的诸侯，是五霸的罪人；现在的大夫，又是现在诸侯的罪人。天子巡行诸侯国叫做'巡狩'，诸侯朝见天子叫做'述职'。（天子的巡狩）春天考察耕种，补助不足的人；秋天考察收获，周济不够的人。一进到某国的疆界，看到土地已经开辟，田野整治得很好，赡养老人且尊敬贤者，俊杰能臣都有官位，那么就有赏赐；赏赐用土地。如果一进入某国疆界，土地抛荒，老人遭遗弃，贤者不被任用，搜刮聚敛之人窃据要职，那么就有责罚。（诸侯的述职）一次不朝，就降低爵位；两次不朝，就削减土地；三次不朝，就把军队派去。所以天子用兵是'讨'而不是'伐'，诸侯则是'伐'而不是'讨'。五霸呢，是挟持一部分诸侯来攻伐另一部分诸侯的人，所以我说，五霸是三王的罪人。"

12.7-2 "五霸，桓公为盛。葵丘之会①，诸侯束牲载书而不歃血②。初命曰，诛不孝，无易树子，无以妾为妻。再命曰，尊贤育才，以彰有德。三命曰，敬老慈幼，无忘宾旅。四命曰，士无世官，官事无摄，取士必得③，无专杀大夫。五命曰，无曲防④，无遏籴，无有封而不告⑤。曰，凡我同盟之人，既盟之后，言归于好。今之诸侯皆犯此五禁，故曰，今之诸侯，五霸之罪人也。长君之恶其罪小，逢君之恶其罪大。今之大夫皆逢君之恶，故曰，今之大夫，今之诸侯之罪人也。"

注释：

①葵丘：地名，春秋时属宋，在今河南兰考县。

②诸侯束牲载书而不歃（shà）血：束牲，不杀的牺牲，指束缚之而不杀；书，即盟书；歃，以口微吸之。

③得：得贤。

④无曲防：防，堤；这里是说宜直其堤防，不要曲其堤防，以邻为壑。

⑤无有封而不告：意思是不要以私恩擅自封赏而不告盟主。

译文：

"五霸，齐桓公的事功最为盛大。在葵丘的盟会上，捆绑了牺牲，把盟约放在它身上，（因为相信诸侯不敢负约）没有歃血。第一条盟约说：诛责不孝之人，不要废立世子，不要立妾为妻。第二条盟约说，尊重贤人，养育人才，来表彰有德者。第三条盟约说，恭敬老人，慈爱幼小，不要怠慢贵宾和旅客。第四条盟约说，士人的官职不要世代相传，公家职务不要兼任，录用士子要取贤人，不要独断专行杀戮大夫。第五条盟约说，不要弯曲堤防（而以邻为壑），不要阻遏邻国来采购粮食，不要有所封赏而不报告（盟主）。最后说，所有参与盟会的人自订立盟约以后，都恢复旧日的友好。今日的诸侯都违犯了这五条禁令，所以说，今天的诸侯是五霸的罪人。臣下帮助君主干坏事，这罪行还算小；臣下迎合君主干坏事，（为他寻找理由，使他无所忌惮）这罪行可就大了。而今天的大夫，都迎合君主干坏事。所以说，今天的大夫又是诸侯的罪人。"

12.8 鲁欲使慎子为将军①。孟子曰："不教民而用之，谓之殃民。殃民者，不容于尧舜之世。一战胜齐，遂有南阳②，然且不可③——"

慎子勃然不悦曰："此则滑厘所不识也。"

曰："吾明告子。天子之地方千里；不千里，不足以待诸侯。诸侯之地方百里；不百里，不足以守宗庙之典籍④。周公之封于鲁，为方百里也；地非不足，而俭于百里⑤。太公之封于齐也，亦为方百里也；地非不足也，而俭于百里。今鲁方百里者五，子以为有王者作，则鲁在所损乎，在所益乎？徒取诸彼以与此，然且仁者不为，况于杀人以求之乎？君子之事君也，务引其君以当道，志于仁而已。"

注释：

①慎子：善用兵者，名滑厘。

②南阳：即汶阳，在泰山之西南，汶水之北，本属鲁，其后逐渐为齐所侵夺。

③然且不可：这句未完，因慎子勃然不悦，抢着说去。

④典籍：重要文册。

⑤俭：少。

译文：

鲁国打算让慎子做将军。孟子说："不先教导训练百姓便用他们打仗，这叫做祸害老百姓。祸害老百姓的人，在尧舜的时代是容不下他的。打一次仗便胜了齐国，因而得到了南阳，这样尚且不可以——"

慎子突然不高兴地说："这是我所不了解的了。"

孟子说："我明白地告诉你吧。天子的土地纵横 1000 里；如果不到 1000 里，便不足以统领诸侯。诸侯的土地纵横 100 里；如果不到 100 里，便不足以奉守祖宗所传法度和典籍。周公被封于鲁，是应该纵横 100 里的；土地并非不够，但还少于 100 里。太公被封于齐，也应该是纵横 100 里的；土地并非不够，但还少于 100 里。如今鲁国有五个纵横 100 里，你以为假如有圣明之王兴起，鲁国的土地会减少呢，还是会增加呢？白拿那一国土地来给这一国，仁人尚且不干，何况杀人来求得土地呢？君子服事君王，务必引导他趋向正路，有志于仁罢了。"

12.9 孟子曰："今之事君者皆曰：'我能为君辟土地，充府库。'今之所谓良臣，古之所谓民贼也。君不乡道①，不志于仁，而求富之，是富桀也。'我能为君约与国，战必克。'今之所谓良臣，古之所谓民贼也。君不乡道，不志于仁，而求为之强战，是辅桀也。由今之道，无变今之俗，虽与之天下，不能一朝居也。"

告子章句下

注释：

①乡：向。

译文：

孟子说："今天服事君主的人都说：'我能够替君主开拓土地，充实府库。'今天的所谓'良臣'，正是古代的所谓'民贼'。君主不向往道德，无意于仁，却想让他富足，这等于让夏桀富足。（又说）'我能够替君主联合诸侯，每战必胜。'今天的所谓'良臣'，正是古代的所谓'民贼'。君主不向往道德，无意于仁，却想为他努力作战，这等于辅助夏桀。顺着当今这条路走下去，不改变当今的风俗习气，即便给他整个天下，他也是一天都坐不安稳的。"

12.10　白圭曰①："吾欲二十而取一，何如？"

孟子曰："子之道，貉道也②。万室之国，一人陶，则可乎？"

曰："不可，器不足用也。"

曰："夫貉，五谷不生，惟黍生之③；无城郭、宫室、宗庙、祭祀之礼，无诸侯币帛饔飧④，无百官有司，故二十取一而足也。今居中国，去人伦，无君子⑤，如之何其可也？陶以寡，且不可以为国，况无君子乎？欲轻之于尧舜之道者，大貉小貉也；欲重之于尧舜之道者，大桀小桀也。"

注释：

①白圭：人名，曾为相于魏，筑堤治水，促进生产，比孟子稍年轻。

②貉：同"貊（mò）"，北方的一个国名。

③黍：就是古人之所说的"稷"，北方叫做"糜子"。

④饔飧（yōng sūn）：以饮食招待客人之礼。

⑤君子：指百官。

译文：

白圭说："我想定税率为二十抽一，怎么样？"

孟子说："你的办法是貉国的办法。一万户的国家，只有一个人制作瓦器，那可以吗？"

答道："不可以，瓦器会不够用的。"

孟子说："貉国，各种谷类都不生长，只生长糜子；又没有城墙、房屋、祖庙和祭祀的礼节，也没有各国间的互相往来、送礼宴客，也没有各种衙门和官吏，所以二十抽一的税就够了。如今在中原各国，抛弃人间伦常，不要大小官吏，那怎么能行呢？做瓦器的太少，尚且国将不国，何况没有官吏呢？想要比尧舜的十分抽一的税率还轻的，是大貉小貉；想要比尧舜的十分抽一的税率还重的，是大桀小桀。"

12.11　白圭曰："丹之治水也愈于禹。"

孟子曰："子过矣。禹之治水，水之道也，是故禹以四海为壑。今吾子以邻国为壑。水逆行谓之洚水——洚水者，洪水也——仁人之所恶也。吾子过矣。"

译文：

白圭说："我治理水患哪，比大禹还强呢。"

孟子说："您大错特错了！禹治理水患，是顺着水的本性疏导的，所以禹以四海为蓄水池。如今先生您却以邻国为蓄水池。水逆流而行叫做洚水——洚水就是洪水——是仁人所最厌恶的。先生您大错特错了！"

12.12　孟子曰："君子不亮[1]，恶乎执？"

注释：

[1]亮：同"谅"，信誉。

译文：

孟子说："君子不讲诚信，那秉持什么呢？"

12.13　鲁欲使乐正子为政[1]。孟子曰："吾闻之，喜而不寐。"

公孙丑曰："乐正子强乎？"

曰："否。"

"有知虑乎？"

曰："否。"

"多闻识乎?"

曰:"否。"

"然则奚为喜而不寐?"

曰:"其为人也好善②。"

"好善足乎?"

曰:"好善优于天下③,而况鲁国乎?夫苟好善,则四海之内皆将轻千里而来告之以善④。夫苟不好善,则人将曰:'訑訑⑤,予既已知之矣。'訑訑之声音颜色距人于千里之外⑥。士止于千里之外,则谗谄面谀之人至矣。与谗谄面谀之人居,国欲治,可得乎?"

注释:

①乐正子:乐正克。

②好善:爱好善的事物。

③优于天下:"优游于治天下"之意。

④轻千里而来:意思与"不远千里而来"相同。

⑤訑訑:感叹词。

⑥距:同"拒"。

译文:

鲁国打算让乐正子治国理政。孟子说:"我听说这事儿,高兴得睡不着。"

公孙丑说:"乐正子很刚强吗?"

答道:"不。"

"有智慧,有主意吗?"

答道:"不。"

"见多识广吗?"

答道:"不。"

"那你为什么高兴得睡不着呢?"

答道:"他的为人哪,就是喜好美好事物。"

"喜好美好事物就够了吗?"

答道:"喜好美好事物,以此治理天下都绰绰有余,何况仅仅治理鲁国呢？假如喜好美好事物，那四方之人都会不顾千里之遥赶来告诉他什么是美好事物。假如不喜好美好事物，那别人会（模仿他的话）说：'呵呵！我早都知道了！'说出'呵呵'的声音，脸色就会把别人拒绝于千里之外了。士人在千里之外止步不来，那进谗言的、当面奉承的人就会来了。和进谗言的、当面奉承的人朝夕相处，国家想要治理好，做得到吗？"

12.14　陈子曰①："古之君子何如则仕？"

孟子曰："所就三，所去三。迎之致敬以有礼；言，将行其言也，则就之。礼貌未衰，言弗行也，则去之。其次，虽未行其言也，迎之致敬以有礼，则就之。礼貌衰，则去之。其下，朝不食，夕不食，饥饿不能出门户，君闻之，曰：'吾大者不能行其道，又不能从其言也，使饥饿于我土地，吾耻之。'周之，亦可受也，免死而已矣。"

注释：

①陈子：陈臻。

译文：

陈子说："古代的君子要怎样才出去做官？"

孟子说："就职的情况有三种，离职的情况也有三种。礼貌而恭敬地来迎接；他有所建言，便将实行他说的，这样便就职。礼遇和容色虽未衰减，但其建言已不实行了，这样便离开。其次，虽然没有实行他的建言，还是礼貌而恭敬地来迎接，也便就职。礼遇和容色已经衰减，这样便离开。最下等的是，早上没饭吃，晚上也没饭吃，饿极了连房门也走不出。君主知道了，说：'我在大政方针上不能实行他的学说，又不能听从他的建言，让他饥肠辘辘地待在我国土地上，我引以为耻。'于是周济他，这也可以接受，不过免于一死罢了。"

12.15　孟子曰："舜发于畎亩之中①，傅说举于版筑之间②，胶鬲举于鱼盐之中③，管夷吾举于士④，孙叔敖举于海⑤，百里奚举于市。故天将降大任于是人也，必先苦其心志，劳其筋骨，饿其体肤，空乏其身，行拂乱其所为，所以动心忍性⑥，曾益其所不能⑦。人恒过，然后能改；困于心，衡于虑⑧，而后作；征于色，发于声，而后喻。入则无法家拂士，出则无敌国外患者⑨，国恒亡。然后知生于忧患而死于安乐也。"

注释：

①舜发于畎亩之中：舜曾耕于历山，又见9.1－1。

②版筑：古人筑墙，用两版相夹，实土于其中，以杵筑之。

③胶鬲举于鱼盐之中：胶鬲见3.1－2；但他"举于鱼盐之中"，故事不见于别书。

④管夷吾举于士：管夷吾即管仲，"士"为狱官之长。

⑤孙叔敖：楚国令尹（宰相）。

⑥忍性：坚忍其性，即使他的性格坚忍不拔。

⑦曾：同"增"。

⑧衡：横，指横塞其虑于胸臆之中。

⑨入则无法家拂士，出则无敌国外患者：入，指国内；出，指国外。拂，通"弼"，辅弼。

译文：

孟子说："大舜在田野之中发达起来，傅说在隔版筑墙时被提拔，胶鬲在打鱼晒盐时被提拔，管夷吾坐牢时被提拔，孙叔敖在海边被提拔，百里奚在市场被提拔。所以，当上天将要把大任务降临某人肩上时，必定要让他的内心痛苦，让他的筋骨疲乏，让他的身体饥饿，让他身无长物一贫如洗，总是干扰他的作为使他事事不如意。用这些来磨砺他的心性，坚韧他的意志，增强他的能力。一个人常犯错误，然后才能改正；心中困苦，思虑阻塞，然后才能崛起；（这些困苦思虑）反映在面色上，吐露于倾诉中，才能为他人所理解。（一个国家）内无有法度的大臣和足以辅弼的士人，外无与我抗衡的邻国和外部的忧患，常常容易衰败灭亡。所有这些不难让人知晓，忧愁祸患能够让人生存，而安逸快乐足以导致死亡啊！"

12.16　孟子曰："教亦多术矣，予不屑之教诲也者，是亦教诲之而已矣。"

译文：

孟子说："教育也有多种方式，我不屑于去教诲他，这也算是教诲他呢。"

尽心章句上（凡四十六章）

13.1 孟子曰："尽其心者，知其性也。知其性，则知天矣。存其心，养其性，所以事天也。夭寿不贰，修身以俟之，所以立命也。"

译文：

孟子说："能殚精竭虑于如何行善，这就是了解了人的本性。了解了人的本性，就懂得了天命。保持人的本心，培养人的本性，这就是对待天命的方法。无论短命或长寿，我都一心一意，只管培养身心，等待天命，就这样来立命安身。"

13.2 孟子曰："莫非命也，顺受其正；是故知命者不立乎岩墙之下。尽其道而死者，正命也；桎梏死者，非正命也。"

译文：

孟子说："没有什么不取决于命运，但顺理而行，接受的便是正命；所以懂得命运的人不站在有倾覆之危的高墙之下。致力于行其正道而死的人，所受的是正命；作奸犯科而死的人，所受的不是正命。"

13.3 孟子曰："求则得之，舍则失之，是求有益于得也，求在我者也。求之有道，得之有命，是求无益于得也，求在外者也。"

译文：

孟子说："（有些东西）追求就会得到，放弃就会失掉，这样的追求有益于获得；因为追求与否，完全取决于自己。追求有一定的方式，得到与否却听从命运，这种追求无益于获得；因为追求与否，完全取决于外物。"

13.4　孟子曰："万物皆备于我矣。反身而诚,乐莫大焉。强恕而行①,求仁莫近焉。"

注释:

①恕:《论语·颜渊》的"己所不欲,勿施于人"能够很好地解释什么叫做"恕"。

译文:

孟子说:"一切我都具备了。反躬自问,自己是真心诚意的,便没有比这更大的快乐了。不懈地按照恕道去做,达到仁德的道路没有比这更直捷的了。"

13.5　孟子曰："行之而不著焉,习矣而不察焉,终身由之而不知其道者,众也。"①

注释:

①这四句可参考《论语·泰伯》:"民可使由之,不可使知之。"《泰伯》这两句话不是说"要让"民"由之","不要让"民"知之";而是说民的能力(或习性)"只能""使由之"而"不能""使知之"。这固然是"瞧不起"民众的,但却不是想要实行"愚民政策"。

译文:

孟子说:"每天都在做着,其中蕴含的道理却不明白;习惯了的东西却不察知其所以然;一生都在这条路上走着,却不了解这是条什么路的,是芸芸众生啊。"

13.6　孟子曰："人不可以无耻,无耻之耻,无耻矣。"

译文:

孟子说:"人不可以没有羞耻;不知羞耻的那种羞耻,真是个不知羞耻!"

13.7　孟子曰："耻之于人大矣。为机变之巧者①,无所用耻焉。不耻不若人,何若人有②?"

①机变：巧诈、诈术。

②不耻不若人，何若人有：此句颇不好懂。姑且参考上一章"人不可以无耻"，解"人有"为"人有耻"，也即"有耻之人"。"今君营处为游观，既夺人有，又禁其葬，非仁也。"（晏子春秋·外篇上》）

译文：

孟子说："羞耻对于人关系重大。精于算计、老于权谋者，羞耻对他是用不上的。不以赶不上别人为羞耻的人，怎么比得上懂得羞耻之人呢？"

13.8 孟子曰："古之贤王好善而忘势，古之贤士何独不然？乐其道而忘人之势，故王公不致敬尽礼，则不得亟见之。见且由不得亟，而况得而臣之乎？"

译文：

孟子说："古代的贤君追求嘉言懿行，而忘却追求权势；古代的贤士何尝不是这样呢？乐于走自己的正道，而忘却了他人的权势；所以王公不对他恭敬有加、礼数用尽，就不能够多次和他相见。相见的次数尚且不能太多，何况要他作为臣下呢？"

13.9 孟子谓宋勾践曰①："子好游乎②？吾语子游。人知之，亦嚣嚣③；人不知，亦嚣嚣。"

曰："何如斯可以嚣嚣矣？"

曰："尊德乐义，则可以嚣嚣矣。故士穷不失义，达不离道。穷不失义，故士得己焉④；达不离道，故民不失望焉。古之人，得志，泽加于民；不得志，修身见于世。穷则独善其身，达则兼善天下。"

①宋勾践：其人不可考。

②游：游说。

③嚣嚣：无欲而自得其乐的样子。

④得己：就是"自得"。

译文：

孟子对宋勾践说：“你喜欢游说各国的君主吗？我告诉你如何游说。别人理解我，我也悠然自得；别人不理解我，我也悠然自得。”

宋勾践问：“要怎样才可以悠然自得呢？”

孟子答道：“崇尚德，乐乎义，就可以悠然自得了。所以，士人不得志时不失掉义，得志之时不离开道。不得志时不失掉义，所以能够葆有本性；得志之时不离开道，所以百姓不致失望。古代的人，得志则恩泽普施于百姓，不得志则修养个人品德而表现于世间。不得志时，便独善其身；得志之时，便兼善天下。”

13.10　孟子曰：“待文王而后兴者①，凡民也。若夫豪杰之士，虽无文王犹兴。”

注释：

①兴：感动奋发之意。

译文：

孟子说：“一定要等文王出来而后兴起的，是芸芸众生。至于豪杰之士，即使没有文王，也能兴起。”

13.11　孟子曰：“附之以韩魏之家①，如其自视欿然②，则过人远矣。”

注释：

①附之以韩魏之家：附，增强；韩、魏之家，春秋时晋国的韩、魏两家大臣。

②欿（kǎn）然：谦虚的样子。

译文：

孟子说：“用韩、魏两家的财富来增强一个人，如果他仍然谦虚随和，那他就远远超过一般人了。”

13.12　孟子曰："以佚道使民，虽劳不怨。以生道杀民，虽死不怨杀者。"

译文：

孟子说："役使百姓注意劳逸结合，百姓虽然疲劳，也不怨恨。为百姓求活路而杀人，那人虽被杀，也不会怨恨杀他的人。"

13.13　孟子曰："霸者之民欢虞如也^①，王者之民皞皞如也^②。杀之而不怨，利之而不庸^③，民日迁善而不知为之者。夫君子所过者化^④，所存者神，上下与天地同流，岂曰小补之哉？"

注释：

①欢虞：欢娱。
②皞皞：洋洋自得的样子。
③庸：酬谢。
④君子：此处指君王和圣人。

译文：

孟子说："霸主的百姓欢欣鼓舞，圣王的百姓心情愉悦。百姓要被杀了，也不怨恨；给了他好处，也不觉得应该酬谢；天天向好的方面发展，也不知道谁使他这样。君子经过之处，人们潜移默化；驻足之处，春风化雨，有如神助；上与天、下与地同时运转，难道说只是小小的补益吗？"

13.14　孟子曰：仁言不如仁声之入人深也，善政不如善教之得民也。善政，民畏之；善教，民爱之。善政得民财，善教得民心。"

译文：

孟子说："仁德的言语赶不上仁德的音乐沁人心脾，良好的政治赶不上良好的教育深得民心。良好的政治，百姓敬畏它；良好的教育，百姓热爱它。良好的政治得到百姓的财富，良好的教育赢得百姓的心。"

13.15　孟子曰："人之所不学而能者，其良能也；所不虑而知者，其良知也。孩提之童，无不知爱其亲者^①；及其长也，无不知敬其兄也。亲亲，仁也；敬长，义也。无他，达之天下也。"

注释：

①孩提之童：孩，小儿笑声；提，怀抱。孩提之童，指嘿嘿笑着要父母抱着的一两岁小孩；按虚岁，则是两三岁。

译文：

孟子说："人不必学习便能做到的，是良能；不必思考便会知道的，是良知。两三岁的小儿没有不知道爱他父母的；等到他长大，没有不知道敬爱哥哥的。亲爱父母是仁，敬爱哥哥是义。没有别的原因，只因这两种品德可以通达于天下。"

13.16 孟子曰："舜之居深山之中，与木石居，与鹿豕游，其所以异于深山之野人者几希；及其闻一善言，见一善行，若决江河，沛然莫之能御也。"

译文：

孟子说："舜住在深山的时候，和木石为伴，与鹿猪同游，跟深山中野老村夫不同的地方极少；等到他听到一句好的言语，看到一桩好的行为（便采用推行），这种力量，好像江河决了口，汹涌澎湃，谁也阻挡不了。"

13.17 孟子曰："无为其所不为，无欲其所不欲，如此而已矣。"

译文：

孟子说："不做我不愿做的事情，不要我不想要的东西，这样就行了。"

13.18 孟子曰："人之有德慧术知者①，恒存乎疢疾②。独孤臣孽子③，其操心也危④，其虑患也深，故达⑤。"

注释：

①德慧术知：德行、智慧、道术、才智。
②疢（chèn）：灾患。
③孽子：非嫡妻之子叫做庶子，也叫孽子，地位卑贱。

④危：不安。

⑤达：达于事理。

译文：

孟子说："人之所以有道德、智慧、本领、知识，往往是因为他常处于忧患之中。只有孤立之臣、庶孽之子，他们时常警醒自己，深深地担忧祸患，所以才能通达事理。"

13.19　孟子曰："有事君人者，事是君则为容悦者也；有安社稷臣者，以安社稷为悦者也；有天民者，达可行于天下而后行之者也；有大人者①，正己而物正者也。"

注释：

①大人：圣人。

译文：

孟子说："有侍奉君主的人，就是侍奉某一君主而一味曲意逢迎的人；有安定国家之臣，就是以安定国家为乐的人；有天民，就是他的学说方略能通达于天下时便去实行的人；有大人，那是端正了自己，万事万物也随之端正了的人。"

13.20　孟子曰："君子有三乐，而王天下不与存焉①。父母俱存，兄弟无故②，一乐也；仰不愧于天，俯不怍于人，二乐也；得天下英才而教育之，三乐也。君子有三乐，而王天下不与存焉。"

注释：

①不与（yù）存焉：不参与存在于此，不算在这之内；与，参与；焉，于此，此，指三乐。

②故：事故，灾患。

译文：

孟子说："君子有三件乐事，以仁德一统天下还不在其中。父母都健在，兄弟无灾殃，是第一件乐事；抬头不愧于天，低头不怍于人，是第二件乐事；得到天下优秀人才而教导他们、培养他们，是第三件乐事。君子有三件乐事，以仁德一统天下还不在其中。"

13.21　孟子曰："广土众民，君子欲之，所乐不存焉；中天下而立，定四海之民，君子乐之，所性不存焉。君子所性，虽大行不加焉，虽穷居不损焉，分定故也。君子所性，仁义礼智根于心，其生色也晬然①，见于面，盎于背②，施于四体③，四体不言而喻。"

注释：

①晬（cuì）然：清和润泽的样子。

②盎（àng）：显现。

③施：延及。

译文：

孟子说："广袤的土地、众多的人民，是君子希望拥有的，但不是他的乐趣所在；屹立于天下的中央，安定那四海的百姓，君子以此为乐，但不是他的本性所在。君子的本性，即便理想贯彻于天下，也并不会膨胀；即便艰难困苦地活着，也并不会减少，这是因为本分已定。君子的本性，仁义礼智根植于他心中，而表现在外的是和气安详，它表现在颜面，反映于肩背，延伸到手足四肢；手足四肢虽不说话，别人也一目了然。"

13.22　孟子曰："伯夷辟纣，居北海之滨，闻文王作兴，曰：'盍归乎来！吾闻西伯善养老者。'太公辟纣，居东海之滨，闻文王作兴，曰：'盍归乎来！吾闻西伯善养老者。'天下有善养老，则仁人以为己归矣。五亩之宅，树墙下以桑，匹妇蚕之，则老者足以衣帛矣。五母鸡，二母彘，无失其时，老者足以无失肉矣。百亩之田，匹夫耕之，八口之家足以无饥矣。所谓西伯善养老者，制其田里，教之树畜，导其妻子使养其老。五十非帛不暖，七十非肉不饱，不暖不饱，谓之冻馁。文王之民无冻馁之老者，此之谓也。"

译文：

孟子说："伯夷躲避纣王，住到北海海滨，听说文王兴起来了，便说：

'何不归向西伯呢！我听说他是善于赡养老者的人。'姜太公躲避纣王，住到东海海边，听说文王兴起来了，便说：'何不归向西伯呢！我听说他是善于赡养老者的人。'天下有善于赡养老者的人，那仁人便把他那儿作为自己的归宿了。五亩地的宅院，在墙下栽植桑树，妇女养蚕缫丝，老年人足以有丝棉衣穿了。饲养五只母鸡、两只母猪，不要丧失它们繁殖的时机，老年人足以有肉吃了。百亩的土地，男子去耕种，八口之家足以吃饱了。所谓西伯善于赡养老者，是指他制定了土地制度，教育人民栽种畜牧，引导他们的妻子儿女去奉养自己家的老人。五十岁，没有丝棉衣穿便不觉得暖和；七十岁，没有肉吃便感到吃不饱。穿不暖，吃不饱，叫做挨冻受饿。文王的百姓中没有挨冻受饿的老人，就是这个意思。"

13.23　孟子曰："易其田畴①，薄其税敛，民可使富也。食之以时，用之以礼，财不可胜用也。民非水火不生活，昏暮叩人之门户求水火，无弗与者，至足矣。圣人治天下，使有菽粟如水火。菽粟如水火，而民焉有不仁者乎？"

注释：

①易其田畴：易，治；田畴，田地。

译文：

孟子说："精耕细作，减轻税收，可以使百姓富足。取食于百姓有一定时候，依礼消费，财物是用不尽的。百姓没有水和火便活不下去，黄昏夜晚时分敲别人的门房来求水和火，没有不给予的，是因为水和火不是稀罕物。圣人治理天下，要使粮食多得就像水和火。粮食像水和火那样多了，百姓哪有不仁爱的呢？"

13.24　孟子曰："孔子登东山而小鲁①，登泰山而小天下。故观于海者难为水，游于圣人之门者难为言。观水有术，必观其澜。日月有明，容光必照焉②。流水之为物也，不盈科不行；君子之志于道也，不成章不达③。"

注释：

①东山：即蒙山，在今山东蒙阴县南。

②容光：小缝隙。

③成章不达：成章，事物达到一定阶段，具有一定规模。

译文：

孟子说："孔子登上东山之巅，便觉得鲁国渺小；登上泰山之巅，便觉得天下渺小。所以见过海洋的人，别的水流便不值得他一看了；在圣人门下学习过的人，别的议论便不值得他一听了。观看水流也有讲究，一定要看它汹涌澎湃的波澜。太阳月亮的光辉，一点小缝隙都能透过。水流的特性是，不把土坎灌满，不再向前流；有志于道的君子，没有一定的修为，便不走仕进之路。"

13.25　孟子曰："鸡鸣而起，孳孳为善者，舜之徒也；鸡鸣而起，孳孳为利者，跖之徒也。欲知舜与跖之分，无他，利与善之间也。"

译文：

孟子说："鸡一叫就起床，孳孳不倦行善的人，是舜一类人物；鸡一叫就起床，孳孳不倦求利的人，是跖一类的人。要想知道舜和跖的区别何在，不用到别处去找，它就在'利'和'善'的中间。"

13.26　孟子曰："杨子取为我，拔一毛而利天下，不为也。墨子兼爱，摩顶放踵利天下，为之。子莫执中①。执中为近之。执中无权，犹执一也。所恶执一者，为其贼道也，举一而废百也。"

注释：

①子莫：有学者认为是《说苑·修文》的颛孙子莫。

译文：

孟子说："杨子主张为自己，拔一根汗毛而有利于天下，都不肯干。墨子主张兼爱，从摸秃头顶开始，一直摸到脚后跟（弄得全身上下没有一根毛），只要对天下有利，一切都干。子莫就主张中道。主张中道其实差不多对了。但是主张中道如果不知权变，便是拘执于一点。为什么厌恶拘执于一点呢？因为它有损于仁义之道，只是举其一点不及其余了。"

13.27 孟子曰:"饥者甘食,渴者甘饮,是未得饮食之正也,饥渴害之也。岂惟口腹有饥渴之害?人心亦皆有害。人能无以饥渴之害为心害,则不及人不为忧矣。"

译文:

孟子说:"肚子饿的人什么食物都觉着好吃,干渴的人什么饮料都觉着甘甜,这样是不能品尝到食物、饮料正常滋味的,饥渴损害了他们的味觉。难道只有口舌肚皮有饥渴的损害吗?人心也有这种损害。如果人们能够(经常培养心志)不使己心遭受口舌肚皮那样的饥渴,那比不上别人优秀的忧虑就会没有了。"

13.28 孟子曰:"柳下惠不以三公易其介①。"

注释:

①介:大。

译文:

孟子说:"柳下惠不因为有大官做便改变他的雄心大志。"

13.29 孟子曰:"有为者辟若掘井,掘井九轫而不及泉①,犹为弃井也。"

注释:

①轫:同"仞",7尺为一仞。

译文:

孟子说:"要有所作为譬如挖井,挖到六七丈深还不见泉水,(若半途而废)就等于挖了一眼废井。"

13.30 孟子曰:"尧舜,性之也;汤武,身之也;五霸,假之也。久假而不归,恶知其非有也。"

译文:

孟子说:"尧、舜的爱好仁德,是出于天然本性;商汤和周武王是身体力行；五霸是借来运用，以此匡正诸侯。但是，久借不还，又怎知他不会最终拥有呢？"

13.31　公孙丑曰："伊尹曰：'予不狎于不顺。'放太甲于桐，民大悦。太甲贤，又反之，民大悦。贤者之为人臣也，其君不贤，则固可放与？"

孟子曰："有伊尹之志，则可；无伊尹之志，则篡也。"

译文：

公孙丑说："伊尹说：'我不亲近违背义礼的人。'便把太甲放逐到桐邑，百姓大为高兴。太甲变好了，又让他回来（复位），百姓也大为高兴。贤人作为臣属，君王不好，就可以放逐他吗？"

孟子说："是伊尹那样的想法，就可以；不是伊尹那样的想法，就是篡夺了。"

13.32　公孙丑曰："《诗》曰'不素餐兮①'，君子之不耕而食，何也？"

孟子曰："君子居是国也，其君用之，则安富尊荣；其子弟从之，则孝悌忠信。'不素餐兮'，孰大于是？"

注释：

①不素餐兮：见《诗经·魏风·伐檀》。

译文：

公孙丑说："《诗经》说'不白吃饭哪'，可是君子不种庄稼，也来吃饭，为什么呢？"

孟子说："君子居住在一个国家，君王用他，就会平安、富足、尊贵而有名誉；少年子弟信从他，就会孝父母、敬兄长、忠心而且信实。你说'不白吃饭哪'，（我请问）贡献还有比这更大的吗？"

13.33　王子垫问曰①："士何事？"

孟子曰："尚志。"

曰："何谓尚志？"

曰："仁义而已矣。杀一无罪非仁也，非其有而取之非义也。居恶在？仁是也；路恶在？义是也。居仁由义，大人之事备矣。"

注释：

①王子垫：齐国王子，名垫。

译文：

王子垫问道："士应当做什么？"

孟子答道："要使自己所想的高尚。"

问道："什么叫做使自己所想的高尚？"

答道："时刻想着仁和义而已。杀一个无罪的人，是不仁；不是自己所有，却拿了过来，是不义。住在哪里？仁就是。路在何方？义就是。住在仁的屋宇里，走在义的大路上，伟人的事业便齐备了。"

13.34　孟子曰："仲子①，不义与之齐国而弗受，人皆信之，是舍箪食豆羹之义也。人莫大焉亡亲戚君臣上下②。以其小者信其大者，奚可哉？"

注释：

①仲子：即6.10的陈仲子。

②人莫大焉亡亲戚君臣上下：即"亡亲戚君臣上下，人莫大焉"，无亲戚君臣上下，人之罪过莫大于此；王引之《经传释词》说该"焉"字"犹'于'也"，也可备一说。

译文：

孟子说："陈仲子，不合道而把齐国交给他，他是不会接受的，别人都相信他；（但是）他那种义也只是舍弃一筐饭一碗汤的义。人的罪过没有比不要父兄君臣尊卑还大的。因为他有小节操，便相信他有大节操，怎么可以呢？"

13.35　桃应问曰①："舜为天子，皋陶为士，瞽瞍杀人，则如之何？"

孟子曰："执之而已矣。"

"然则舜不禁与？"

曰："夫舜恶得而禁之？夫有所受之也。"

"然则舜如之何？"

曰："舜视弃天下犹弃敝蹝也②。窃负而逃，遵海滨而处，终身䜣然③，乐而忘天下。"

注释：

①桃应：孟子弟子。

②蹝（xǐ）：亦作"屣"，没有脚跟的鞋子。

③䜣：同"欣"。

译文：

桃应问道："舜做天子，皋陶做法官，如果瞽瞍杀了人，那怎么办？"

孟子答道："把他逮捕起来罢了。"

"那么，舜不阻止吗？"

答道："舜凭什么去阻止呢？他那样做是有所依据的。"

"那么，舜该怎么办呢？"

答道："舜把放弃天子之位看作丢掉破鞋一样。他会偷偷地背着父亲而逃走，傍着海边住下来，一辈子逍遥快乐，忘记了他曾经君临天下。"

13.36 孟子自范之齐①，望见齐王之子，喟然叹曰："居移气，养移体，大哉居乎！夫非尽人之子与②？"

孟子曰："王子宫室、车马、衣服多与人同，而王子若彼者，其居使之然也，况居天下之广居者乎③？鲁君之宋，呼于垤泽之门④。守者曰：'此非吾君也，何其声之似我君也？'此无他，居相似也。"

注释：

①自范之齐：范，地名，故城在今河南范县东南20里，是从梁（魏）到齐的要道。

②夫：彼，那人。

③广居：指仁，见6.2。

④垤（dié）泽之门：宋东城南门。

译文：

孟子从范邑到齐都，远远望见了齐王的儿子，长叹一声说："环境改变气度，营养改变身体，环境真是重要呀！那人不也是人的儿子吗？（为什么就显得特别不同了呢?)"

又说:"王子的住所、车马和衣服多半和别人相同,为什么王子却像那样呢?是因为他的环境使他这样的,更何况是住在'仁'之广厦中的人呢?鲁君到宋国去,在宋国的东南城门下呼喊,守门的说:'这不是我的君主呀,为什么他的声音像我的君主呢?'这没有别的缘故,环境相似罢了。"

13.37 孟子曰:"食而弗爱,豕交之也;爱而不敬,兽畜之也。恭敬者,币之未将者也①。恭敬而无实,君子不可虚拘。"

注释:

①将:送。

译文:

孟子说:"养活他而不怜爱他,等于养头肥猪;怜爱他而不恭敬他,等于养狗养马。恭敬之心不是光靠致送礼物就能表达的。只有恭敬的外表,没有恭敬的实质,君子不会被这种虚情假意所拘束。"

13.38 孟子曰:"形色,天性也;惟圣人然后可以践形。"

译文:

孟子说:"人的身体容貌是天生的,但只有圣人才能以内在美来充实外在美(不辜负此大好天赋)。"

13.39 齐宣王欲短丧。公孙丑曰:"为期之丧,犹愈于已乎?"

孟子曰:"是犹或绐其兄之臂,子谓之姑徐徐云尔,亦教之孝悌而已矣。"

王子有其母死者,其傅为之请数月之丧。公孙丑曰:"若此者何如也?"

曰:"是欲终之而不可得也。虽加一日愈于已,谓夫莫之禁而弗为者也。"

译文:

齐宣王想要缩短守孝的时间。公孙丑说:"(父母死了)守孝一年,不比完全不守强些吗?"

孟子说："这好比有个人在扭他哥哥的胳膊，你却对他说暂且慢慢地扭吧，也是教导他孝顺父母、尊敬兄长罢了。"

王子有死了母亲的，他的师傅为他请求守孝几个月。公孙丑问道："像这样的事，怎么样？"

孟子答道："这个是想要把三年的丧期守满，事实上却做不到。（我上次所讲）即便多守孝一天也比不守孝好，是对那些没人禁止他守孝却不去守的人说的。"

13.40　孟子曰："君子之所以教者五：有如时雨化之者，有成德者，有达财者①，有答问者，有私淑艾者②。此五者，君子之所以教也。"

注释：

①财：同"材"。

②私淑艾：淑，同"叔"，拾；艾同"刈"，取；私淑艾，就是私淑，私自拾取。

译文：

孟子说："君子教育的方式有五种：有如春风化雨沾溉万物的，有成全品德的，有培养才能的，有解答疑问的，还有以其流风余韵为世人私自学习的。这五种，就是君子教育的方式。"

13.41　公孙丑曰："道则高矣，美矣，宜若登天然，似不可及也。何不使彼为可几及而日孳孳也？"

孟子曰："大匠不为拙工改废绳墨，羿不为拙射变其彀率①。君子引而不发，跃如也。中道而立，能者从之。"

注释：

①彀率（gòu lǜ）：彀，张满弓；率，法规，标准；彀率，指开弓的标准。

译文：

公孙丑说："道是很高、很美好的，大概像登天一样，似乎高不可攀，为什么不让攀登者为了有希望可攀上而每天努力呢？"

孟子说："高明的工匠不因为拙劣工人而改变规矩，大羿也不因为拙劣射手变更拉弓的标准。君子（教导他人如射箭手）张满了弓，却不发箭，作出跃跃欲试的样子。他在正确道路的正中站住，有能力的便会紧跟上来。"

13.42　孟子曰："天下有道，以道殉身①；天下无道，以身殉道；未闻以道殉乎人者也。"

注释：

①以道殉身：意思是道为自己所运用。

译文：

孟子说："天下清明，以自身去贯彻'道'；天下黑暗，君子则不惜为道而死；没有听说过牺牲道来迁就人的。"

13.43　公都子曰："滕更之在门也①，若在所礼，而不答，何也?"

孟子曰："挟贵而问，挟贤而问，挟长而问，挟有勋劳而问，挟故而问，皆所不答也。滕更有二焉。"

注释：

①滕更：滕国国君的弟弟，孟子的学生。

译文：

公都子说："滕更在您门下的时候，似乎在礼遇之列，可您不回答他的发问，为什么呢?"

孟子说："仗着权势来发问，仗着贤能来发问，仗着年长来发问，仗着有功来发问，仗着故交来发问，都是我不回答的。滕更便占了两条。"

13.44　孟子曰："于不可已而已者①，无所不已。于所厚者薄，无所不薄也。其进锐者，其退速。"

注释：

①已：停止。

译文：

孟子说："对于不可以停止的事却停止了，那就没什么不可以停止的了；对于应厚待的人却薄待他，那就没有谁不可以薄待了。前进太猛的人，后退也会快。"

13.45 孟子曰："君子之于物也，爱之而弗仁；于民也，仁之而弗亲。亲亲而仁民，仁民而爱物。"

译文：

孟子说："君子对于万物，爱惜它，却不对它实行仁德；对于百姓，对他实行仁德，却不亲近他。君子亲近亲人，进而仁爱百姓；仁爱百姓，进而爱惜万物。"

13.46 孟子曰："知者无不知也，当务之为急；仁者无不爱也，急亲贤之为务。尧舜之知而不遍物，急先务也；尧舜之仁不遍爱人，急亲贤也。不能三年之丧，而缌、小功之察①，放饭流歠②，而问无齿决③，是之谓不知务。"

注释：

①缌（sī）、小功之察：缌，指缌麻三月的孝服；缌麻三月是五种孝服（斩衰、齐衰、大功、小功、缌麻）中的最轻者，指用熟布为孝服，服丧三个月，如女婿为岳父母带孝，古人便用此服。小功，五月的孝服，如外孙为外祖父母带孝，古人用此种孝服。

②放饭流歠：放饭，大口吃饭；流歠，放开了喝。

③齿决：咬断干肉；在长者跟前咬断干肉，这是不大礼貌的。

译文：

孟子说："智者没有不知道的，但是急于解决当前事务；仁者没有不爱人的，但是务必先爱亲人和贤者。尧舜的智慧也不能遍知一切，因为他急于解决首要任务；尧舜的仁德不能遍爱所有人，因为他急于爱亲人和贤者。如果不能实行三年的丧礼，却对于缌麻三月、小功五月的丧礼仔细讲求；胡吃海喝，却讲究不用牙齿咬断干肉，这个叫做不识大体。"

尽心章句下（凡三十八章）

14.1　孟子曰："不仁哉梁惠王也！仁者以其所爱及其所不爱，不仁者以其所不爱及其所爱。"

公孙丑问曰："何谓也？"

"梁惠王以其土地之故，糜烂其民而战之，大败，将复之，恐不能胜，故驱其所爱子弟以殉之，是之谓以其所不爱及其所爱也。"

译文：

孟子说："太不仁义了，梁惠王这个人哪！仁人把他给喜爱者的恩德推广到他不爱的人，不仁者却把他给不喜爱者的祸害推广到他喜爱的人。"

公孙丑问道："这是什么意思呢？"

答道："梁惠王为了争夺土地的缘故，驱使他的百姓去作战，暴尸荒野，骨肉糜烂。被打得大败了，预备再战，怕不能得胜，又驱使他所喜爱的子弟去决一死战，这个就叫做把他给不喜爱者的祸害推广到他喜爱的人。"

14.2　孟子曰："春秋无义战。彼善于此，则有之矣。征者，上伐下也，敌国不相征也。"

译文：

孟子说："春秋时代没有合乎义的战争。那一国的君主比这一国的君主好一点，那是有的。征讨的意思是在上的讨伐在下的，同等级的国家是不能互相征讨的。"

226

14.3 孟子曰:"尽信《书》,则不如无《书》。吾于《武成》^①,取二三策而已矣^②。仁人无敌于天下,以至仁伐至不仁,而何其血之流杵也?"

注释:

①尽信《书》,则不如无《书》。吾于《武成》:《书》,《尚书》;《武成》,《尚书》篇名,所叙大概是周武王伐纣时的事,有"血流漂杵"之说;今日的《尚书·武成》是伪古文。

②策:竹简。古代用竹简书写。

译文:

孟子说:"完全相信《书经》,那还不如没有《书经》。我对于其中《武成》一篇,所取的不过两三片简罢了。仁人无敌于天下,凭着周武王的大仁大德来讨伐商纣的不仁不德,怎么会让血流得把木槌都漂浮起来了呢?"

14.4 孟子曰:"有人曰:'我善为陈^①,我善为战。'大罪也。国君好仁,天下无敌焉。南面而征,北狄怨^②;东面而征,西夷怨,曰:'奚为后我?'武王之伐殷也,革车三百两,虎贲三千人。王曰:'无畏!宁尔也,非敌百姓也。'若崩厥角稽首^③。征之为言正也,各欲正己也,焉用战?"

注释:

①陈:今作"阵"。

②北狄:本作"北夷"。

③厥角:"厥"同"蹶",顿,叩;角,额角。"厥角"之意即"顿首"。

译文:

孟子说:"有人说:'我很会布阵,我很会打战。'这是大罪。国君若喜爱仁德,天下就没有敌手。(商汤)往南征讨,北狄便埋怨;往东征讨,西夷便埋怨,说:'为什么把我排在后面?'周武王讨伐殷商,兵车300辆,勇士3000人。武王(对殷商的百姓)说:'不要害怕!我是来安定你们的，不是和百姓为敌的。'百姓都额头碰地磕起头来。征的意思是正，若各人都希望端正自己，哪里用得着战争呢？"

14.5 孟子曰："梓匠轮舆能与人规矩，不能使人巧。"

译文：

孟子说："木工和专做车轮或车箱的人只能够把规矩准则传授给别人，却不能够让别人一定有技巧。"

14.6 孟子曰："舜之饭糗茹草也①，若将终身焉；及其为天子也，被袗衣②，鼓琴，二女果③，若固有之。"

注释：

①饭糗茹（qiǔ rú）草：饭，吃饭；糗，干饭；茹，吃。

②袗衣：单衣。

③果：就是《说文解字》的"婐"，伺候的意思。

译文：

孟子说："舜吃干粮啃野菜的时候，似乎是要终身如此了；等他做了天子，穿着麻葛单衣，弹着琴，尧的两个女儿侍候着，又好像这些本来就是他的了。"

14.7 孟子曰："吾今而后知杀人亲之重也：杀人之父，人亦杀其父；杀人之兄，人亦杀其兄。然则非自杀之也，一间耳①。"

注释：

①一间（jiàn）：意思是相距甚近。

译文：

孟子说："我今天才知道杀戮别人亲人有多严重了：杀了别人的父亲，别人也就会杀他的父亲；杀了别人的哥哥，别人也就会杀他的哥哥。那么，（虽然父亲和哥哥）不是被自己杀掉的，但也相差不远了。"

14.8　孟子曰："古之为关也，将以御暴；今之为关也，将以为暴。"

译文：

孟子说："古代设立关卡是打算抵御残暴，今天设立关卡却是打算实行残暴。"

14.9　孟子曰："身不行道，不行于妻子；使人不以道，不能行于妻子。"

译文：

孟子说："本人不依道而行，道在妻子儿女身上都行不通；使唤别人不合于道，要去使唤妻子儿女都不可能。"

14.10　孟子曰："周于利者凶年不能杀[1]，周于德者邪世不能乱。"

注释：

①周于利者凶年不能杀：周，这里指考虑周到；杀，丧命。

译文：

孟子说："对利益考虑周全的人荒年不会丧命，把心思用于道德的人乱世不会迷惑。"

14.11　孟子曰："好名之人能让千乘之国，苟非其人，箪食豆羹见于色。"

译文：

孟子说："好名的人可以把有千辆兵车国家的君位让给别人，但是，若不是他看中的人，就是要他让一筐饭、一碗汤，不高兴的神色也会显现在脸上。"

14.12　孟子曰："不信仁贤，则国空虚[1]；无礼义，则上下乱；无政事，则财用不足。"

注释：

①国空虚：指国内用度缺乏，尤其是粮食缺乏。

译文：

孟子说："不信任仁德贤能的人，那国家就会缺乏粮食；没有礼义，上下的关系就会混乱；国政荒废，国家的用度就会不够。"

14.13　孟子曰："不行仁而得国者，有之矣；不行仁而得天下者，未之有也。"

译文：

孟子说："不行仁道却能得到国家的，有这样的事；不行仁道却能得到天下的，从没有这样的事。"

14.14　孟子曰："民为贵，社稷次之，君为轻。是故得乎丘民而为天子①，得乎天子为诸侯，得乎诸侯为大夫。诸侯危社稷，则变置②。牺牲既成，粢盛既洁，祭祀以时，然而旱干水溢，则变置社稷。"

注释：

①丘民：众民。
②变置：改立。

译文：

孟子说："百姓最为重要，土谷之神次之，君主最轻。所以，得到百姓的拥护便做天子，得到天子的拥护便做诸侯，得到诸侯的拥护便做大夫。诸侯危害土谷之神，那就改立。牺牲既已肥壮，祭品又已洁净，祭祀也按时进行，但还是遭受旱灾水灾，那就改立土谷之神。"

14.15　孟子曰："圣人，百世之师也，伯夷、柳下惠是也。故闻伯夷之风者，顽夫廉，懦夫有立志；闻柳下惠之风者，薄夫敦，鄙夫宽。奋乎百世之上，百世之下，闻者莫不兴起也。非圣人而能若是乎？而况于亲炙之者乎？"

译文：

孟子说："圣人是百代的老师，伯夷和柳下惠便是这样。所以听到伯夷风操的人，贪得无厌的人也清廉起来了，懦弱的人也想着要独立不移了；听到柳下惠风操的人，刻薄的人也厚道起来了，胸襟狭小的人也宽大起来了。他们在百代以前发奋有为，而百代之后，听到的人没有不奋发鼓舞的。不是圣人，能够像这样吗？（百代以后还如此）何况是亲身接受熏陶的人呢？"

14.16 孟子曰："仁也者，人也。合而言之，道也。"

译文：

孟子说："'仁'的意思就是'人'，'人'和'仁'合起来说，就是'道'。"

14.17 孟子曰："孔子之去鲁，曰：'迟迟吾行也，去父母国之道也。'去齐，接淅而行——去他国之道也。"

译文：

孟子说："孔子离开鲁国时说：'我们慢慢走吧，这是离开祖国的态度。'而他离开齐国，不等把米淘完沥干就走——这是离开别国的态度。"

14.18 孟子曰："君子之厄于陈蔡之间①，无上下之交也。"

注释：

①君子之厄于陈蔡之间：君子指孔子。《论语·卫灵公篇》："在陈绝粮，从者病，莫能兴。"即是此事。

译文：

孟子说："孔子被困在陈国、蔡国之间，是由于与两国君臣没有交往的缘故。"

14.19 貉稽曰①："稽大不理于口②。"

孟子曰："无伤也。士憎兹多口。《诗》云：'忧心悄悄，愠于群小③。'孔子也。'肆不殄厥愠，亦不殒厥问④。'文王也。"

注释:

①貉稽：姓貉名稽的一位官员。

②不理于口：即不顺于他人之口。

③忧心两句：见《诗经·邶风·柏舟》。

④肆不殄两句：见《诗经·大雅·绵》。肆，故，所以；殄，断绝；厥，那个；愠，恼怒，怨恨；问，通"闻"，声誉。

译文:

貉稽说："我被人家说得很坏。"

孟子说："没有关系。士人讨厌这种多嘴多舌。《诗经》说过：'烦恼沉沉压在心，小人当我眼中钉。'这是形容孔子一类的人。又说：'所以不消除别人的怨恨，也不失去自己的名声。'这是说的文王。"

14.20　孟子曰："贤者以其昭昭使人昭昭，今以其昏昏使人昭昭。"

译文:

孟子说："贤人一定会用自己的明白来让别人明白，现在有些人自己还模模糊糊，却企图让别人明白。"

14.21　孟子谓高子曰："山径之蹊间①，介然用之而成路②；为间不用③，则茅塞之矣。今茅塞子之心矣。"

注释:

①山径之蹊（xī）间："径"同"陉"，山坡；蹊，小路。

②介然：意志专一的样子。

③为间：即"有间"，为时不久之意。

译文:

孟子对高子说："山坡上的小路，经常去走走就总是一条道；只要隔些时候不去走它，就会被茅草堵塞了。现在茅草也把你的心给堵塞了。"

14.22　高子曰："禹之声尚文王之声。"

孟子曰："何以言之?"

曰："以追蠡①。"

曰："是奚足哉? 城门之轨，两马之力与②?"

注释：

①追蠡 (lí)：追，旧读 duī；就是钟纽 (钮)，即古钟悬挂之处。

②两马：大夫所乘车用两匹马。

译文：

高子说："禹的音乐好过文王的音乐。"

孟子说："为什么这样说呢?"

高子说："因为禹传下来的钟钮都快断了。"

孟子说："这个何足以证明呢? 城门下车迹那样深，难道只是拉车的马的力量所致吗? (那是由于日子长久车马经过多的缘故。禹的钟钮要断了，也是由于日子长久了的缘故呢。)"

14.23　齐饥。陈臻曰："国人皆以夫子将复为发棠①，殆不可复。"

孟子曰："是为冯妇也②。晋人有冯妇者，善搏虎。卒为善，士则之③。野有众逐虎，虎负嵎，莫之敢撄。望见冯妇，趋而迎之，冯妇攘臂下车，众皆悦之，其为士者笑之。"

注释：

①发棠：发，开仓赈济；棠，地名，今山东即墨市南八十里有甘棠社。

②冯妇：冯，姓；妇，名。

③则：取法，以……为榜样。

译文：

齐国遭了饥荒。陈臻对孟子说："国内的人都以为老师会再度劝请齐王打开棠地的仓库来赈济灾民，大概不可以再做一次吧。"

孟子说："再做一次就成冯妇了。晋国有个人叫冯妇的，善于和老虎搏斗。后来变好了 (不再打虎了)，士人都以他为榜样。有次野地里有许多人正追逐老虎。老虎背靠着山险，没有人敢于去迫近它。他们望到冯妇了，便快步向前去迎接。冯妇也就捋起袖子，伸出胳膊，走下车来。大家都喜欢他，可是作为士的那些人却在讥笑他。"

14.24 孟子曰："口之于味也，目之于色也，耳之于声也，鼻之于臭也①，四肢之于安佚也，性也，有命焉，君子不谓性也。仁之于父子也，义之于君臣也，礼之于宾主也，知之于贤者也，圣人之于天道也，命也，有性焉，君子不谓命也。"

注释：

①臭：读作"嗅（xiù）"，这里指芬芳之气。

译文：

孟子说："口对于美味，眼对于美色，耳对于好听的声音，鼻对于芬芳的气味，手足四肢对于舒适，（这种种喜欢）都是人的天性使然；但是得到与否，却属于命运，所以君子不会以天性为借口而强求它们。仁对于父子，义对于君臣，礼对于宾主，智慧对于贤者，圣人对于天道，能够实现与否，属于命运，但也是天性使然，所以君子不会以命运为借口而不去顺从天性。

14.25 浩生不害问曰①："乐正子何人也？"

孟子曰："善人也，信人也。"

"何谓善？何谓信？"

曰："可欲之谓善，有诸己之谓信，充实之谓美，充实而有光辉之谓大，大而化之之谓圣，圣而不可知之之谓神。乐正子，二之中、四之下也。"

注释：

①浩生不害：浩生，姓；不害，名。齐人。

译文：

浩生不害问道："乐正子是怎样的人？"

孟子答道："善良的人，有自信的人。"

"什么叫做善良？什么叫做有自信？"

答道："发自肺腑的叫做'善良'，有道德学养叫做'自信'；把那善良、自信充实扩大叫做'美好'；充实扩大之，使之光辉洋溢，叫做'伟大'；将那伟大光辉化育天下众生，便叫做'圣'；圣而臻于妙不可言便叫做'神'。乐正子是介于善良和有自信两者之中，美好、伟大、圣、神四者之下的人物。"

14.26　孟子曰："逃墨必归于杨，逃杨必归于儒。归，斯受之而已矣。今之与杨、墨辩者，如追放豚，既入其苙①，又从而招之②。"

注释：

①既入其苙（lì）：入，纳；苙，畜养牲畜的栏。

②招：羁绊其足。

译文：

孟子说："逃离墨子一派的，一定归向杨朱一派；逃离杨朱一派的，一定归向儒家一派。只要回归，接受就算完了。今天同杨、墨两家辩论的人，好像追逐走失的猪一般，已经送回猪圈了，还要把它的脚给绑住。"

14.27　孟子曰："有布缕之征，粟米之征，力役之征。君子用其一，缓其二。用其二而民有殍，用其三而父子离。"

译文：

孟子说："赋税有征收布帛的，有征收谷米的，还有征发人力的。君子只采用其中一种，其余两种暂缓征用。如果同时用两种，百姓就会有饿死的；如果同时用三种，那连父子之间也只能离散不顾了。"

14.28　孟子曰："诸侯之宝三：土地、人民、政事。宝珠玉者，殃必及身。"

译文：

孟子说："诸侯的宝贝有三件：土地、百姓和政治。把珍珠美玉当作宝贝的，灾祸一定会降临到他身上。"

14.29　盆成括仕于齐①，孟子曰："死矣盆成括！"
盆成括见杀，门人问曰："夫子何以知其将见杀？"

曰："其为人也小有才，未闻君子之大道也，则足以杀其躯而已矣。"

①盆成括：盆成，姓；括，名。

盆成括在齐国做官，孟子说："盆成括要死了！"

盆成括被杀，学生问道："老师怎么会知道他将被杀？"

答道："他这个人只有小聪明，未曾闻知君子的大道理，那便足以招来杀身之祸了。"

14.30　孟子之滕，馆于上宫。有业屦于牖上①，馆人求之弗得。或问之曰："若是乎从者之廋也？"

曰："子以是为窃屦来与？"

曰："殆非也。夫子之设科也，往者不追，来者不拒。苟以是心至，斯受之而已矣。"

①业屦：未织成的鞋。

孟子到了滕国，住在上宫。有一双没有织成的鞋放在窗台上，旅馆中人去取，却不见了。有人便问孟子："跟随你的人，竟连这样的东西也藏起来吗？"

孟子说："你以为他们是为了偷鞋而来的吗？"

答道："大概不是的。（不过）你老人家开设的课程，（对学生的态度是）离去的不追问，前来的不拒绝，只要他们怀着追求真理的心而来，便也就接受了（那难免良莠不齐呢）。"

14.31　孟子曰："人皆有所不忍，达之于其所忍，仁也；人皆有所不为，达之于其所为，义也。人能充无欲害人之心，而仁不可胜用也；人能充无穿逾之心，而义不可胜用也；人能充无受尔汝之实①，无所往而不为义也。士未可以言而言，是以言餂之也②；可以言而不言，是以不言饣之也，是皆穿逾之类也。"

注释：

①无受尔汝之实："尔""汝"为古代尊长对卑幼的称呼，如果平辈用之，便表示对他的轻视贱视。孟子这话的意思是，若要不受别人的轻贱，自己便先应有不受轻贱的言语行为。

②饣（tiǎn）：取。

译文：

孟子说："每个人都有所不忍心干的事，把它延伸到所忍心干的事上，便是仁；每个人都有不肯干的事，把它延伸到所肯干的事上，便是义。（换言之）人能够扩充不想害人的心，仁便取之不尽、用之不竭了；人能够扩充不挖洞跳墙的心，义便取之不尽、用之不竭了；人能够扩充不受鄙视的言行举止，那无论到哪里都合于义了。一个士人，不可以同他谈论却去同他谈论，这是用言语来挑逗他，以便自己取利；可以同他谈论却不同他谈论，这是用沉默来挑逗他，以便自己取利，这些都是和挖洞跳墙类似的。"

14.32 孟子曰："言近而指远者，善言也；守约而施博者①，善道也。君子之言也，不下带而道存焉②；君子之守，修其身而天下平。人病舍其田而芸人之田——所求于人者重，而所以自任者轻。"

注释：

①施：施恩。

②不下带：带，束腰之带；不下带，指人通常所看到的在自己的腰带以上；也就是通常所见、目力所及的事情。

译文：

孟子说："言语浅近，意义却深远的，这是'善言'；操守简单，效果却广大的，这是'善道'。君子的言语，讲的虽是浅近的事情，可是'道'就在其中；君子的操守，从修养自己开始，最终可以使天下太平。做人最怕是放弃自己的田地，而去给别人耘田——要求别人的很重，自己负担的却很轻。"

14.33 孟子曰："尧舜，性者也；汤武，反之也。动容周旋中礼者，盛德之至也。哭死而哀，非为生者也。经德不回①，非以干禄也。言语必信，非以正行也。君子行法，以俟命而已矣。"

①经德不回：经，行，贯彻；回，邪，不正。

孟子说："尧、舜的美德是出于本性，商汤、周武王则是通过修身而将美德加之于己身的。一举一动、一颦一蹙无不合于礼的，是美德中达到了顶点的。为死者而哭的悲哀，不是做给生者看的。贯彻道德，远离邪僻，不是为了谋求一官半职。言语一定信实，不是为了让人知道我行为端正。君子依法度而行，只是等待天命罢了。"

14.34　孟子曰："说大人，则藐之，勿视其巍巍然①。堂高数仞，榱题数尺②，我得志，弗为也。食前方丈，侍妾数百人，我得志，弗为也。般乐饮酒，驱骋田猎，后车千乘，我得志，弗为也。在彼者，皆我所不为也；在我者，皆古之制也，吾何畏彼哉？"

①勿视其巍巍然：不要把他那高高在上的样子放在眼里。
②榱（cuī）题：本义是房椽子，此处指屋檐而言。

孟子说："游说诸侯，就要藐视他，不要把他高高在上的样子放在眼里。殿堂几丈高，屋檐几尺宽，我如果得志，不这样干。菜肴满桌，姬妾几百，我如果得志，不这样干。饮酒作乐，驰驱畋猎，跟随的车子多达千辆，我如果得志，不这样干。那人所干的，都是我所不干的；我所干的，都符合古代制度，我为什么要怕那人呢？"

14.35　孟子曰："养心莫善于寡欲。其为人也寡欲，虽有不存焉者，寡矣；其为人也多欲，虽有存焉者①，寡矣。"

①存，不存：存，指活着；不存，指死去。

译文：

孟子说："修养心性的方法没有比减少物欲更好的。某人清心寡欲，纵然不排除早死，早死的可能性也不会太大；某人欲望强烈，纵然不排除长寿，长寿的可能性也会极低。"

14.36 曾皙嗜羊枣①，而曾子不忍食羊枣。公孙丑问曰："脍炙与羊枣孰美②？"

孟子曰："脍炙哉！"

公孙丑曰："然则曾子何为食脍炙而不食羊枣？"

曰："脍炙所同也，羊枣所独也。讳名不讳姓③，姓所同也，名所独也。"

注释：

①羊枣：小柿子，现在叫做牛奶柿。

②脍炙：脍，肉糜；炙，烧肉。

③讳名：古代对于父母君上的名字，讲不得，写不得，叫做避讳。

译文：

曾皙喜欢吃羊枣，曾子因而自己舍不得吃羊枣。公孙丑问道："烧肉末和羊枣哪一种好吃？"

孟子答道："烧肉末呀！"

公孙丑又问："那么，曾子为什么吃烧肉末却不吃羊枣？"

答道："烧肉末是大家都喜欢吃的，羊枣只是个别人喜欢吃的。就好比父母之名要避讳，姓却不用避讳一样；因为姓是许多人相同的，名却是他一个人的。"

14.37 万章问曰："孔子在陈曰：'盍归乎来！吾党之小子狂简，进取，不忘其初①。'孔子在陈，何思鲁之狂士？"

孟子曰："孔子'不得中道而与之②，必也狂狷乎！狂者进取，狷者有所不为也'。孔子岂不欲中道哉？不可必得，故思其次也。"

"敢问何如斯可谓狂矣？"

曰："如琴张③、曾皙、牧皮者④，孔子之所谓狂矣。"

"何以谓之狂也？"

曰："其志嘐嘐然⑤，曰'古之人，古之人'。夷考其行⑥，而不掩焉者也。狂者又不可得，欲得不屑不洁之士而与之，是狷也，是又其次也。孔子曰：'过我门而不入我室，我不憾焉者，其惟乡原乎⑦！乡原，德之贼也。'"

曰："何如斯可谓之乡原矣？"

曰："'何以是嘐嘐也？言不顾行，行不顾言，则曰，古之人，古之人。行何为踽踽凉凉⑧？生斯世也，为斯世也，善斯可矣。'阉然媚于世也者，是乡原也。"

万子曰："一乡皆称原人焉，无所往而不为原人，孔子以为德之贼，何哉？"

曰："非之无举也，刺之无刺也，同乎流俗，合乎污世，居之似忠信，行之似廉洁，众皆悦之，自以为是，而不可与入尧舜之道，故曰'德之贼'也。孔子曰：恶似而非者：恶莠，恐其乱苗也；恶佞，恐其乱义也；恶利口，恐其乱信也；恶郑声，恐其乱乐也；恶紫，恐其乱朱也；恶乡原，恐其乱德也。君子反经而已矣⑨。经正，则庶民兴；庶民兴，斯无邪慝矣。"

注释：

①盍归乎来等句：《论语·公冶长》："子在陈曰：'归与归与！吾党之小子狂简，斐然成章，不知所以裁之。'"和万章所说略有不同。

②孔子不得中道而与之：《论语·子路》："子曰：'不得中行而与之，必也狂狷乎！狂者进取，狷者有所不为也。'"中行，即不左不右，不偏不倚，一切都恰合于仁义道德。

③琴张：不知何人。

④牧皮：不知何人。

⑤嘐（xiāo）嘐：志大言大者。

⑥夷：此字暂不可解。

⑦乡原："原"同"愿"，乡愿，就是好好先生。

240

⑧踽（jǔ）踽凉凉：落落寡欢的样子。

⑨反经：归于经常；反，同"返"。

译文：

万章问道："孔子在陈国说：'何不回去呢！我们那里的学生狂放而耿直，进取而不忘本。'孔子在陈国，为什么思念鲁国那些狂放的人？"

孟子答道："孔子说过，'不能得到中行之士和他相交，又硬要交友的话，那总要交到狂放和狷介的人吧，狂放的人敢于进取，狷介者还不至于做坏事。'孔子难道不想结交中行之士吗？未必一定得到，所以只想次一点的了。"

"请问，怎么样的人才能叫做狂放的人呢？"

答道："像琴张、曾皙、牧皮这类人就是孔子所说的狂放的人。"

"为什么说他们是狂放的人呢？"

答道："他们志向大而好夸夸其谈，总在说'古人哪！古人哪！'可是一考察他们的行为，却做不到说的那么多。假如这种狂放的人还是得不到，便想结交不屑于做坏事的人，这就是狷介之士，这又是次一等的。孔子说：'从我家大门经过，而不进到我屋里来，我也并不遗憾的，那只有好好先生吧。好好先生是戕害道德的人。'"

问道："怎样的人才可以叫他好好先生呢？"

答道："（好好先生总是议论狂放之人说）'为什么如此志向大而夸夸其谈呢？说的挨不着做的，做的也挨不着说的。只是说，古人哪，古人哪。'（又议论狷介之士说）'又为什么这样落落寡欢、愁眉苦脸呢？'（又说）'生在这个世界上，为这个世界做事，只要过得去便行了。'事事迎合、处处讨好的人就是好好先生。"

万章说："全乡的人都说他是个诚谨善良的人，他也到处表现为是个诚谨善良的人，孔子竟把他看做戕害道德的人。为什么呢？"

答道："这种人，要非难他，却又举不出什么大错误来；要讥刺他，却也没什么可讥刺；他只是向世间通行的恶俗看齐，和这个污秽的世界合流，居家好像忠诚老实，行动好像清正廉洁，大家也都喜欢他，他自己也以为正确；但是不能和他一道走上尧舜的大道，所以说他是戕害道德的人。孔子说过，厌恶那种似是而非的东西：厌恶狗尾巴草，因为怕它把禾苗弄乱了；厌恶满嘴仁义、行为相反的人，因为怕他把义搞乱了；厌恶巧舌如簧、辩才无碍的人，因为怕他把信实搞乱了；厌恶郑国的乐曲，因为怕它把雅乐搞乱了；厌恶紫色，因为怕它把大红色搞乱了；厌恶好好先生，就因为怕他把道德搞乱了。君子使一切事物回到经常正道就可以了。经常正道不被歪曲，老百姓就会振奋兴起；老百姓振奋兴起，就没有邪恶了。"

14.38　孟子曰："由尧舜至于汤，五百有余岁；若禹、皋陶，则见而知之；若汤，则闻而知之。由汤至于文王，五百有余岁，若伊尹、莱朱①，则见而知之；若文王，则闻而知之。由文王至于孔子，五百有余岁，若太公望、散宜生②，则见而知之；若孔子，则闻而知之。由孔子而来至于今，百有余岁，去圣人之世若此其未远也，近圣人之居若此其甚也，然而无有乎尔，则亦无有乎尔。"

注释：

①莱朱：商汤的贤臣。

②散宜生：周文王的贤臣，"散宜"为氏，"生"为名。

译文：

孟子说："从尧舜那儿到汤那儿，经历了500多年，像禹、皋陶这些人便是亲眼见到尧舜之道从而了解其道理的；像汤，便是只听到尧舜之道从而了解其道理的。从汤那儿到文王那儿，又有500多年，像伊尹、莱朱那些人，便是亲眼见到从而了解其道理的；像文王，便只是听到而了解其道理的。从文王那儿到孔子那儿，又有500多年，像太公望、散宜生那些人，便是亲眼见到从而了解其道理的；像孔子，便只是听到从而了解其道理的。从孔子一直到今天，有100多年了，离开圣人的年代竟然这样为时不远，距离圣人的故居竟然这样触手可及，但是没有继承的人，那就真是没有继承的人了。"